国家社科基金
后期资助项目
GUOJIA SHEKE JIJIN HOUQI ZIZHU XIANGMU

法兰西战略文化

French Strategic Culture

冯 亮 / 著

社会科学文献出版社
SOCIAL SCIENCES ACADEMIC PRESS (CHINA)

国家社科基金后期资助项目
出版说明

后期资助项目是国家社科基金设立的一类重要项目，旨在鼓励广大社科研究者潜心治学，支持基础研究多出优秀成果。它是经过严格评审，从接近完成的科研成果中遴选立项的。为扩大后期资助项目的影响，更好地推动学术发展，促进成果转化，全国哲学社会科学规划办公室按照"统一设计、统一标识、统一版式、形成系列"的总体要求，组织出版国家社科基金后期资助项目成果。

全国哲学社会科学规划办公室

序　言

作为世界大国之一的法国有着独特、悠久、充满人文与历史智慧的战略文化，法兰西战略文化既塑造了法国的软实力、强化了法国的硬实力，也深刻影响了冷战后历届法国政府的战略选择和国家行为，甚至在某种意义上造就了今天法国的国际地位。

与物质主义或曰理性主义国际关系理论——包括新现实主义和新自由主义等理论——不同的是，当代建构主义国际关系理论充分重视文化、观念、历史、认同等理念性要素在国际行为体的战略选择中所起到的重要作用，在对战争与和平、武力与策略等严肃、冰冷而又是国际关系理论永恒主题的剖析研究中，赋予国家以"人性"。在建构主义国际关系学者看来，不同的战略文化决定了不同国家对国际关系主题的认识，塑造了不同国家的身份认同和战略偏好，进而对国家间不同的战略选择即国家的战略行为构成重大影响。

本书从战略文化视角对冷战后从密特朗到萨科齐时代法国政府的对外战略进行全面深入的考察，试图论证影响法国政府战略行为的最重要因素是以大国地位为指归的法兰西战略文化。

作者认为，法兰西战略文化是基于法国独特的地缘战略位置和法兰西人文历史传统，经过长期发展逐渐形成的一整套战略观念，其基本要素包括：追求大国地位、坚持独立自主、善用均势手段。冷战后戴高乐主义的出现，意味着这一战略文化的成型。法兰西战略文化在冷战后历届法国政府中得到了传承和内化，对法国冷战后对外战略的制定和实践产生了稳定、长期、重大的影响。正是在这样一种战略文化的塑造性影响下，法国在冷战后及时调整其对外战略，在国际战略环境发生剧变后，依然以二等强国的物质实力在国际舞台上扮演着重要大国的角色，对推动世界多极化发挥了积极而重要的作用。

欧洲一体化政策是法国对外政策的核心，也是冷战后法国政府为维护其大国地位优先考虑、着力做出调整的最重要对外政策；与美国的关系是法国对外关系的关键领域，法国围绕着重返北约军事一体化等问题在冷战后做出了对美政策的重大调整，但仍坚持独立自主的原则，以彰显自己的大国身份；非洲一直被法国视为其战略势力范围，巩固和加强法国在非洲的军事、经济、文化存在是法国增强其全球影响力的重要环节。本书围绕冷战后法国外交的上述三大领域，分别阐述了法兰西战略文化对其产生的重大影响。

法国"独立、有效、够用"的核威慑力量是法国保持独立自主大国地位的关键依托，书中考察了法国核战略的起源及其传统，从战略文化角度分析了法国冷战后对其核战略进行较大幅度调整的深层原因。与常规武装力量相比，核力量发展周期更长、建设维护成本更高、使用可能性更小，法国在自身物质实力相对下降的情况下依然竭力维护其"足够、有效"的核战略，不仅是针对可能对法国安全构成现实威胁的国际恐怖组织和"流氓国家"，根本的原因在于其认为独立自主的核威慑力量是大国力量的重要表征、在大国关系中依然发挥着重要作用。

法国深厚的人文历史传统是法国软实力的核心内容。本书研究了法国文化外交传统及其在冷战后的延续和发展，讨论了法兰西战略文化对法国文化外交的影响与作用。在冷战后国际关系中软实力影响不断上升的环境下，法国利用自身文化优势扩大影响力、争夺话语权，文化外交和软实力成为法国维护大国地位的有力支柱。

法兰西战略文化对法国"持二等船票坐头等舱"所起到的作用值得我们深思。中国的和平崛起既需要强大的经济军事等物质条件作为坚实支撑，也亟须制定完整、理性、符合时代与现实要求的国家大战略。对中国战略文化的全面梳理对国家大战略的形成具有极其重要的意义，它是真正意义上的顶层设计，上通千年青史，前指神州未来，事关国运兴衰。作者期待国内学术界和政策制定者能从法国的经验中得到一定的借鉴和启发。

目　　录

第一章

战略文化：理论与源流

自 20 世纪 70 年代后期美国著名学者杰克·斯奈德（Jack Snyder）将文化因素引入战略研究并提出"战略文化（strategic culture）"这一重要概念①以来，从战略文化的视角观察和研究国际问题日渐成为国际关系学界一个崭新的分析范式，受到了学者们的高度重视。研究解析一个国家的战略文化，并从这个视角去分析这个国家的外交和安全战略，为更加深入、全面、准确地探寻国家的战略偏好（strategic preferences）和战略选择，为分析研究国家的战略利益和行为提供了重要的分析框架和理论工具。

第一节　理念主义国际关系理论与战略文化范式

对国家的身份、利益进行文化角度的分析并进而研究文化与国家行为的互动关系是国际关系理论的研究前沿之一。20 世纪 80 年代早期，学界开始感兴趣于使用文化、战略文化和其他一些理念性概念对国家行为作出解释。"文明冲突论"让哈佛大学教授亨廷顿声名鹊起。这一论断在被提出时，以及在 2001 年"9·11"事件后之所以能引起巨大反响，原因在于它回应了新千年到来之际西方世界普遍感到的焦虑：害怕"成功国家"的竞争（亚洲）和"失败国家"的仇恨（整个阿拉伯－穆斯林世界）。

① Jack Snyder, *The Soviet Strategic Culture: Implications for Limited Nuclear Operations*, Santa Monica: RAND, 1977, p. 8.

法国著名学者蒙布里亚尔认为，一旦意识形态试图将文化中一切旨在打破过于僵化的框架的努力套上桎梏，这种意识形态就成为病态现象，有时甚至非常可怕。"法国大革命以及随后的欧洲革命导致了各种民族主义及其衍生现象，影响远远超过勒南（Renan）所说的共同生活意愿（vouloir vivre ensemble）。这种衍生现象之一就是希特勒的狂热极端民族国家主义。"蒙布里亚尔称，"意识形态会传染，19 世纪的极端民族主义，及其由此带来的修昔底德式的'仇恨和恐惧'，是造成 20 世纪两次世界大战的最根本原因"。①

新现实主义国际关系理论把国际关系中纷繁复杂异常凌乱的各种因素和行为现象高度抽象化而建立了高度概括简约的结构主义理论。新自由主义国际关系理论认可新现实主义对国际体系无政府特性的认定，并与其同样假定施动者具有先验给定的身份和利益。这两种国际关系的主流理论都被称为理性主义理论，它们把无政府状态下的国际体系看作自助体系，借鉴经典经济学的分析视角把国际社会看作市场，把国家和其他国际行为体看作市场中的"公司"，从而认定在国际体系的结构作用下，每个行为体天生具有利己主义特征和理性特征，在给定的变量作用下，每个国家都将出于"自助"目的而发生同样的行为。正是从这一点出发，理性主义理论，尤其是结构现实主义理论认为国际关系理论必须是体系层次的理论，而研究作为结构体系内互动单元的国家或国际行为体的理论都是"还原主义理论"。在理性主义的理论架构下，国家是"去人性化""非人化"的行为体。主流理性主义理论——新现实主义理论和新自由主义理论从而都是物质主义的理论。

温特的建构主义国际关系理论则强调观念、认同和文化的作用。温特的理论一方面认为权力政治和国际体系的无政府状态是由国家建构的，行为体包括其身份和利益则是由国际结构文化建构而成，从而对不同国家行为体是否在国际无政府结构的制约下只会采取同一种行为的理论提出了根本质疑。同时，另一方面，温特的理论鼓励和促进了国际关系理论对身份和利益关系的研究，即行为体的利益取决于行为体身份，而行为体利益则

---

① 蒙布里亚尔：《行动与世界体系》，庄晨燕译，北京大学出版社，2007，第 42 页。

影响行为体的行为。温特评论说，"乔治和基欧汉（George and Keohane）指出了三种国家利益——生存、独立、经济财富。他们习惯地把这些利益称之为'生命、自由、财产'。我要再加上第四种利益，即'集体自尊'（self-esteem）。这些利益的形式因国家其他身份而异，但是，所有国家的根本需求是一样的。如果国家要再造自我，就必须考虑这种需求"。①

我们可以简单地理解为，建构主义国际关系理论给了国际体系结构中的各个国家以"人性"。温特不否认把国家当作真实的、单一的行为体的做法是合理的，认为这样的国家才可能被赋予意图特征，但温特认为"提倡这种做法的学者忽视了这样的合理性，往往把国家施动当作无可置疑的给定因素，从而招致持怀疑态度的批评者对此提出疑问"。温特的建构主义理论框架把国家定义为具有主权和在其领土内使用暴力的垄断权的组织行为体，国家形式是在国家与其统治的社会之间的关系中建构起来的，又是通过政治权威结构对社会施行统治的。温特建构主义理论的突出贡献在于，它说明了国家是怎样由内部结构建构的，这些内部结构把国家的集体观念和使其成员的集体行为制度化并得以认可的规则结合起来。温特说，"个体主义者要使我们相信，国家的任何属性都不是由国际体系建构的，整体主义则要使我们相信国家的一切属性都是由国际体系建构的。介于两者之间的某一点才是真实的表述"。② 秦亚青教授对此认为，国际关系的研究议程应该包含人性的内容，尤其是人的社会性。建构主义重新开始质疑被国际关系主流理论视为给定的一系列重要概念，如国家，提出并解答"我是谁、他是谁"这样一些基本哲学本体论问题，力图使人性回归国际政治，使人的能动性、社会性和实践性体现出来，因此也使政治的本意体现了出来。③

温特认为，国家在内部结构建构、与其他国家的互动（主体间互动）、与国际体系结构的互动中形成了自己的身份和利益。这样的身份和

① 亚历山大·温特：《国际政治的社会理论》，秦亚青译，上海人民出版社，2000，第294页。
② 亚历山大·温特：《国际政治的社会理论》，秦亚青译，上海人民出版社，2000，第306页。
③ 秦亚青：《国际政治的社会理论》译序，同上，第31页。

利益不是先验给定不变的，而是由文化建构的，并且是进化的。国家利益被温特定义为"生存、独立、经济财富和集体自尊四种客观利益"。① 同时温特认为，国家身份形成的主导逻辑不是自然选择，而是文化选择。他认为，"身份是由模仿和社会习得建构起来的，建构主义强调身份和利益的造就和再造。按照建构主义的看法，一个完全内化文化的标志是行为体与这个文化的认同并把这个文化以及一般化的他者作为对自我悟知的一部分"。② 在温特的建构主义理论看来，国际关系中的文化是指不同行为体经过互动社会化而习得并共同拥有的国际规范、制度和规则。换言之，国际关系理论研究层面的文化是指社会建构的共有知识，即集体观念，这种行为体之间共有的和相互关联的知识，包括信念和意愿。这些重要的理论探索为后来的战略文化学者提供了重要的认识论和方法论基础。

1977 年 9 月，斯奈德在为兰德公司提供的一份题为《苏联的战略文化：有限核作战的含义》的研究报告中，将政治学领域的政治文化概念运用于国际政治研究领域，从而首先引出了战略文化这一概念，并将其定义为"国家战略决策者通过传授或模仿而获取并彼此分享的关于核战略的观念、情感上的条件反射和习惯性行为模式的总合"（Sum of total of ideas, conditioned emotional response and pattern of habitual behaviour that members of national strategic community have acquired）。斯奈德认为，将苏联人的战略思维方式视为一种独特的"战略文化"可以解释苏联为什么倾向于单边而不是合作式的摧毁限制战略，美苏两国战略文化的差异导致了他们对待有限核战争的不同态度。③

英国学者科林·格雷（Colin S. Gray）指出，战略文化提供理解国家行为的背景，并不解释行为的原因。战略可以包括很多方面，其中有一个方面就是文化的。文化是指有着一定独特历史经历的某一特定安全共同体所具有的、持续存在和社会传播的观念、态度、传统、思维习惯和优先行

---

① 亚历山大·温特：《国际政治的社会理论》，秦亚青译，上海人民出版社，2000，第 303 页。

② 亚历山大·温特：《国际政治的社会理论》，秦亚青译，上海人民出版社，2000，第 422 ~ 423 页。

③ Jack Snyder, *The Soviet Strategic Culture: Implications for Limited Nuclear Operations*, Santa Monica: RAND, 1977.

为方式。某一特定的共同体可能具有不止一种战略文化，就像针对特定的任务或地理环境会有多种军事文化一样。例如，美国战略文化中就包含着一些明显对立的倾向，它们是两种极端，但是都属于"美国的风格"。战略文化与国家行为之间并不是一对一的关系。文化只是塑造战略制订的过程和影响战略的实施，并不一定实际选择与某些抽象的或理想化的文化偏好之间的关系有多么密切。一个安全共同体的实际行为可能与其主导战略文化暗示的战略偏好完全相反。比如，在一战中，英国作为一个海上战略文化国家，却被迫发挥了一个陆上大国的作用。再如，根据美国的战略文化，本来是不允许发动像越南战争那样一场不能取胜的战争的，但是越南战争却成为美国在二战后卷入时间最长的一次战争。①

哈佛大学教授江忆恩认为，西方的战略文化研究经历了以下三个阶段。② 第一阶段为 70 年代末至 80 年代初的所谓"决定论"时期。在这一时期，西方战略文化研究的重点是解释美苏两国核战略不同的原因，认为战略文化是固定不变的，是美苏两国不同战略选择的决定性因素。例如格雷（Colin Gray）曾认为，美国的历史经验影响着其对于武力的思维和行为模式，促使主导其战略选择的一套独特信仰的产生，而这一信仰又导致形成了美国独特的核战略。第二阶段为 80 年代中期至 80 年代末的所谓"工具论"时期。在这一时期，西方战略文化研究有了深入发展，研究的触角伸向了国家内部的战略决策，认为战略文化是战略决策领域政治主导权拥有者手中的工具。例如克莱因（Bradley S. Klein）就认为，美国对外所宣称的战略，实质上是政治精英们为了使他们实际施行的战略被接受和消除潜在政治挑战力量的工具。第三阶段为 90 年代以来的所谓"干预变量"时期，即认为战略文化既不是决定因素，也不是工具，而是一种干预变量。在这一时期，战略文化研究侧重于"利益决定论"所无法解释的战略选择问题，主要表现在以下两方面：一是避免了第一阶段的决定

---

① Colin S. Gray, "Strategic culture as context," *Review of International studies*, Vol. 25, 1999, pp. 49 – 51. Colin S. Gray, "National Style in Strategy: The American Example," *International Security*, Vol. 6, No. 2, 1981.

② Alastair Iain Johnston, "Thinking about Strategic Culture", *International Security*, Vol. 19, No. 4, Spring 1995. pp. 32 – 64.

论，认为战略文化是可以变化的。例如，"干预变量论"主要代表列格罗（Jeffrey W. Legro）就认为，由于战略文化根植于最近的经验，而不是历史，因此战略文化不是固定不变的，而是可以变化的。二是注重理论的检验以及与不同理论的对比。例如，列格罗检验了现实主义、制度主义与组织文化论对制约战争的解释。另一"干预变量论"代表人物科尔（Kier）则将结构现实主义、官僚组织理论与战略文化论进行了对比。

以彼得·卡赞斯坦为首的学者们在1996年出版的一本集体著作《国家安全的文化：国际政治中的规范与认同》① 进一步确认"战略文化"的内容，把行为规范与国家认同视为影响战略决策的决定性变量。该书通过大量的案例研究，探讨了两方面主题：第一个方面是探讨战略决策中的文化、制度背景，其中涉及对各种行为规范的讨论。第二个方面则集中讨论国家、种族的认同对战略决策的影响。该书认为，规范是在群体生活中产生的行为准则或风俗习惯。其作用也有两种：其一，规范可以建构一个国家新的认同。其二，规范也能进一步确定一个已经存在的国家认同。该书另一个主题是对认同的有关研究，视"认同"为国家建构中的主要变量，进而认为各个国家、民族之间的关系就是此种认同的确立过程中造成的现象。事实上，该书的作者们普遍地认为"文化"既是一套评价标准（evaluative standard），也是一种认知准则（cognitive standard），而不同种类的"规范"以及"认同"就是在这个广义的文化平台上运作，其存在决定了各个国家、群体该在何种制度下生存、社会制度怎样运作、如何规范与其他群体的关系，等等。根据他们的观点，规范与认同实际上限制了决策者可运用的手段，战略决策不可能脱离文化体系而存在，"战略文化"应该被确立为研究国防决策、战争战略的主要方向。

斯奈德提出战略文化的概念早于温特建构主义的理论，但正是建构主义给予了战略文化概念以全新的理论生命，使之成为一种研究国际问题的重要范式。斯奈德之后，随着国际关系学界的理论创新，尤其是建构主义的兴起，"战略文化"的内涵和外延有了很大发展，这一研究思路被其他

---

① Peter J. Kazenstein（ed.），*The Culture of National Security: Norms andIdentity in World Politics*，New York: Columbia University Press，1996.

学者们所继承和发展，成为战略研究领域一个十分重要的议题。

比如上文提到的哈佛大学教授江忆恩（Alastair Iain Johnston），他把战略文化定义为"一个完整的符号系统，它通过形成关于军事力量在国际政治事务中的作用和效率的概念，建立起普遍、持久的战略偏好"。江忆恩认为，作为一个"符号系统"，战略文化包括两部分内涵：一是关于战略环境的规律性的一组假定，即战争在人类事务中的作用（战争是偏离常规的还是不可避免的），对手及其造成的威胁的性质（零和还是非零和），使用武力的效用（控制结果和消除威胁的能力以及在什么条件下使用武力有用），这些构成战略文化的核心范式；二是与核心范式有着密切逻辑联系的可操作层次上的一组假定，即关于如何应对上述战略环境的、经过等级排序的一组战略偏好（a limited, ranked set of grand-strategic preferences）。江忆恩战略文化理论的核心观点是，不同的战略文化决定了不同国家对于战争与和平、冲突与合作等国际关系主题的认识，塑造了不同国家的身份认同和战略偏好，进而决定了国家之间不同的战略选择，也就是国家的战略行为。① 江忆恩的理论得到了包括秦亚青教授等在内的很多中外学者的认同。

事实上，西方学者对战略文化的研究无论在本体论还是方法论方面都有着很大分歧，对战略文化概念的界定和定义也各自不同。仅从国际关系学理论谱系的角度看，提出战略文化概念的斯奈德教授是一位现实主义者，其名著《帝国的迷思》被认为是防御性现实主义的代表作之一，② 而江忆恩则是建构主义学派的重量级代表人物。对战略文化是一种常量还是变量，它能够阐释国家行为体的行为原因还是仅提供行为背景的争论尤其严重，并由此产生了第一代和第三代战略文化学者间的论战。从此产生的这些学理分歧一方面导致人们对战略文化的定义、概念及其运用方法产生很大歧义，另一方面也拓展了人们的思路，从而使运用战略文化范式和理

---

① Alastair Iain Johnston, *Cultural Realism: Strategic Culture and Grand Strategy in Chinese History*, Princeton: Princeton University Press, 1995 p. 3; Alastair Iain Johnston, "Thinking about Strategic Culture" *International Security*, Vol. 19, No. 4, Spring 1995, p. 32.

② 参见于铁军《帝国的迷思》译序"大国过度扩张的国内政治机理"，北京大学出版社，2007。

论架构开展国际战略问题和安全问题分析研究的视野变得更为宽广——要知道，国际关系理论本身就是在争论中前行发展的。一个新的理论，围绕其开展的论战越多、学术纷争越激烈、争论者的学理层次越高，则越证明这个理论富有魅力、位于前沿，且拥有未来。

中国学者对战略文化的研究开始于军事战略研究领域，从李际均将军在1997年《中国军事科学》杂志上发表《论战略文化》一文起，迄今仅有17年的时间。李晓燕博士在其论文中总结了中国学者战略文化研究的特点：一是对"战略文化"概念的界定尚无统一意见；二是在军事战略和国际关系两个不同的学术领域展开研究且呈现出不同的特色；三是对西方战略文化研究的引介相对较多，对战略文化本身的基础性理论研究较少。中国学者普遍认为，战略文化与一国文化的一致是必然的、毋庸置疑的；战略文化对国家行为具有至关重要甚至是决定性的影响。简言之，有什么样的文化，就会有什么样的战略文化；有什么样的战略文化，必然有与之相符合的国家行为。①

李际均在《论战略文化》一文中指出，"思想文化与战略相结合，我们可以称之为战略文化。战略文化是在一定的历史和民族文化传统的基础上所形成的战略思想和战略理论，并以这种思想和理论指导战略行动和影响社会文化与思潮。……它是制定现实战略的潜在意识和历史文化情结，因为战略家只能在特定的历史文化环境中进行认识和实践创造活动。……每一个国家和民族的战略文化都有其传统文化的烙印。也就是说，战略的底蕴和根基是思想文化，而且战略思想最终要汇入到一个国家和民族的思想文化的发展历史中去"。②

李际均对战略文化的定义及其基本观点得到了很多中国学者，尤其是军事战略学者的认同，在他们看来，"战略文化是指影响和制约国家或民族战略行为的思想和文化因素，它是国家或民族的传统文化在战略领域里的反映，是制定战略的思想文化脉络，对战略行为具有深远的影响"。"战略文化从属于一国大文化的范畴，是大文化中最富活力的成分。……不同文

---

① 李晓燕：《战略文化与主导文化的一致性研究》，博士学位论文，外交学院，2007，第9页。

② 李际均：《论战略文化》，《中国军事科学》1997年第1期。

化传承往往会产生不同的战略文化，而这些战略文化进而导致决策者在决策问题上的不同认知的形成，从而在国家发展的战略上，对于目标的优先次序、目标与手段间的关系问题产生出不同的判断，并最终形成各具特色的国家战略选择。"基于这种观点对中国战略文化的研究也无一例外地认为，中国的战略文化与文化表现出完全一致的性质和特征。"中国的战略文化植根于中国古典文化，深受传统哲学思想与战略思维的影响，是中国传统哲学思想与战略思维相结合的产物。""中华民族是一个战略思维十分活跃而成熟的民族。在源远流长、博大精深的中国传统文化中，蕴含着丰富的战略思想的宝藏。战略文化作为一种亚文化，构成了中国传统文化的一条重要的支脉、一个重要的源头，并且是其极具华彩和魅力的组成部分。……中国传统文化的特色决定了中华民族战略文化的特色。中国发达的战略文化又对中国思想文化的发展，乃至整个中国历史的发展，产生了深刻的影响。"①

军事战略领域另外一些学者对战略文化的研究明显受到西方研究的影响，侧重于从微观层面界定战略文化的含义，在观点上有对西方研究的明显借鉴与融会。宫玉振把战略文化定义为"国家在运用战略手段实现国家战略目标的过程中所表现出来的持久性的、相对稳定的价值取向与习惯性的行为模式"。并且认为，"文化的核心是价值观念，作为文化传统的组成部分，战略文化传统的基本性格必然要受到所属文化传统的主导性价值观念的渗透与影响。战略文化传统的价值体系的核心，也往往是由其文化传统的主导性价值观念构成的"。周丕启也是从抽象层面定义战略文化，认为"战略文化实质上是战略决策者在决定以军事力量来实现国家政治目标过程中所共有的习惯性行为模式和价值观"。张晓军和许嘉从文化的含义入手界定战略文化的含义，并且融会了中西学者的观点，认为战略文化"是指由战略符号系统载荷的社会信息"。它包括两个组成部分："一部分是与冲突性质、暴力使用、安全内涵、敌人和威胁性质相关的对

---

① 江新凤：《日本战略思维探究》，《中国军事科学》2004 年第 4 期，第 137 页。张露、王迎晖：《论当代中国大战略选择的和平性——一种基于战略文化的考量》，《太平洋学报》2005 年第 6 期，第 24 页。王幸生：《中华民族的战略文化传统及其特色》，《中国军事科学》1998 年第 3 期，第 58 页。

抗性符号系统载荷的不断生成的社会信息；另一部分是与优先次序、理性选择、结果判断相关的对抗性符号系统载荷的不断生成的社会信息。"

"战略文化从属于一国'大文化'，并受一国的精神文化、科技文化、制度文化和物质文化的影响。'大文化'的不同会导致决策者在战略的优先次序、方案制定、原则及目标选择上，表现出一定程度或本质的差异。……中美两国属于不同社会制度的国家。由于文化渊源不同，在继承人类共同文明的基础上，两国的战略文化呈现出较大差异。而这种差异直接影响并体现在两国政府的战略思维和决策中。"①

中国国际关系学界对战略文化的研究起步较晚，对战略文化的关注只是近几年的事情，很大程度上是伴随着国际关系学界对建构主义理论的兴趣增长而引介了西方战略文化研究，很大部分借用了江忆恩的战略文化概念及其对西方三代战略文化研究的总结。② 外交学院教授秦亚青认为，战略文化是指"一整套宏观战略观念，其基本内容被国家决策人所认同，并据此建立起一个国家长期的战略取向。战略文化包含一套统合的符号系统，帮助确立军事力量在国家间政治关系中的作用和有效性的信念，因而建立起国家主导性战略偏好"。他在文章中说，战略文化包括对战略环境秩序的基本估计，确立国家决策者对国际冲突及其解决方式的理解，尤其涉及对武力的认识。战略文化在很大程度上决定战略选择。战略文化可以划分为两类：冲突型战略文化和合作型战略文化。为了使战略文化的概念可操作化，我们将其进一步定义为三种认识：对战争的认识、对冲突的认识和对暴力功效的认识。为了分析方便，我们将每一种认识分为两种对立的观念：对战争的认识涉及怎样认识战争在人类事务中的作用，即认为战争是不可避免还是异常现象；对冲突的认识指涉及怎样认识冲突的性质，即认为冲突是否必为零和性质；对暴力的功效的认识涉及怎样认识使用暴

---

① 参见宫玉振《试论战略文化传统及其对战略行为的影响》，载《中国军事科学》2001 年第 6 期。宫玉振：《中国战略文化解析》，军事科学出版社，2002。周丕启："略论战略文化"，载《现代国际关系》2001 年第 10 期。张晓军、许嘉：《中美战略文化传统特征之比较》，载《中国军事科学》2004 年第 2 期。

② 参见方长平《西方战略文化研究：从文化主义到建构主义》，载《国际论坛》2004 年 5 月第六卷第 3 期；刘永涛：《试论西方战略文化思潮》，赵景芳：《战略文化的再思考》，载《世界经济与政治》2008 年第 1 期，等等。

力所产生的结果，即暴力是否可以有效地保护自我利益和决定国际事件的结果。如果认为战争是人类事务中不可避免和不必避免的现象、冲突具有必然的零和性质、暴力可以有效地保护自我利益和消除安全威胁，行为体的战略文化就属于冲突型战略文化。反之，则属于合作型战略文化。在行为层面上，战略文化则影响到国家安全政策的制定和安全战略的实施。①

郭树勇则把战略文化定义为"一个民族或政治共同体贯穿于其世界观、战争观与和平观的带有长期性和根本性的理念"。并且认为，"只要这个世界上还主要是由民族或国家构成，这个世界的大部分现象的本质就必须要到民族文化中去寻找"。"文化在一个民族的对外战争实践中起着基础性的作用。"②

综上可见，虽然中国学者对战略文化的研究起步较晚，但论者大部分都高度认同一国战略文化与战略行为间的紧密关系，认为国家战略行为受到其战略文化的重大影响。

自从20世纪70年代"战略文化"概念被提出以来，有的学者运用这一新的范式分析不同国家各自的战略文化或相关国家的对外战略、政策，有的学者则对不同国家的战略文化进行比较分析，也有学者对这一理论本身的内涵和方法进行不断的阐释发扬。这些有益尝试拓宽了国际关系学者的研究视野，也为国际关系理论在新时代的发展做出了积极贡献。

斯奈德、格雷、克莱因等人从苏联（俄罗斯）、美国各自战略文化的角度分析研究了苏联、美国核战略的文化根源，并得出了各自不同的结论，这些分析不断拓宽了战略文化概念的内涵和外延。

法国国际关系研究所亚洲研究中心于2006年11月成立了一个专门小组，研究中国等亚洲国家的战略文化，并发表了一系列相关研究报告。2007年9月，该中心还在巴黎召开了专题研讨会。③ 法国学者让－克里斯托夫·罗默（Jean-Christophe Romer）在《从斯大林到赫鲁晓夫的核战

---

① 秦亚青：《国家身份、战略文化和安全利益：关于中国与国际社会关系的三个假设》，载秦亚青著《权力、制度、文化》，北京大学出版社，2005，第348页。
② 郭树勇主编《战略演讲录》，北京大学出版社，2006，第9、10页。
③ http://www.ifri.org/frontDispatcher/ifri/recherche/centre_asie_ifri_1031830130593/groupe_de_travail_culture_strategique_et_politique_defense_en_asie_1171451363495.

争——论苏联战略文化的形成（1945 - 1965）》[*La guerre nucléaire de Staline à Khrouchtchev. Essai sur la constitution d'une culture stratégique en URSS*（1945 - 1965）] 一书中，对从斯大林到赫鲁晓夫的核战争观念用战略文化范式进行了研究，并据此研究了俄罗斯（苏联）的战略文化偏好。

江忆恩通过分析中国古代兵家典籍和明代诏诰等历史文献，对中国的战略文化进行了历史实证分析，得出结论说中国的战略文化是一种强现实主义战略文化，并认为这种强现实主义战略文化仍然影响当今中国的战略行为。

秦亚青在《国家身份、战略文化和安全利益》一文中提出了对中国战略文化的基本假设，即"中国的主导战略文化经历着再建构的过程，从一种较多地属于冲突型的战略文化向较多地属于合作型的战略文化的方向转化"，并对其做出初步验证，是目前国内国际关系学界所见不多的对战略文化进行实证研究的尝试之一。

此外，复旦大学国际问题研究院南亚研究中心章节根、① 南京大学国际关系学院宋德星②从战略文化视角对印度核战略、印度大国地位追求等进行了分析研究。北京外国语大学李永成对美国新任总统奥巴马在布拉格做出的无核倡议进行了战略文化层面的分析，③ 认为战略文化是理解美国行为的重要理论工具。

英国埃塞克斯大学政府系让·莫内教席教授，埃米尔·J. 科什纳（Emil J Kirchner）撰文认为，从安全威胁的感知、威胁应对方式、资源分配和公众舆论等四个方面对比分析欧洲安全战略视角和欧盟四个主要成员国（法国、德国、意大利、英国）视角的异同可以看出，虽然欧洲安全战略尚未形成一种明显的认同或独立性，而且各欧盟成员国之间还存在重要的分歧，但是它却为共同的安全战略或安全文化的形成奠定了坚实的基础。④

---

① 章节根：《论印度核战略的战略文化根源》，载《外交评论》2008 年 4 月总第 102 期，第 98 页。

② 宋德星：《从战略文化视角看印度的大国地位追求》，载《现代国际关系》2008 年第 6 期，第 27 页。

③ 李永成：《奥巴马无核世界倡议的战略文化解释》，载《当代世界》2009 年第 5 期，第 25 页。

④ 埃米尔·J. 科什纳（Emil J Kirchner）：《欧洲安全战略和国家的优先选择》，《南开学报》2008 年第 1 期。

　　观察分析国内外学者用战略文化范式分析我国或外国对外战略或安全战略的研究，一个突出的分歧是对战略文化的概念界定和效用各持己见。对研究对象国的战略文化考察，则因出于不同视角、不同观念或方法，导致不同学者对同一国家的战略目标和政策进行分析而得出的结论大相径庭。其中目前引起国内学者更多关注的，是江忆恩和秦亚青等人关于中国战略文化的争论。① 事实上对于江忆恩本人来说，选取中国案例只是为了实现对其理论的验证，至于中国的战略文化本身到底是"强现实主义的"还是"理想主义的"，是"进攻性的"还是"防御性的"，则对他而言并不重要。

第二节　法兰西战略文化：定义和要素

　　作为联合国安理会五个常任理事国之一，法兰西第五共和国在世界舞台上特立独行、积极活跃，对国际事务发挥着重要的影响。然而这种大国影响力与法国本身的国力并不相称。无论是在战后初期戴高乐执政的时代还是冷战后的法国，其国家规模、综合国力、军事实力都只能算二流大国，② 但法国却"手持二等舱客票坐上了头等舱"，其中的原因不能不引发人们的思考。仅从理性主义——结构现实主义或制度自由主义——将国家"去人性化"的范式和概念出发，不能完全解释法国在国际体系中的行为。这个世界上与法国有着相似的现实和潜在权力——人口、国土、经济规模、科技力量、常备军，等等——的国家有很多，但它们对自身利益的界定、它们的行为偏好与国家目标、它们的行为方式却与法国大不相同。

　　一个有意思的试验是对德国和法国的政策及行为进行比较。在国土面

---

① Alastair Iain Johnston, "Think about Strategic Culture", *International Security*, Vol. 19, No. 4, Spring 1995；秦亚青：《国家身份、战略文化和安全利益：关于中国与国际社会关系的三个假设》，《权力、制度、文化》，北京大学出版社，2005，第348页。

② 参见：Stanley Hoffmann, *La France dans le monde. 1979–2000, Politique étrangère*, Année 2000, Volume 65, Numéro 2；王玲：《世界大国综合国力比较》，社科院世经政所网站，http://www.iwep.org.cn/；王燕阁：《法国的新外交政策》，载《现代国际关系》1994年第7期，第8页。

积、人口、经济军事实力和生产力水平等变量相对一致或接近的情况下，由历史、文化、人文传统等要素建构而成的理念性变量成为德国和法国各自界定其国家利益、决定其截然不同的国家行为的重要原因。基辛格博士认为，"德国由于统一的民族国家形成较晚，对国家利益的界定没有经验，因此在 20 世纪造成了不少人类惨剧，其自身的战略目标也无法达成"。① 美国战略学家威廉森·默里分析认为："希特勒在 30 年代后期的战略决策简直完全没有规定目的和手段之间的平衡"，他简单追求扩充军力，教条化地执行自己的意识形态想象，从而导致了自己的失败和世界的灾难。② 霍尔格尔·黑尔维希在回顾总结了德国在 1871 ~ 1918 年作为一个民族国家的"战略无常"后认为，受到历史经验缺失的影响，德国战略的制定过程高度分散，甚至没有一个总的战略规划机构。他认为，在德国，"国家政策（国家战略）这一权力政治与文化的独特混合体从未得到明确的界定，世界政策（weltpolitik）、中欧（mitteleuropa）之类的'口号'含混不清……其结果是，德国投身于战争而无大战略计划"。③

本书对战略文化理论内核及其研究方法的选择和认同同时受到了当代建构主义学者和所谓"第一代""第三代"战略文化学者以及中国有关学者的影响，认为战略文化的形成受到一个国家的地缘位置、人文历史、决策者偏好和战略行为及其后果等因素的综合作用，在潜移默化中对国家的身份认同、战略偏好和决策者的战略制定及抉择进行渗透、塑造并进而发挥其重要影响。本书将战略文化的概念界定为"一个国家基于其独特的地缘战略位置和人文历史传统，经过漫长历史过程形成并延续下来的、为国家决策者所认同和采纳的战略观念和理论，包含对国家地位和目标的认知，以及为实现其战略目标而组织使用国家权力的习惯性战略偏好"。

从战略文化范式出发，本书试图研究冷战后法国对外战略的形成、发

---

① 基辛格：《大外交》，顾淑馨、林添贵译，海南出版社，1998，第 46 页。
② 威廉森·默里、马克·格利姆斯利：《论战略》，《缔造战略：统治者、国家与战争》，时殷弘等译，世界知识出版社，2004，第 17 ~ 19 页。
③ 霍尔格尔·黑尔维希：《一个民族国家的战略无常：普鲁士/德国》，《缔造战略：统治者、国家与战争》，时殷弘等译，世界知识出版社，2004，第 256 ~ 291 页。

展，并分析法国在国际舞台上持续发挥大国影响的原因。理性主义者认为，一个国家对其身份、利益的界定和对战略的选择，一般是基于其对实力地位、威胁认知、环境评估这些物质性因素的认知判定下做出的。而在考察法国个案后本书认为，在法国确定其对外战略的时候，对其发挥最重要影响的因素则是法国所特有的以大国地位为目标的法兰西战略文化，这恰恰是上述物质性因素之外的理念性因素。根据上文对"战略文化"概念的界定，本书认为法兰西战略文化是"基于法国独特的地缘战略位置和法兰西人文历史传统，从高卢时代、帝国时代、大革命时代一直延续至今，经过黎塞留、拿破仑、戴高乐等人不断发展，到戴高乐时代最终成型，为法兰西第五共和国历届政府所认同、内化并在具体政策制定中予以采纳、施行的一整套战略观念"。具体包括以下内容：法国应成为世界性大国、应该拥有世界性大国的地位和影响；鉴于法国当前的实力状况，法国一方面应借重欧盟发挥其国际影响力，另一方面应坚持在国际事务中的独立自主；应建立并保持独立、完整、有效的核威慑战略，以独立的防务维护法国的大国地位；应坚持通过包括文化外交在内的各种手段将自由、人权、平等、博爱等价值观推广至全世界（见图 1 - 1）。

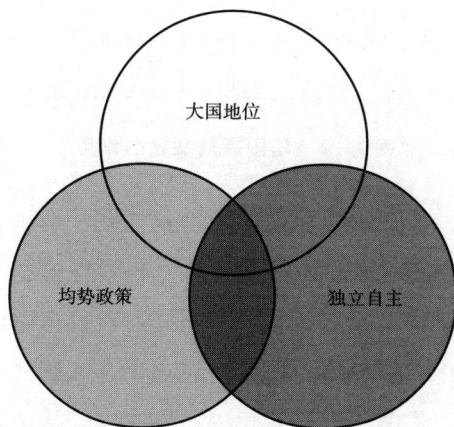

图 1 - 1　法兰西战略文化核心要素

当代战略文化学者认为战略文化是一种"干预变量"，从而否定了原有的"决定论"思维，认为战略文化不是一成不变的，而是会随着时代和形势而变化发展。本书之所以认为法国的战略文化自黎塞留时代起形成，到戴高乐时代发展成熟与成型，一是法兰西战略文化的诸要素第一次被清晰、完整地记录在戴高乐及其政府的文件、讲话、演说，尤其是他本人的回忆录中。追求大国地位、坚持独立自主和善用均势手段这三大要素的理论内涵和实践意义都得到了系统的论述和完整的呈现。二是戴高乐将军及其领导的第五共和国政府在其外交政策中自觉、全力地践行了上述三要素的原则，并在二战后法国实力地位下降的情况下成功实现了法国的大国追求目标，法国的国际地位有了显著的大幅度上升。三是戴高乐之后，他所开创并执行的一系列政策原则、方针和外交理念得到了第五共和国历任总统等政府决策者的高度认同和稳定传承，法兰西战略文化的三大要素长期稳定地影响着迄今以来法国政府的对外战略。

鉴于上述的分析，本书提出的假设是：法兰西战略文化在法国战略制定者、法国政府决策者中得到了内化与高度认同，在法国历届政府的对外战略政策和行为中得到了稳定的延续和传承。法国之所以能够逐步适应冷战后国际战略格局、在国际舞台上发挥大国影响力，法兰西战略文化起到了至关重要的作用（见图1-2）。

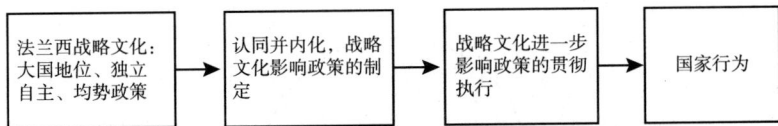

图1-2　法国战略文化的作用

冷战后，法国对外战略大致经历了三次调整，分别是密特朗政府对冷战期间对外战略的调整、希拉克政府以推动世界多极化为主要特征的调整和萨科齐执政后的调整。综观冷战后法国政府对外战略的几番调整，都传承了法兰西战略文化的根本理念，没有脱离上述法国战略文化三大要素的轨道。本书认为，正是由于战略文化因素的影响，法国保持了在国际舞台上的独特影响力和相对的大国地位。

本书通过对法兰西战略文化以及冷战后法国历届政府对外战略——包括法国对欧洲、美国、非洲战略，以及法国核威慑战略、法国文化外交战略——的研究，探讨"法兰西战略文化是什么""为什么法兰西战略文化会影响到法国的对外战略"，以及"法兰西战略文化是如何影响冷战后法国对外战略的"这样一些重要问题。试图达到的目的是：从战略文化视角清晰解读冷战后法国对外战略，论证法兰西战略文化对法国对外战略的影响，包括其制定背景、实施手段和实际效果，分析解剖冷战后法国对外政策的得失。从某种意义上说，这样的分析既有理论的高度，也有历史的深度，能够帮助我们真正把握法国战略的走向。当然，与此同时，笔者也试图从法兰西战略文化研究的角度出发，对战略文化的研究概念和方法给予进一步的充实。

他山之石，可以攻玉。中国正在崛起是一个不争的事实，然而如何顺利实现"崛起"则是一切高度关注现实中国命运并深深参与其中的人共同关心的重大问题。中国的发展、崛起需要战略理论的支撑，中国"大战略"的形成有待政府领导人、专家学者和实际操作者们共同的努力。正如王缉思先生在《北京大学国际战略研究丛书》"总序"中指出的那样，"战略需要综合分析、全局观念、长远谋划、协调执行，也需要深厚的研究基础"。① 法国与我国有着很多的相似之处，海陆兼具的地缘特征、悠久的历史、灿烂的文明、较为接近的综合国力，等等。对于法国历史上的战略性崛起，对于法国在今天依然保持其大国影响力，法兰西战略文化起到了重大作用。如果本书能够为中国借鉴法国经验，制定形成符合中国国情、有中国特色的大战略起到绵薄的作用，则笔者会为此感到深深的欣慰和自豪。

第三节　关于法国外交和战略研究的文献综述

目前国内外运用战略文化范式研究冷战后法国对外战略方面的专著和论文尚不多见。中外学者关于法国外交、战略、经济、法律、文化等诸方面的研究，则在本书的创作过程中给了作者很多启发和教益，现综述如下。

---

① 王缉思：《综谙古今韬略、横务天下经纶》，《北京大学国际战略研究丛书》总序，北京大学出版社，2008，第1页。

戴高乐本人的三卷《战争回忆录》和两卷《希望回忆录》（中国人民大学出版社，2005），是对法国战略文化进行研究必不可少的重要历史文献。《战争回忆录》包括第一卷《召唤》、第二卷《统一》、第三卷《拯救》，是戴高乐在 1953 年隐居乡间后耗费数年心血完成的巨著。回忆录以作者本人的独特视角，追忆了从 1940 年至 1946 年 1 月被迫下台这一期间发生的历史画卷，记叙了戴高乐将军团结法兰西各方面力量、在国际上同美英苏盟国纵横捭阖开展协调，与法西斯展开不屈不挠斗争的史实，真实反映了二战期间戴高乐主义形成并发展的过程。《希望回忆录》是戴高乐1969 年退出政坛后所写，分《复兴》《努力》两卷，全面记述了戴高乐从建立第五共和国起法国所经历的一系列政治、经济、外交等方面事件，并且表达了戴高乐对诸如欧洲、海外领地、殖民主义等问题的观点。尤其重要的是，《希望回忆录》反映了对冷战期间整个世界形势以及美苏争霸、法国地位和作用的基本看法。上述这些观点都成为了戴高乐主义的重要组成部分，是建构法兰西战略文化的基石。

法国政府冷战后分别于 1994 年、2008 年推出两版《法国国防和国家安全白皮书》，2008 年还出台了《2009～2020 年法国外交和欧洲政策白皮书》，明确阐述了法国对所处国际环境和形势的认识，推出其国家安全和对外战略方针，及其具体对策、政策。此外，冷战后法国政府及其领导人出台了大量对外战略方面的政策性文件、讲话、演说等，与有关国家联合发布了大量联合声明、公告。上述这些法国政府的政策性、纲领性文件为作者采用文本分析法研究法兰西战略文化的传承与内化，研究法国冷战后对外战略起到了重要的作用。

法国著名战略家博富尔（André Beaufre）将军（著名军事战略家、法国独立自主核战略倡导者，法国反恐战争理论创始人，曾担任北约盟军欧洲最高司令部参谋长，法国上将）的《战略学导论》（*Introduction à la stratégie*）①、《威慑和战略》（*Dissuasion et Stratégie*）② 清晰阐述了他作为参加过二战的法军军官和战后法国军事政策制定者之一，对法国冷战初期

---

① *Introduction à la stratégie*, Paris, Armand Colin, 1963.
② *Dissuasion et stratégie*, Paris, Armand Colin, 1964.

军事战略尤其是核战略的看法。在他看来，核战略均势是世界稳定与和平的保障，法国必须坚持独立自主的核战略。

法国战略学者、"实践学"创始人蒙布里亚尔（Thierry de Monbrial，受命创建法国外交部政策分析中心并担任首任主任，创立法国国际关系研究院并任院长至今）的《行动与世界体系》[①] 从实践学角度对国际关系的一系列重大命题提出了自己的观点，分析了战后及当代法国战略和政策。

战略史和战略思想研究领域的杰出学者威廉森·默里等编著的《缔造战略：统治者、国家与战争》[②] 一书以广阔的时空视野涉及了近 2500 年来的人类战略经验，涵盖了多个历史时期和多种国家实体，"对军政领导人在回应外部挑战时逐渐形成和明确表达战略的方式"进行了考察和展示，对国家大战略的缔造和实施进行了历史性的总结，是西方战略研究领域的经典。默里等人认为，地理、历史、文化、经济和政府体系这些要素一起深刻地影响了战略的缔造过程。该书中的两篇文章论及法国的"大战略"制定及其战略文化。约翰·A. 林恩认为在 17 ~ 18 世纪路易十四治下的法国，战略缔造的主要驱动力来自国王对荣誉（gloire）的追逐，这一时代法国的战略史"就是一位好大喜功的君主的历史，就是他追逐荣誉的历史"。罗伯特·A. 道蒂则分析了 20 世纪两次世界大战之间的法国战略，认为当时法国政策的首要目标是安全，法国试图采用均势战略，建立起"复杂的盟国和附庸网络"，然而当时的法国因一战的巨大损失而国力羸弱，无力塑造一个强大的同盟。这一经典著作对笔者理解国家大战略的制定、研究法国的战略文化起到了重要的参考，也促使笔者去进一步从历史深处探寻法兰西战略文化的根源，分析法兰西战略文化的延续和传承。

塞尔日·伯恩斯坦（Serge Berstein）的《法国政治文化》[③] 侧重从法国的历史、文化、语言等方面出发研究法国政治文化的形成。书中进而解释了戴高乐主义的产生及其在日后法国外交中的延续。

---

① *L'Action et le Monde*，庄晨雁译，北京大学出版社，2007。
② "*The making of strategy：rulers，states and war*"，时殷弘等译，世界知识出版社，2004。
③ *Les Cultures politiques en France*，Paris，édition du Seuil，1999.

法国前《快报》编辑、政治观察员艾伯特·杜罗伊（Albert Du Roy）在《禁区：法国外交内幕》① 一书中着重强调，不为人知的秘密外交常常主导法国对外政策的走向。全书从法国在科索沃危机中的秘密外交入手，诸如法美曾密谋对南联盟发动地面进攻的描述，讲述了从戴高乐到希拉克以来的外交决策内幕对欧洲乃至世界局势的影响。

著名学者斯坦利·霍夫曼在《法国：一个世纪，两大忧患》② 中认为，整个 20 世纪，法国人心头萦绕着两大忧患：一是德国，一是担心自己走向衰落。在处理同邻近大国德国的关系时，法国的战略几经转折。冷战结束、德国统一后，法国企图借助欧洲一体化消解德国问题。霍夫曼在文章中对戴高乐所代表的法国人不屈不挠、不甘落后的爱国主义进行了褒扬，对法国的健全政治体制表示赞赏，也毫不客气地揭露了法国在各个历史时期遭受的外交挫折及其原因。霍夫曼认为，在可预见的将来，欧洲不会像法国领导人所期待的那样成为一个膨胀了的法国，而法国别无选择，只能继续"欧洲化"以消除它百年来挥之不去的两大忧患。他精辟地指出，为实现国家目标，法国人的"敌人因时而异、盟友因时而异、法国领导人做出的抉择也因时而异"。但笔者认为，霍夫曼对法国独立自主的传统有所忽略。在法国为达成大国目标而主动加强欧洲一体化建设的过程中，虽然可能增加其对"欧洲人"身份的认同，但出于法国长期稳定的战略文化影响，其对"法国人"身份的认同不会轻易丧失。

法国国家科学研究中心（CNRS）人文与社会科学部主任兼巴黎政治学院、里昂三大教授玛丽－克里斯蒂娜·凯斯勒（Marie-Christine Kessler）在《法国对外政策——行为者与过程》③ 一书中首先从法国政府的公共政策决策过程着手研究法国对外政策。作者认为，法国外交的决策首先来自对一些客观状况的认知，包括法国的国际地位、经济实力及欧盟建设；而承担上述认知的行为者是被称为决策核心的国家元首、政府部长及相关专家。在作者看来，公共政策带有全局性，外交政策带有部门性质，但当后

---

① *Domaine réservé, Les coulisses de la diplomatie française*, Paris, édition du Seuil.
② 霍夫曼：《法国：一个世纪，两大忧患》，罗伯特·帕斯特编《世纪之旅：七大国百年外交风云》，胡利平、杨韵琴译，上海人民出版社，2001。
③ *La politique étrangère de la France. Acteurs et processus*, Presses de Sciences Po, Paris, 1999.

者涉及众多"低级政治"内容时又易于使其部门性质趋于模糊。对于法国而言，特别是在关于深化欧盟建设方面，对外政策是否在某种程度上延伸为公共政策？作者认为这些认知上的分歧取决于参照系的不同，而参照系的不同虽然可以因为诸如政府换届等决策核心因素的变化而发生相对位移，其根本则取决于某种传统留下的印记。

法国外交部发言人兼波尔多大学国际关系学院教授弗朗索瓦·里瓦索（François Rivasseau）在《尼斯条约之后：法德布雷榭姆进程中的融洽关系》① 中概述了法德间布雷榭姆进程的形成背景及其具体内容，试图通过着力于传统的法德轴心概念强调冷战后新法德关系对于法国主导欧盟建设的作用。针对尼斯条约通过以后面临扩大的欧盟，作者给予这样的概括：我们并不知道，当明天的人们面对一个包含了 27 国的欧盟时是否还会谈论起"法德轴心"。

法国波尔多政治学院兼布鲁塞尔大学教授奥利维尔·科斯塔（Olivier Costa）的《2004 年 6 月欧洲议会选举——法国与欧盟的前途》② 的出版适逢欧盟就宪法草案和土耳其入盟陷入激烈争论，作者以法国国内选举的视角对 2004 年 6 月欧洲议会选举进行分析，试图考察 2004 年 5 月欧盟接纳 10 个中东欧新成员国之后一体化进一步深化的潜力。作者在文中不无隐忧地提到：面对表面上风风光光的一体化有史以来最大规模的一次扩大，虽然 2003 年法国选举制度的改革使得选举人与被选举人之间增进了解，然而参加选举的人数与以往相比却是空前的少，与此相对应的是大批"疑欧派"进入欧洲议会。

巴黎一大政治学教授雅克·齐勒（Jacques Ziller）的《法国与欧洲宪法》③ 主要研究 2002～2003 年法国在欧盟宪法草案制定中的参与情况，同时结合法国国内就宪法批准问题所产生的争论，依次考察法国在欧宪问题上的政策与战略的考虑。

---

① Après le Traitéde Nice：l'harmonisation du discours franco-allemand à travers le processus de Blaesheim，*Annuaire francais de relations internationales*，volume III，2002.

② *Les élections européennes de juin* 2004，*Perspectives européennes et francaises*，Edition de l'Université de Bruxelles，2004.

③ La France et La Constitution pour l'Europe，*Annuaire francais de relations internationales*，Vol VI，2005.

米歇尔·莫罗（Michel Moreau）在《谈法国司法的国际影响》（*A propos de l'influence internationale du droit francais*，*AFRI*，volume IV，2003）中提出，法国应该利用其过去几个世纪在国际法领域中的成就在国际组织和国际机制的建设方面发挥影响。

克里斯托夫·梅耶（Christoph O. Meyer）在《汇合为一种欧洲战略文化？——解释变化中规范的一个建构主义框架》（*Convergence Towards a European Strategic Culture? A Constructivist Framework for Explaining Changing Norms*）[1] 中分析了以芬兰/爱尔兰，法国/英国，奥地利/德国，纳粹德国等不同国家为代表的四种欧洲国家战略文化特点，并试图以建构主义的方法研究分析在欧盟范围内汇聚形成一种欧洲战略文化的可能性。

皮埃尔-法维埃与米歇尔-马丹-罗朗合著的《密特朗执政十年》（孙海潮等译，世界知识出版社，1995）通过对冷战后期密特朗执政近十年中的内外政策评述，展示了法国作为传统欧洲一体化领导者在国际格局大变动时期的矛盾心理与自我调整，为研究冷战前后法国外交政策的转变提供了依据。

1996年出版的弗兰德里克·伯佐的著作：《两种欧洲战略：戴高乐、美国和大西洋联盟》从冷战的大背景出发，通过考察1958～1969年法国与美国、法国与北约的关系，得出了三个结论：戴高乐的目标更为宽泛，而不是以往所描述的狭隘的民族主义；尽管最初美国对戴高乐的要求不让步，但逐渐采取了建设性的灵活的态度；法国退出北约，是戴高乐长期目标的一部分，其目的不是要破坏大西洋联盟，而是要加强它。

我国学者对于法国外交、法国战略的研究虽较之美国研究、日本研究等关乎中国切身重大利益的国家关系研究而言尚不算多，但部分学者对法国问题有很深入精当的研究，发表了大量有深度的论文。如马胜利的《大国的光荣与梦想——法国外交的文化传统》，李佩纹的《当代法国文化渗透力浅谈》，安少康的《法国特殊主义析因》，陈丰的《带有失落感的民族主义》，任晓珑的《从 IFO 透视法国国家文化战略》等。前辈学者马胜利教授的大作对作者启发尤多。

---

[1]　*European Journal of International Relations*，Vol. 11（4），2005．pp. 523–549.

《法国研究》是国内唯一以法国社会各方面为研究对象的学术期刊，其中也汇集了不少见解独特的有关法国外交的研究论文。汪波的《冷战后法国外交政策的调整》① 通过对比冷战时期和冷战后法国外交所面临的国际环境指出：冷战期间法国外交所受到的冲击基本局限在非殖民化运动领域，况且法国利用其与殖民地的经济、文化、语言等诸多历史联系依然能够维持一定秩序；同时两极格局的存在也为法国提供了有利的国际环境。冷战后整个国际格局发生骤然变化，法国已无法通过周旋于超级大国之间来提高自身国际地位。面对冷战后唯一的超级大国美国，法国在保持独立自主外交的同时将尽量避免与美国外交大战略发生正面冲突，改善与北约的关系，通过欧盟加强其在中东和非洲的影响力。中国前驻法大使蔡方柏在《试析法国对外政策走向》② 中提出：随着"9·11"事件以后美国以反恐为名加紧建立以美国为主导的单极世界，法国要想发挥其大国影响，必然以多极化为目标、以欧盟为依托，聚合广大发展中国家推行多边主义外交。陈莉的《戴高乐与第五共和国体制》③ 通过回顾戴高乐及其奠定的第五共和国的宪法体制，将法国外交的主导权仍然归于以总统为核心的外交决策团队，认为戴高乐主义和第五共和国宪法对于法国外交和欧洲建设仍然拥有结构性的约束力。申皓、闵杰的《法国与欧洲一体化》，④ 从法国国内的政治、经济、社会等因素变动的合力作用于法国的欧洲政策出发，试图分析冷战以来法国经济社会的变动如何影响政策变动，最终影响一体化的走向。类似的还有刘建辉的《法国人否决欧洲宪法的幕后力量》。⑤ 龚莉的《欧元启动对非洲法郎区国家的经济影响》⑥ 则通过一体化领导国对于一体化的推动考察其后果对于非洲法郎区国家的经济影响。

在著作方面，吴国庆的《战后法国政治史：1945～2002》⑦ 以叙事的方式回顾半个多世纪以来法国的政治变迁。全书大部分篇章集中叙述第五

① 汪波：《冷战后法国外交政策的调整》，《法国研究》2002 年第 1 期。
② 蔡方柏：《试析法国对外政策走向》，《法国研究》2006 年第 1 期。
③ 陈莉：《戴高乐与第五共和国体制》，《法国研究》2001 年第 2 期。
④ 申皓、闵杰：《法国与欧洲一体化》，《法国研究》2004 年第 1 期。
⑤ 刘建辉：《法国人否决欧洲宪法的幕后力量》，《经济》2005 年第 7 期。
⑥ 龚莉：《欧元启动对非洲法郎区国家的经济影响》，《世界经济》1998 年第 12 期。
⑦ 吴国庆：《战后法国政治史：1945～2002》，社会科学文献出版社，2004。

共和国的政治史，通过阐述五位共和国总统及其任期内政府变化，为深入了解当代法国外交的形成与发展提供了很多帮助。张锡昌与周剑卿合作的《战后法国外交史：1944～1992》① 专注于以史论相结合分析战后以来法国外交的演变历程。周荣耀的《戴高乐评传》② 则通过为戴高乐立传的方式研究戴高乐成长经历、政治外交实践及戴高乐主义对法国当代外交形成与发展的影响，陈乐民先生在为该书作序时引用 60 年代欧洲媒体的说法，若非戴高乐扛起自由法国的战旗并使之跻身大国俱乐部，今天的法国恐怕不存在了。

其他研究法国外交的论文包括：王燕阁的《法国的新外交政策》，汪伟民的《"希拉克主义"——法国的对外政策调整评述》，唐永胜、郭新宁的《大国雄心困扰下的法国对外战略》，郗润昌的《法国外交战略重新调整探析》，汪波的《论法国在南斯拉夫危机中的外交政策》，刘昌明的《论希拉克上台后法国的欧洲战略调整》等，都对本书起到了启发和借鉴作用。

对法国军事战略问题的研究，在学术论文方面，有鸿升的《法国新版国防白皮书初探》，勾永东的《法国的军事战略与国防发展目标》，张良能的《新形势下的法国安全战略》。原颖翻译的 2003 年版《法国军事战略》，对了解当今法国安全战略有很大的帮助。书籍包括叶章蓉等编著的《大国军事战略》，刘善继等编著的《当代外国军事思想》，侯小河等编著的《联盟战车——北约军事战略发展与现状》，祁学远编著的《世界有核国家的核力量与核政策》。

第四节　研究方法和全书结构

本书的研究意图和目的决定了本书应该走史论结合的道路，为此笔者选择了"解释性案例研究"作为本书的研究方法之一。这种研究方法的基本特点是用现有的关于某一问题的理论来对属于该类问题的具体个案作

---

① 张锡昌、周剑卿：《战后法国外交史：1944～1992》，世界知识出版社，1993。
② 周荣耀：《戴高乐评传》，东方出版社，1994。

出解释，重点在于从理论出发更深入地理解具体的现实，而非验证理论。但这并不意味着这种方法不具备理论意义。正如哈里·埃克斯坦所指出的，"如果理论应该对某一个案作出解释而实际上却解释不了，那么即使是一个个案也可以质疑既定的理论，而且，在那些被忽略的领域内，一个个案还可以突出建立新理论的必要性，这样，……理论应用于个案便可以收到反馈效果"。任何旨在解释某一类现象的理论都应该对属于该类现象的那些重要个案作出解释。如果战略文化理论不能对法国这样一个重要的国家的对外政策和行为作出令人信服的解释和说明，那么我们便不能不认为战略文化理论存在重大缺陷。

关于案例研究的作用和如何选择案例，斯蒂芬·范埃弗拉在《政治学研究方法指南》一文中作出了详尽的解答。本书为验证"法兰西战略文化对冷战后法国对外战略起到了塑造性重大影响"这一假设，将选择冷战后密特朗、希拉克、萨科齐政府为应对一系列重大问题所作出的战略抉择作为案例，其中包括冷战后法国对美政策、欧盟政策、非洲政策，法国重返北约问题，冷战后法国文化外交战略的发展，冷战后法国适应新形势对核战略思想的调整及其对戴高乐主义的传承，等等。

为清晰准确地分析冷战后法国政府的对外战略，文本分析法在本书写作中起到了重要而关键性的作用。戴高乐的回忆录作为其回顾政策制定环境和决策过程的重要著作，是解读以戴高乐主义为核心的法兰西战略文化的重要文本；法国2008年颁布的外交和防务两部白皮书则是当代法国战略决策者对法国冷战后一系列重大战略方针的集中阐述和对未来15~20年法国政策的宣示。作者将引述、摘录、对比其中的文本，以期将现时法国的战略方针政策与戴高乐的政策作出对比，从而论证冷战后法国政治家对戴高乐主义的传承，以及法国战略文化作为一种认同和文化在法国得到的普遍认同。

在西方战略文化学者看来，文本分析法是分析战略文化的"可检验的方法"，笔者对此表示赞同。江忆恩认为，研究战略文化的第一步要从历史深处寻找战略文化源头，建立一个更精确的战略文化概念，明确战略文化的历史根源、范围与内容、分析的对象、它们来源的历史时期，以及把战略文化从这些对象中提取出来的方法。江忆恩在研究中使用的分析对象是他认为体现了决策者战略思想的重要军事文献，简言之，就是一种文本分析的方法。① 科林·格雷认为，他所见过的对文化的最合理定义是由社会学家雷蒙德·威廉姆斯（Raymond Williams）提出的。威廉姆斯认为文化的定义包括三个一般类型："理念的""文本的"和"社会的"。其中，"理念的"就是指与某些"长期有效的秩序"相符合的价值观；"文本的"是指记录了人类思想和经验的各种理智的和想象的作品；"社会的"是指对在各种制度和日常行为中表现出来的特定生活方式的描述。显然，在三种类型的文化定义中，唯一可观察的物质形式就是记录了人类思想和经验的各种"文本"。② 江忆恩以及他所认为的"第一代"战略文化学者都认为，如果将所研究时期的有关文献与该国早先历史上的有关文献进行对比，并发现该国在战略偏好等方面的一致性，那么就证实了这个国家战略文化确实存在并穿越这一段历史时间得到了保持。而且，选取的历史跨度越长，战略文化就越强大，其持续性就越强。由此，江忆恩还认为，应该选择一般认定的这一战略文化形成最早期历史刻点的文本。本书认为，把能够体现决策者战略思想的重要文献作为战略文化研究的分析对象是可取的。根据本书"法兰西战略文化正式成型于戴高乐，戴高乐主义是法兰西战略文化的核心"这一假定，笔者首先在第一章里对法兰西战略文化正式成型时期，本书所选取的研究对象国家即法兰西第五共和国的首任总统的权威著作，戴高乐的回忆录（《战争回忆录》三卷、《希望回忆录》两卷）进行分析，从而抽取出戴高乐对一系列重大战略问题的认知，确定法兰西战略文化的基本要素。其次，在下面的几章里，笔者将对最能够体现当代法国"核心决策者的思想的重要文献"③ ——《法国外交和欧洲政策白皮书》《法国防务与国家安全白皮书》等权威文献，以及法国历任总统等政府核心决策者的演讲、文件，包括法国总统府、外交部、国防部官网实时公布的法国政策文件进行文本分析，确定法兰西当代决策者对法兰西战略文化的内化程度。如果上述文本分析表明，这些决策

---

① Alastair Iain Johnston, *Cultural Realism*, pp. 30 – 33. 江忆恩对中国战略文化的研究选择了对中国《武经七书》及明代皇帝诏诰的文本进行对比分析。

② Colin S. Gray, *Strategic culture as context*, p. 52.

③ Alastair Iain Johnston, *Cultural Realism*, p. 39.

者——无论其党派、信仰、执政理念、社会理想是否相同——在外交战略上同法兰西战略文化的基本要素持相同战略倾向，那么就可以断言，法国当代决策者对法兰西战略文化的内化程度高，法兰西战略文化对当代法国对外政策具有重大影响这一假设得到了证实。

笔者也认同姆斯·多尔蒂和小罗伯特·普法尔茨格拉夫在《争论中的国际关系理论》以及金灿荣在《大外交》译序中关于定量与定性分析的比较看法。传统主义者嘲笑科学论者迷信计量方法，往往"通过煞费苦心的统计分析来证明对有常识的人来说是显而易见的论点"，他们坚信，社会科学的精髓在于发现事物质的差别，"这种精细和微妙的差别只能用一字一句来表达，而不能靠同一化的数量统计来说明"。因此，本书将更多地采用传统的定性分析方法，对历史事件和人物进行深入细微的政治－历史描述，"追求对事件和历史本质的直觉把握"。①

本书框架：全书将分以下六章。

第一章阐述战略文化理论内核，建立本书理论分析框架。对国内外战略文化研究的进展和主要成果进行简要回顾，提出本书所要研究的主要问题和假设，认为冷战结束以来法国之所以能以二流强国的国力继续在国际舞台扮演一流强国的角色，以大国地位为目标指归的法兰西战略文化起到了重要、关键性的作用。本章中还包括文献综述、研究方法与全文结构。

第二章对法兰西战略文化得以形成的地缘、历史和文化背景进行考察，从中分析出法兰西战略文化的核心要素及其特点，并通过文本分析和历史案例研究的方法重点阐述作者何以认为在戴高乐时期法兰西战略文化最终成型。作者也在本章中对冷战后法兰西战略文化在法国被内化及被政策制定者传承的情况做了简要分析。

第三章研究法兰西战略文化与冷战后法国政府的对外政策。欧洲一体化政策是法国对外政策的核心，也是冷战后法国政府为维持其大国地位优先考虑、着力做出调整的最重要对外政策；与美国的关系是法国对外关系的关键领域，法国围绕着重返北约军事一体化等问题在冷战后做出了对美政策的重大调整；非洲一直被法国视为其战略势力范围，巩固和加强法国

---

① 金灿荣：《大外交》译序，海南出版社，1998。

在非洲的军事、经济、文化存在是法国增强其全球影响力的重要环节。这一章主要围绕着冷战后法国外交的上述三个最重要领域，分析法兰西战略文化对法国外交政策所产生的重大影响。

法国"独立、有效、够用"的核威慑力量是其保持独立自主大国地位的重要支柱，本书第四章考察了法国核战略的起源及其传统，从战略文化角度研究了法国冷战后对其核战略进行较大幅度调整的深层原因。

法国深厚的人文历史传统是法国软实力的核心内容。第五章研究了法国文化外交传统及其在冷战后的延续和发展，讨论了法兰西战略文化对法国文化外交的影响与作用。

第六章对全文进行总结。首先对在法兰西战略文化的影响下，冷战后法国对外战略起到了什么样的作用、法国是否获得了预期的大国地位进行回答，分析了萨科齐总统提出"相对大国论"的背景和影响，同时再次梳理本书的理论构架并对本书的假设作出结论。最后，作者在本章对全球化新形势下法国今后的对外战略进行了大体上的预测，并初步提出法兰西战略文化对中国的启示这一战略命题。

第二章
攀登众山之巅的法兰西

第一节 为什么是法国：法兰西如此与众不同

法国经历过路易十四和拿破仑时期的辉煌，曾长期雄视欧洲和世界。然而自从兵败滑铁卢后，法国争夺欧洲霸主的努力失败，并从此失去了争夺世界头号霸权的实力。普法战争以后，法国三次大败于德国，经受了割地赔款、首都被占的奇耻大辱。虽然最终成为一战、二战的战胜国，但其战略实力受到极大损失。戴高乐及其后人痛定思痛，奋起直追，然其物质实力再也无法超越后起之秀的美国、苏联。20世纪70年代以来，法国的经济力量甚至也难以超越作为二战战败国的德国、日本。在这样的情况下，法国独特的软实力要素有力地弥补了法国物质力量的不足，为法国以二流强国实力在国际舞台上扮演一流大国角色发挥了关键性的作用。法国对大国地位的追求，其在东西方对峙中坚持独立自主、保持相对超脱的地位，其在欧洲和全球层面对传统均势战略的灵活运用，其对文化软实力的重视和对保持独立核威慑力量的坚持，所有这些政策的制定和实施，显然对法国从二战废墟中站立起来并崛起为在美苏间发挥"平衡手"作用的"西方大国"，对法国在冷战后继续在国际舞台上发挥重要大国作用，有着历史性、决定性的意义。

我们所要考察的是，为什么法国如此与众不同？为什么法国的决策者会坚持大国的独立自主理念？为什么这些观念能内化为法国历代执政者的"自觉观念"并得到施行，从而帮助法国在世界上找到和巩固自己的地位？作者希望能在本章陪同读者进行一次穿透历史时空、跨越万里关山的旅行，总结出若干具有关键意义的要素，并结合第一章所建立的理论分析框架，共同找到上述问题的奥秘所在。

一 对法国地缘位置因素的考察

法国位于欧洲西部，版图呈六角形状，北、西、南三面临海，西北控北海、大西洋，扼英吉利海峡战略要津，南守地中海重要通道，东望一马平川的欧洲平原。临海背陆的地形、宽广富饶的土地，塑造出法兰西民族放眼天下、自命不凡的勃勃雄心。作为海陆混合型国家，法国独特的地缘战略位置使其历来有着海陆两方面的抱负：一方面希望在欧洲大陆上成为领导者角色，另一方面希望在海上拓展、实现殖民野心。这些雄心与抱负带有强烈的理想主义色彩，与自由主义浓重的文化自豪感一道，对法兰西民族追求大国地位、坚持独立自主起到了重要的建构性影响。

著名战略学者、战略文化理论的早期研究者和奠基人之一科林·格雷认为，"地理位置是影响一个国家战略文化的首要因素"。[1] 对一个国家来说，地理上的位置不仅对它的自然属性形成了重要约束，而且往往影响到它在世界或地区政治、军事、战略、安全格局中的地位。国家的地缘因素势必会对战略决策者在制定相应的战略方面产生深刻的影响，从而形成与该国地缘相应的战略文化（关于战略文化的理论源流，尤其是对法兰西战略文化的界定，作者将在本书第二章进行深入的讨论）。哈罗德·斯普劳特和玛格丽特·斯普劳特夫妇认为，"在各个时期，国际上的治国之道都或多或少有胁迫与屈服、权势与依从等不同模式；从政治上讲这些模式都反映了强烈的地理含义"。[2] 威廉森·默里等在考察影响不同历史时期世界主要大国战略制定的各个要素时认为，"现实将战略规划的制定与其大环境紧密纠缠在一起。地理状况参与决定一个既定的政治实体是否会发觉自己相对免受威胁，或者被潜在的敌手包围"。[3] 他进一步说，"如果说

---

[1] Colin S. Gray, "Geography and Grand Strategy", *Comparative Strategy*, (Vol 10, No 4, 1991), p. 315.

[2] Sprout and Sprout, *Ecological Perspective on Human Affairs*, p. 9.

[3] 威廉森·默里等编著《缔造战略：统治者、国家与战争》，时殷弘等译，世界知识出版社，2004，第 2 页。

地理状况对威胁评估施加了一种支配性的影响，那么它同样能够塑造关键性的战略信条"。① "一国的形状和位置是决定一国决策者的战略思维方式的关键要素。"②

国家的地理形状、面积大小及其地缘位置决定了这个国家的战略纵深和军事力量投放能力，从而深刻影响到这个国家的战略导向是进攻抑或防守，在面对外来军事入侵时选择持久抗战抑或速战速决。③ 法国的地缘位置也带来了对其国家发展的天然限制，从而造就了法兰西文化中强烈的现实主义色彩。斯坦利·霍夫曼认为，法国的地理位置——既是大西洋国家，又是地中海国家，东部与强邻德国之间没有任何天然屏障——对其政策产生了双重影响。④ 法国既不能像孤悬海外的英国那样对大陆事务保持相对超脱、专心发展海上霸权，并以"离岸平衡手"的手段实现崛起和霸权，也没有位于欧洲中心位置的德国那样向东发展的结构性地缘优势。一方面，濒海的地理位置决定了法国必须要严密关注英国、西班牙、葡萄牙那样的海上大国，防止受到海岸封锁——事实上，法国历史上也确实多次受到了这样的封锁。马汉认为，"法国不能有英国那般的选择（把海上力量集中在大西洋东北部和英吉利海峡，以此控制了欧洲列强的世界贸易），因为它不得不把海军力量分散在两个海域，以保护它在地中海和大西洋的海域"。⑤ 另一方面，东部一马平川、无险可守的特点使得法国必须协调与德意志、奥匈甚至遥远的俄罗斯等陆上强国的关系，保持对东侧欧洲大陆腹心的优势。从黎塞留以及太阳王路易十四开始，法国追求"天然疆界"，试图向东、向西南扩张版图的努力一直没有停歇过。历史

① 威廉森·默里等编著《缔造战略：统治者、国家与战争》，时殷弘等译，世界知识出版社，2004，第 9 页。
② 威廉森·默里等编著《缔造战略：统治者、国家与战争》，时殷弘等译，世界知识出版社，2004，第 8 页。
③ 参见威廉森·默里等编著《缔造战略：统治者、国家与战争》，时殷弘等译，世界知识出版社，2004，第 2～11 页。
④ 斯坦利·霍夫曼：《法国：一个世纪，两大忧患》，见罗伯特·A. 帕斯特编《世纪之旅——七大国百年外交风云》，胡利平、杨韵琴译，上海人民出版社，2001，第 69～71 页。
⑤ 多尔蒂，普法尔兹格拉夫：《争论中的国际关系理论》，阎学通等译，世界知识出版社，2003，第 169 页。

上，在法国实力强大时，法国统治者的重大战略目标就是不断削弱周围海、陆邻国的权力，防止出现战略对手和竞争者；在法国实力削弱时则通过均势、结盟或促进欧洲联合来阻止可能出现的威胁。这是地缘战略位置影响并塑造现实主义均势战略的典型范例。无论是近代以来频繁的对外征战用兵、两次世界大战之中名目繁多的对外结盟，还是二战后主动放低身段对德和解、创建欧共体（欧盟）的努力，都与这种现实主义战略息息相关。

法国著名学者雷蒙·阿隆（Ray-Mond Aron）认为，地缘战略包括"把外交－战略关系与对资源做出的地理－经济分析以及由于生活方式和环境（定居、游牧、农业、航行）而引起的对外交态度的解释，从地理的角度加以系统化"。王逸舟认为，"这显然是从国家对外战略方面考虑定义的"。①

法国的地缘战略位置优势与劣势并存。她同时具有较长的海岸和陆上边境线，且强敌环伺，这一方面造就了法国发展空间广阔的优势、培养出法国人对海上殖民和陆地霸权的双重野心，另一方面也带来了可能会海陆两面受敌的劣势，从而培养了法国人强烈的忧患意识。这种亘古以来的雄心与忧患的纠结，对法兰西文化中互相矛盾而又互为因果的诸因素形成了直接的影响。历史上，法国人时而自高自大、自命清高，时而软弱谨慎、动辄投降；在实力稍涨时便谋求霸权，在实力下降时则寻求同盟与均势。法国对大国地位的追求，对独立自主的珍视，对均势政策的偏爱，都与法国的独特地缘位置有着千丝万缕的关联。

二　对法国历史人文传统的考察

威廉森·默里和马克·格利姆斯利认为，"历史经验就像地理状况一样强有力地影响战略选择，无论多么'冷静的理性行为者'都会受到民族记忆深处历史教训的重大影响"。②"意识形态、文化态度、组织和行政安排……全都对塑造国家战略有巨大的影响，宗教、意识形态和文化，亦即'世界观'（weltanschauung），对战略的影响是根本和巨大的，比'现

---

① 王逸舟：《当代国际政治析论》，上海人民出版社，2001，第 180 页。
② 威廉森·默里等编著《缔造战略：统治者、国家与战争》，时殷弘等译，世界知识出版社，2004，第 11 页。

实政治'（*realpolitik*）有强得多的说服力。"默里和格利姆斯利认为，"从历史角度看，若不考虑信念体系的作用，对缔造战略的许多——即使不是所有——实力研究就搞不清其题中之义"。① 这正如德·托克维尔在其名著《论美国的民主》中所说，要想理解这个国家的现在，就要追溯其历史源头去观察这个民族兴起、成长的时代。②

　　法兰西有过辉煌的历史，创造了灿烂的文化，近代以来称雄欧洲，并曾多次试图争霸天下。作为世界上最早的民族国家之一，法国人最先提出了国家主权学说。11 世纪，法国诺曼底公爵威廉西渡芒什海峡（la manche，英称英吉利海峡）成为英国国王。17～19 世纪，从路易十四到拿破仑，法国军队的铁蹄曾踏遍除英伦列岛外的欧洲各主要国家，征服了除俄罗斯之外的欧陆各大王室。法兰西大革命所倡导的人权、自由、平等、博爱等思想随着拿破仑的军事征服传遍欧洲，并早已成为全人类共同珍视的价值观。法国还是社会主义的故乡，巴黎公社最早进行了创建"自由人联合体"的尝试。作为欧共体—欧盟的创始成员国，法国人也最早开始了建立"超国家共同体"的实验。同时，法国历史上也不乏被侵略、被占领的经历，尤其在 20 世纪的两次世界大战中备受挫折。曾经的大起大落，共同造就了法兰西独特的历史和民族性格，它们深深地扎根于法国人的国民意识之中，使得法国人既有深重的理想主义色彩，又推崇现实权力，同时也不乏浪漫和人文关怀。对此，一位学者曾这么评论过法国："从历史上看，世界上没有任何一个强国像它这样，能如此地忠实于自己以前的政策，也没有任何国家能把那些表面上看起来过时的政策成功地运用于 21 世纪国际舞台当中。"③

　　（一）首倡"国家利益""主权至上"观念，推动形成欧洲现代民族国家体系，坚持独立自主

　　主权的观念虽源于西方古希腊哲学家亚里士多德，但最早提出现代意义上主权理论的是 16 世纪法国伟大的自然法学家、早期资产阶级思想家

① 威廉森·默里等编著《缔造战略：统治者、国家与战争》，时殷弘等译，世界知识出版社，2004，第 14～15 页。
② 托克维尔：《论美国的民主》（上卷），董果良译，商务印书馆，1988，第 30～31 页。
③ John Chapman：*French Power in Africa*，（Blackwell press，1989），p. 9.

让·布丹（Jean Bodin，1530～1596）。他于 1576 年发表的六卷《国家论》（又译《论共和国六书》）中首次提出"主权"（Souverainete）这一概念。布丹根据当时法国君主—主权—国家三位一体的社会现状，认为主权即是君主对内"不受法律限制、对公民和臣民的最高权力"，主权是国家的最高权力，是永恒的、不能转让的，且不受国家的法律约束，而只受神法、自然法及万国法的约束。让·不丹最大的贡献是第一次确立"国家"与"主权"两者之间的联系，把主权视为国家最为本质的东西。他的学说具有较强的国家主义倾向，其理念至今对法国的外交仍具有重要影响。①

16、17 世纪之交的法国首相黎塞留枢机主教（Armand Jean du Plessis de Richelieu，1585－1642）为法国，也为世界留下了"国家利益至上""均势政治""国家主权至上"等一系列重要思想，成为现代法国政治思想的奠基人。在黎塞留的时代，"欧洲在宗教和神圣罗马帝国的旗帜下统一"的观念已经日暮西山，在欧洲逐渐形成的民族国家需要某种原则作为其反正统的理论基础，并规范彼此间的关系。黎塞留最早提出了相关理论和最完整的学说，法国也因此成为欧洲最早的民族国家之一。"国家至上（Raison d'Etat）"和"权力均衡（Balance de pouvoirs）"这两个观念，一个成为反对宗教正统的理论根源，一个成为规范协调欧洲各国间关系的思想基础。这两者相辅相成。国家至上论主张，为促进国家福祉，用任何手段均为合法，国家利益论取代了中世纪的"世界道德观"；均势则取代了对大一统帝国的向往，并假定一国在追求本身私利之际，无形中对其余各国的安全与进步也会有所贡献。②

亨利·基辛格称黎塞留为现代国家制度之父。黎塞留为了法国的利益义无反顾地将国家至上观念付诸实施。同时身为法国首相和天主教枢机主教的他显然把法国国家利益看得比任何宗教目标更为重要，为实现法国的利益，他不惜在三十年战争中与"异教徒"结成同盟，不惜断然援助信奉新教的德意志诸侯、向与法国同样信奉天主教的神圣罗马帝国开战，并

---

① 参见徐大同主编《西方政治思想史》，天津教育出版社，2002，第 111 页。
② 参见基辛格《大外交》，顾淑馨、林添贵译，海南出版社，1998，第 39～41 页。

鼓励法国国王为实现国家目标不择手段、抛弃一般的"道德教条"。正是由于法国的参战，及其在战争中所表现出的对自身民族国家利益而非宗教利益的"自私"追求，使得一场宗教战争演变为民族国家的权力之争、欧洲霸权之争。黎塞留的这些观念、思想、理论，开辟了现实主义国际关系理论的先河，对后世摩根索等的理论产生了深远的影响。同时，黎塞留对法国在欧洲霸权地位的坚持和追求，对均势政策的娴熟运用及其良好效果，使得大国理念、自主精神和均势政策无可替代地成为了法国对外战略思想的主导性因素。基辛格评论说，"遵循他的政策，法国成为欧洲最强大的国家，大大拓展了版图，并使得德国的统一延后约二百年。迄今法国仍然是国际政治上的重要角色。三十年战争结束后，一六四八年签订威斯特伐利亚和约之后的一百年间，国家至上原则逐渐成为欧洲外交的指导方针"。① 人们今天所津津乐道的法国的独立自主原则，也是黎塞留思想在今天的遗存之一。显然，一个最早明确提出民族国家概念、最早提倡主权至上的国家，决不会在任何时候放弃其独立行使完全主权的权力和自尊。

（二）"法兰西国王的荣誉"和法国的大国雄心

国家乃至统治者个人对"荣誉"（Gloire）的追逐是构成该国战略思想的要素之一。在包括法国在内的欧洲各君主国历史上，这种荣誉感包括国家及其君主在"欧洲社会"——主要是欧洲各国王室中——受到尊重的程度、作为大国和大国君主在欧洲的地位，以及在军队征服中国王所得到的"贵族勇武精神的自我满足"。"对荣誉的关切主导了国王在许多方面的行为，它激发了他所做的一切。"② 温特在他的建构主义理论中将这种对荣誉的关切归结为赋予国家人性化的自尊意识，国家利益被温特定义为"生存、独立、经济财富和集体自尊四种客观利益"，③ 温特还认为，国家身份形成的主导逻辑不是自然选择，而是文化选择。

就法王路易十四这位将太阳图形作为徽号的高傲君主来说，他"对

① 参见基辛格《大外交》，顾淑馨、林添贵译，海南出版社，1998，第 45～46 页。
② 威廉森·默里等编《缔造战略：统治者、国家与战争》，时殷弘等译，世界知识出版社，2004，第 1～5、188～192 页。
③ 亚历山大·温特：《国际政治的社会理论》，秦亚青译，上海人民出版社，2000，第 303 页。

自己个人荣誉的追逐决定着法国战略的形成，当时法国的战略制订史就是他追逐荣誉的历史。路易十四在临终前的遗言承认，他的统治充斥着战争，不断的武力征服导致法国精疲力竭。在他亲政的 54 个年头里（1661～1715），法国有 31 年处于战争中，包括四次大规模战争：移归权战争、荷兰战争、九年战争、西班牙王位继承战争"。① 林恩在考察了路易十四"决策背后的价值观念"后认为，路易十四的贵族式价值观充满了关于战争、王朝和荣誉的巴洛克式观念，这种观念和文化从根本上决定了法王对战争的态度：通过军队和战争获取波旁王室的荣耀和威望。这种对国王和王室荣誉的追逐形成了法国的传统，如同路易十四曾说过的那样："君主获益增添国家的荣誉"，深刻地影响到日后法国对大国地位的追求和坚持。

事实上，对"荣誉"的追求并非始自路易十四，重视"荣誉、声威"来自法国历史上的贵族传统。太阳王的导师和顾问马扎然红衣主教教导他说："您应该成为有史以来最荣耀的国王；"② 德·塞维涅夫人将追求荣誉视为贵族教育中一个至关紧要和饶有价值的部分，"因为有人不断对他们讲，他们对荣誉有多么热爱，他们应当得到的尊敬才有多大，所以他们想的都是荣誉"。③ 投石党人德·雷斯红衣主教以荣誉定义人类本身："使人真正伟大，使人凌驾于世界其他万物之上的，是对美好荣誉的热爱……"④ 一位君主的荣誉很大程度上基于他在国际舞台上的成功，而这意味着战争，及其胜利。

从黎塞留（1585～1642）到拿破仑（1769～1821），在整个欧洲近代史中，法国一刻也没有停止对外军事扩张和追求"天然疆界"的步伐，开疆拓土，争霸天下。黎塞留（Richelieu）认识到濒海背陆的地缘环境决定了法国既要积极地参加欧洲大陆的争霸，又要不断地追求海外的殖民利益。1608 年以德意志新旧教派之争为导火索的"三十年战争"爆发，这

---

① 威廉森·默里等编《缔造战略：统治者、国家与战争》，时殷弘等译，世界知识出版社，2004，第 188 页。

② John B Wolf, *Louis XIV*, W. W. Norton & Company, Inc. New York, 1968, p. 89.

③ *Lettres de madame de Sevigne*, edited by Gault de Saint-Germain, V7, Paris, 1823, p. 394.

④ 威廉森·默里等编《缔造战略：统治者、国家与战争》，时殷弘等译，世界知识出版社，2004，第 196 页。

给法国在欧洲大陆的扩张带来了无限的机遇。黎塞留在给国王路易十三的信上写道，"希望国王同意参加战争，因为这样可以兼并洛林，把法国的东部领土推进到莱茵河边，取得法国东部的天然疆界"。在他的《政治遗书》（Testement Politique）中，黎塞留明确表示："我秉政之目的在于：为高卢人收回大自然为它指定的疆域，为高卢人找回高卢人国王，将法国置于高卢的位置中，在原属古代高卢的一切地方建立新的高卢。"1648年哈布斯堡王朝战败投降，在缔结的《威斯特伐利亚和约》中，法国"购得"除斯特拉斯堡以外的阿尔萨斯大部分，重新明确了自1552年以来已在法国控制下的梅斯、图尔和凡尔登三个主教管辖区的主权。法国参加这三十年"争霸战争"的一个更为重要的结果是，战争使德意志各邦国分裂的状态一直延续到19世纪60年代，而这两百多年的时间里法国确立了在欧洲的战略优势。事实上，17世纪的法国正是靠战争和谋略"打劫"西班牙和德意志这两个重要邻国而强盛起来的，法国所期望的欧洲大国地位终于成为现实。"天然疆界"的理念也成为之后法国历代君王、执政者所维护、所追求的目标。

黎塞留在欧洲的扩张与其在海外的殖民是同步进行的。时值欧洲海外殖民方兴未艾之际，黎塞留认为法国负有海洋使命，他建立了法国海军，分为中东舰队和西方舰队，目标是用以维护法国的海外利益。他支持摩尔比昂公司和新法兰西公司等几家法国人的海外银行，并积极帮助本国国民在加拿大、塞内加尔、加勒比海地区、圭亚那和马达加斯加进行贸易和殖民活动。[1]

"太阳王"路易十四执政后，法国的海外扩张跨入全新的阶段。重商主义理论创始人让·巴蒂斯特（Jean Baptiste）在出任法国财政大臣期间，大力发展海外贸易和殖民地，希望把法国建成一个商业帝国。他努力想使法国的政策不光盯着光荣和领土，而是建立在坚实的商业基础之上。为此，他大力推行三项政策：一是建立一系列的海外公司；二是大力发展海军以保卫海外贸易，1660年法国只有20艘战舰，但到1672年已拥有196艘主力舰，成为欧洲第三海军大国，而到了1689年法国主力舰的规模更

---

① 张芝联主编《法国通史》，北京大学出版社，1988，第108页。

是跃居欧洲第一位。三是建立广泛的殖民地。在这期间，法国相继在中美洲的圣多明各、瓜得罗普、巴巴多斯、多巴哥和格林纳达，非洲的塞内加尔，北美的加拿大和路易斯安那建立起殖民统治，① 这为以后法国建立世界性的殖民帝国打下了雄厚的基础。

一个来自科西嘉岛的矮个子法国人——当波拿巴来到巴黎时，他的法语甚至带有浓重的口音——拿破仑，创造了法兰西历史辉煌的巅峰。大革命中的全民皆兵使法国人都成为军人，开创了"国民军队"的先河，② 而在拿破仑帝国时期，法国军队几乎将地中海变为法国的内陆湖。为马克思、恩格斯交口称赞的拿破仑的军队所向披靡，横扫欧洲，荷兰、比利时、西班牙、奥地利、意大利、德意志、莱茵诸邦，欧洲原本赫赫有名的一个个王室被拿破仑的兄弟姐妹，甚至他尚在襁褓中的儿子所取代。几乎可以说，拿破仑已经恢复了罗马帝国、查理曼大帝时期的欧洲大一统版图，并用《拿破仑法典》将欧洲各国纳入了法国的轨道。拿破仑战争彻底将神圣罗马帝国送进坟墓，也为整个欧洲带来了资产阶级自由主义变革的新风。归国后，为张扬帝国的武功，拿破仑下令建造凯旋门，除了《出征》《大捷》《抗敌》等大型浮雕外，还将帝国386名战功卓著的将军的名字镌刻在上面。1920年11月11日，凯旋门下设立了"无名战士墓"，并燃起了永不熄灭的火焰，以此告慰为国牺牲的烈士和激励人们的爱国热情。在拿破仑战争期间还产生了"沙文主义"，成为民族自大和民族侵略的代名词。尼古拉·沙文本是拿破仑军队的一名军官，他狂热宣扬法兰西民族的利益高于一切，主张征服和奴役其他民族。恩格斯指出，"拿破仑战争把民族意识传遍欧洲，而它同时又践踏了这种民族意识，结果最终导致各民族反对拿破仑的普遍战争"。③ 然而毫无疑问的是，拿破

---

① 计秋风：《论法国霸权的兴衰》，载《史学集刊》1996年第3期，第48页。

② 自18世纪以来兵役制度毫无争议的一直是法国国防的基石，国家文化的凝合剂。这种观点在法国1994年版的国防白皮书中有所体现："兵役制度一直是法国民族融合的大熔炉，培养优秀国民的大学校，展示法国公民忠诚的大舞台。"法国著名作家阿纳托尔·法朗士（Anatol France）甚至这样说："如果人类社会有能得到全体赞成的神圣事业，那就是军队。"戴高乐在《法国和她的军队》一书中同样提到这一点，法国"无论是在衰落还是在繁盛时期，她的民族天赋总能通过军队这面镜子忠诚地反映出来"。

③ 恩格斯：《暴力在历史中的作用》，《马克思恩格斯全集》第二十一卷，第463页。

仑为法国创立的赫赫功勋受到法国人永久的崇敬和缅怀，"第一帝国皇帝"的遗体在多年后被供奉进首都的荣誉军人院，成为法国人永久的骄傲。从1880年起，法国政府每年国庆日都在凯旋门和香榭丽舍大道上举行盛大的阅兵式，以展示国威和军威。这一传统保持至今，在西方国家中绝无仅有。拿破仑时期法国曾经拥有的辉煌地位，成为激励法国人保持大国雄心、追求大国地位的重要历史背景。

（三）自命不凡的价值观和对外文化征服

法国人自命不凡的民族心理古已有之。自西罗马帝国时代和中世纪起，法国人就自认为法兰西是"圣地"，是上帝显灵的地方。法国学者维诺克说："除犹太民族外，没有其他民族像法国人那样如此坚信自己是上帝的选民。"[1] 圣女贞德（Jeanne d'Arc）的传说以及人们对她的崇拜集中表现了上帝与法兰西的神奇联系和法国人的民族优越感。[2] 这种"上帝选民"的思想给法国人的历史观和哲学留下了深深的烙印，给"认定法国注定伟大而应居于全球领导者地位"的思想打下了深厚的基础。有美国学者指出，"法国人相信他们具有的伟大精神将使得整个世界都能够从中获得启迪。法国人有一种强烈的倾向，就是把他们的国家利益看作世界普遍的价值观"。[3]

黎塞留时代不仅是法国霸权扩张的时代，也是法国文化高歌猛进的时代。作为一名高瞻远瞩、深谋远虑的政治家，黎塞留不光懂得权谋和战争，同时也为法兰西文化的发展作出了不可磨灭的贡献。正是他下令成立了著名的索邦大学——巴黎大学，并着力促成了法兰西学院的建立，旨在吸纳法国文学和思想界泰斗加入，以保卫和弘扬法兰西语言和文化。法兰西学院创立后，为世界各国人民耳熟能详的法国文学艺术大师拉辛、拉封丹、孟德斯鸠、夏多布里昂、雨果、拉马丁、梅里美、小仲马等先后于此获得殊荣。另一方面，黎塞留懂得，提升国家荣誉不仅

---

[1] Michèl Winock：*Parlez-moi de la France*，（Plon Paris，1995），p.39.

[2] 马胜利：《大国的光荣与梦想——法国外交的文化传统》，《国际论坛》2004年3月第六卷第2期，第52页。

[3] Philip Gordon，*A Certain Idea of France. French Security Policy and the Gaullist Legacy*，Princeton，New Jersey，Princeton University Press，1993，p.16.

要使用武力和外交，而且还需要宣传和文化影响力。法国黎塞留时代的一个标志便是第一家报纸的问世，黎塞留也就立即使这家报纸服务于他的政策：宣扬"国家利益至上"。① 黎塞留在政治、思想、文化、经济、军事等各方面为法国、为法兰西民族作出的奠基性的贡献，不仅载入史册，而且流芳至今。黎塞留的很多战略思想，至今仍在影响着法国对外政策的制定和实施。

1789～1815 年，法兰西大革命和拿破仑战争颠覆了法国乃至全欧洲各个封建王朝的统治基础，自由、平等、博爱、人权，一个个崭新的思潮和理念伴随着这些人们如今耳熟能详的词句从法兰西的土壤里生根发芽、传遍欧洲和世界。黑格尔充满激情地评论说："法国大革命是一次壮丽的日出，一切能思维的生物都分享到了这个新纪元的欢欣。"② 拿破仑的军队在征服欧洲的过程中传播了大革命的"不朽原则"，"用刺刀对欧洲进行革命的教化"。《人权与公民权宣言》倡导了全人类的权利和自由，从此，对"自由和革命"的追求成为法国的传统，法国人坚信自己"肩负着启发、拯救和解放全人类的神圣使命"。

拿破仑兵败滑铁卢后，法国革命的影响并未完全消除。在整个 19 世纪中，法国俨然成为全人类革命和进步的中心。1848 年，欧洲爆发的大规模民族民主革命便是从法国发起的。1871 年的巴黎公社革命，更是成为人类探索"自由人联合体"理想的一个重要里程碑。第一次世界大战爆发时，法国大多数社会主义者放弃了国际主义而倒向"保卫祖国"的神圣同盟。这是因为，在他们的心目中，即便是资本主义国家，"法兰西依旧超凡脱俗，是大革命的圣地、人类的向导、世界的希望"。③ 霍夫曼认为，"法国的共和国派和非共和国派都信奉一个至高无上的价值观——爱国主义，这是法国的一大优势"。④

大革命带来了一个"新的法兰西"，受到了包括马克思在内的各国思

---

① 高原：《黎塞留新政与法国资本主因素的迅速发展》，《史学月刊》1986 年第 4 期。
② 黑格尔：《历史哲学》，王造时译，上海书店出版社，2001，第 493 页。
③ 马胜利：《大国的光荣与梦想——法国外交的文化传统》，《国际论坛》2004 年 3 月第六卷第 2 期，第 53 页。
④ 斯坦利·霍夫曼：《法国：一个世纪，两大忧患》，见罗伯特·A. 帕斯特编《世纪之旅——七大国百年外交风云》，胡利平、杨韵琴译，上海人民出版社，2001，第 71 页。

想家的热情讴歌。法国大革命所传播的自由、平等、博爱、天赋人权等观念，成为人类思想的共有瑰宝，为世界各国所接受，为各国人民所追求，成为现代民主自由思想的源泉。大革命带来的自由主义思想，以及被进一步增强的"以天下为己任"的理想，追求普世自由的理想主义，以及浓厚的人文主义理念，成为法国文化的重要组成部分，也成为后世的戴高乐及其继承者们坚信"法国不伟大就不成其为法国"的信念之源。

　　法国著名学者托克维尔说，"一个法国人在谈起他的祖国、想到他的时代时竟然无动于衷，这简直是不能容许的"。他同时认为，"只有一个伟大的目标值得人们为之而努力：那就是人类的幸福"。他认为："人类生存的问题的表象不断地吸引着我的注意又不断地压倒我。我既不能洞穿这个谜团，也难以从它上面移开视线。"① 所以尽管托克维尔对自己和世界并不满意，但他从没有放弃过希望，也从没放弃过努力。可以说，托克维尔毕生的事业就是致力于在民主的时代保住自由："我没有传统，没有党派，除了自由与人类尊严的事业，我并无事业。"为此，他鼓足了勇气："让我们带着捍卫自由的有益的担心，而不要抱有可以使人们丧失信心和毅力的畏缩无能的恐惧展望未来吧！"② 在托克维尔身上，我们看到一个法国人对祖国的热爱，也看到一个国际主义者对全人类命运的关怀，更可以看到心忧天下的自由主义知识分子对人类权利和终极自由的令人尊重的不懈追求！

　　法国在 19 世纪的殖民扩张中表现了突出的以"人类拯救者"自居的心态。法国和其他西方列强一样，旨在通过海外扩张开拓市场，争夺霸权。但除此之外，法国还表现出强烈的文化优越感，它坚信自己负有"向世界传播文明"的使命。1885 年，内阁总理茹勒·费里以典型的殖民论调宣称，高等种族对低等种族负有某种责任，因此也拥有某种权利，这责任便是使低等种族文明化。在殖民统治方式上，法国与英国存在明显差异。英国在殖民地惯用间接统治方式。而法国则将中央集权传统和"共和同化原则"推行到海外殖民地：由巴黎委派的殖民官主宰一切，对殖民地实施直接统治。任何违反直接统治的行为都被视为对法兰西帝国的背

---

① 托克维尔：《旧制度与大革命》，冯棠译，商务印书馆，1996，第 33 页。
② 托克维尔：《论美国的民主》，董果良译，商务印书馆，2002，第 881 页。

弃。当时，在非洲黑人孩子的课本上居然也写着："我们是高卢人！"①

在当今世界舞台上，法国从不愿附和他人，而总要标新立异，甚至好为人师，以民主、人权等"伟大原则""教导"世界人民。法国人自认为对人类"有责任感"。1994年，卢旺达爆发严重武装冲突，大多数法国人支持政府向卢旺达派军执行人道主义干预，并将其视为"法国的神圣使命"。目前，法国在人道援助方面仍然在全球范围内发挥着积极作用，法国力求在这方面成为"各国的楷模"。法国人创建的"无国界医生""世界医生"等人道援助组织深入到非洲的贫困或战乱地区，救死扶伤，并成为法国人的骄傲。②

（四）以均势求安全、以均势谋霸权，灵活善变的外交战略手段

亨利·基辛格在《美国外交政策》一书中指出："联盟只有符合以下四个条件才有效：①有共同的目标——通常是抵御共同的危险；②有一定程度的共同政策，至少足以解释宣战的理由；③在决定采取共同行动时，有具体的合作手段；④不合作需受到惩处——否则，受保护会被视作理所当然的事，而相互尽义务就会中止。"汉斯·摩根索（Hans Morgenthau）在谈到均势时认为："并非每一种要求采取共同政策和行动的共同利益都要求依法律形式明文缔盟。然而另一方面，一个联盟必然要求有共同利益作为其基础。"③

黎塞留奠定了法国均势战略传统的基石。在他看来，为了法国的利益，国家和君主可以采取任何手段。黎塞留曾说过如下的名言：

> 为求和平而以战争为手段，其后果即使违反个人初衷，亦非出于故意，而是迫于最严苛最残酷之现实需要。而开启战端之意图若为正

---

① 马胜利：《大国的光荣与梦想——法国外交的文化传统》，《国际论坛》2004年3月第六卷第2期，第54页。

② 法国现任外交部长库什内，即是"无国界医生"的创始人之一，并曾任主席。参见法国外交部官网：http：//www. diplomatie. gouv. fr/fr/ministere_ 817/ministre - les - secretaires - etat_ 818/bernard - kouchner_ 16620/bernard - kouchner - ministre - affaires - etrangeres - europeennes_ 49778. html。

③ 汉斯·摩根索：《国际纵横策论——争强权、求和平》，卢明华、时殷弘、林勇军译，上海译文出版社，1995，第239页。

当，便可谓正义之战。因此最主要的考虑因素乃意图而非手段。为除恶以致有时令无辜者流血，此非战之罪。

人可不朽，救赎可待来日。国家不得永生，救赎惟有现下，否则万劫不复。①

三十年战争期间，作为天主教国家的法国可以与信奉新教甚至伊斯兰教的国家结盟，而且在各国间极尽挑唆、煽动、策反阴谋之能事。在他的倡导下，国家利益至上这一观念取代中世纪的世界道德观成为法国国家政策的指导原则。"他的初衷是着眼于防堵哈布斯堡独霸欧洲，留给后世的却是一段传奇，引起后两世纪继他而起的君主企图建立法国在欧洲霸权的野心。这些企图——失败后，均势逐渐成形，最初是事实如此，后来则成为建构国际关系的一种理论体系。"② 黎塞留在执政期间，尤其是三十年战争中留下了丰富的均势——权力均衡理论和实践。基辛格这样感慨："总算有一位政治家，对自身有正确的评估，对其目标认识得十分透彻，但倘若他没有能力做到以战术配合战略，他个人及他的主张便难以历久不衰。""黎塞留必属近代史上开创划时代新局的大人物之一。因为他留给后世面目一新的世界，并奠定法国后三百年的政策。"③

均势传统之所以成为法国一贯以来的战略思想之重要组成部分，是法兰西历史惨痛教训和成功经验的综合产物。路易十四时代，对法兰西"天然疆界"的追求使其穷兵黩武登上欧洲霸主宝座，但欧洲各国组成的反法联盟使用均势手段将法国的扩张态势击退。事实上，路易十四的老师马扎然红衣主教正是灵活运用均势战略的好手，他"依靠灵活可变的同盟体系维护法国的安全，然而路易十四却试图只靠法国的财富和武力一跃取得主宰地位"，"1701 年，欧洲诸海上强国与神圣罗马帝国皇帝组成反法联盟，而且普鲁士、萨伏依和葡萄牙也最终加入，路易十四最终被迫回到谈判桌前"。④ 拿破仑继续了对外扩张战略，曾一度再次雄视欧洲和整

---

① 转引自基辛格《大外交》，顾淑馨、林添贵译，海南出版社，1998，第 45、42 页。
② 亨利·基辛格：《大外交》，顾淑馨、林添贵译，海南出版社，1998，第 40 页。
③ 亨利·基辛格：《大外交》，顾淑馨、林添贵译，海南出版社，1998，第 46 页。
④ 威廉森·默里等编《缔造战略：统治者、国家与战争》，第 215 页。

个世界，其大军几乎占领除俄罗斯外的整个欧洲大陆，但以英国为首的欧洲各大国立即再次组织反法联盟，在打败了五次反法同盟后，拿破仑在第六次反法同盟面前兵败莱比锡，被迫退位。恩格斯对此评价说："一个在四分之一的世纪内连年战争而力量消耗殆尽的国家，已不可能单独抵抗整个武装起来的世界对它的进攻。"①

在经历了拿破仑战争、普法战争两次失败后，法国更加重视均势战略，广结盟友建立反德阵线，力图重振法兰西的强国地位。法、俄两国于 1894年签订针对德、意、奥的秘密军事协定，建立了法俄同盟。这一同盟有着深远的政治影响，改变了欧洲的外交格局，开始形成以德奥意为一方和以俄法为另一方的两大力量集团。1904 年，法国与宿敌英国经过多次秘密谈判，达成"诚意协约"。1907 年，英国与俄国签署协定，最终形成了以法英俄为主的协约国集团，开始了与德奥意同盟国的对抗，为第一次世界大战的爆发埋下了火种。1914 年，战争爆发，1918 年 11 月第一次世界大战以协约国的胜利而宣告结束，法国雪洗 44 年前的耻辱，终于再次成为欧洲强国。在第一次世界大战结束后召开的凡尔赛和会上，法英等国支持美国主导建立国际联盟，法国再次成为欧洲大陆最强大的陆权国家。20 世纪 20 ~ 30 年代，法国一方面极力企图削弱德国，希望对德国进行严厉的经济打压，另一方面试图通过国联的集体安全机制以及与比、波、捷、罗等国建立政治军事同盟以实现对德战略包围，这样的对德高压均势却反而激起德意志极端民族主义的爆发和希特勒的上台。在德国纳粹势力兴起后，法国又追随英国实行绥靖政策，最终导致法西斯德国在欧洲的扩张和二战爆发。历史证明，两次大战期间的法国实施了一个失败的均势战略。罗伯特·道蒂认为，"对法国来说不幸的是，没有什么共同利益将其复杂的盟国和附庸网络凝聚为一体，而且英国既拒绝参与也不肯长期容忍法国人强行贯彻《凡尔赛条约》的努力"。他认为"说到底，法国（两战之间）的大战略被证明并不适当，因为法国（前期）过于羸弱，以致无法塑造一个强大的同盟，也因为（后期）它的军队过分怀抱防守心理，以致不去直接挑战德国权势"。② 直

① 《马克思恩格斯全集》第十四卷，人民出版社，1964，第 72 页。
② 威廉森·默里等编《缔造战略：统治者、国家与战争》，时殷弘等译，世界知识出版社，2004，第 495 ~ 497 页。

到二战期间，戴高乐明智地再次与英美结盟，并最终借助盟国力量成为二战的战胜国、联合国安理会五大常任理事国之一，成为世界大国。

斯坦利·霍夫曼（Stanley Hoffmann）在总结分析法国 20 世纪对外战略时认为，百年来法国有两大忧患：一是德国，二是担心自己走向衰落。这两大忧患是如此紧密相连，以致霍夫曼写道："法国自 1898 年以来采取的外交政策是一部错综复杂的历史，它讲述了法国领导人为了对付东面强大的邻国以及威胁到法国世界地位的力量而奉行的战略"，① "出于上述双重忧虑，法国政界的许多人士认为，法国的外交战略应是建立一个遏制德国、防止奥德结盟的同盟"。② 事实上，德国问题一直是萦绕在法国领导人心头的梦魇，早在路易十四的时代，法国就着意防范日耳曼的统一和崛起。在其统治的后半段，路易十四将日耳曼人视为主要敌手。在 1684 年致沃邦的一封信里，路易警告要当心："从现在起应当被看作我们的真正敌人的日耳曼人，他们是唯一能够伤害我们的，如果他们有一个渴望驰骋疆场的皇帝。"③ 自 1789 年建立现代法兰西以来，法国遭受了五次较大规模的外敌入侵，分别是 1789 年后的欧洲联军干涉法国资产阶级民主革命、1814～1815 年反法同盟反击拿破仑帝国、1870 年的普法战争及两次世界大战期间德国的两次入侵，德国（普鲁士）每一次都扮演了十分重要的角色。尤其是 1871 年拿破仑三世输掉普法战争、法国被迫割让阿尔萨斯和洛林，以及德国皇帝在巴黎加冕，更是成为法国人的奇耻大辱。近代以来，德国问题一直是法国对外战略、安全战略中的核心问题。与德国关系处理的好坏，不仅直接关系到法国的安全，对欧洲乃至世界的和平也有着重大意义。部分法国学者甚至认为："法国除了对德政策外，可以没有任何政策。"④ 斯坦利·霍夫曼把德国称为 "法国永远的忧患"。法国战后

---

① 斯坦利·霍夫曼：《法国：一个世纪，两大忧患》，见罗伯特·A. 帕斯特编《世纪之旅——七大国百年外交风云》，胡利平、杨韵琴译，上海人民出版社，2001，第 69 页。

② 斯坦利·霍夫曼：《法国：一个世纪，两大忧患》，见罗伯特·A. 帕斯特编《世纪之旅——七大国百年外交风云》，胡利平、杨韵琴译，上海人民出版社，2001，第 72 页。

③ 威廉森·默里等编《缔造战略：统治者、国家与战争》，时殷弘等译，世界知识出版社，2004，第 211 页。

④ John Keiger, "France and international relations in the post-war era: some lessons of the past", *Modern and Contemporary France*, 1995, p. 265.

历届政府都把以均势战略为核心的对德政策作为其欧洲政策的核心，即加强法德在欧洲的亲密关系、减少由两国之间互相猜测所产生的紧张情绪、增强两国之间的共同利益及对世界局势的共同看法。[1] 当今的法国坚信，只有坚持欧洲一体化建设，把德国纳入大欧洲的框架之下，才是确保两国友好合作关系，也即确保和平的关键。这是自戴高乐以来历届法国政府重视欧盟建设、致力于打造"法德轴心——欧盟发动机"的重要原因。

黎塞留创造的均势思想和实践深刻地影响着现、当代的法国对外战略。"一战""二战"中，法国两次通过与别国结盟，谋求以均势制衡德国，并成功地战而胜之。冷战帷幕拉开后，在美苏两极争霸的时代，从全球均势目标出发，戴高乐的法国在美、苏间大搞平衡手段，并不惜让渡部分经济主权推动欧洲联合，以增强与美苏抗衡的力臂；从欧洲均势目标出发，法国拉住德国、反对英国加入欧共体，以防止出现英德联手对付法国的局面。我们可以发现，二战后法国一反常态，转而与德国在欧洲一体化框架内结盟，并不是对历史上均势传统的背叛，而恰恰是在时代变化、形势变化后对均势战略的发展。冷战结束后不久，希拉克推出多极世界构想，坚决反对美国独霸局面，力主实现多极均势，为此法国继续大力推动欧盟经济、政治、外交一体化的进程。进入21世纪之后，法国重返北约军事一体化，目标是在自身力量不足以与美国抗衡的形势下，在大西洋联盟中凭借北约重要成员国的身份加强"欧洲支柱"，去平衡"美国支柱"的影响，其战略思想的根源还是归结于古老的均势思想。时代在发展，战略则始终如一，不过其均势形式在变化而已。法国均势政策的一贯特点，便是与灵活务实外交手段的巧妙结合。

（五）法国的欧洲联合思想传统

法国历史学家德尼兹·加亚尔等人在其所著《欧洲史》中认为，欧洲联合的思想基础是所谓欧洲精神，包括"对民主理想的坚持、对成为一个'有教养的人'的追求、对文明多元化的保护"。[2]

在欧洲文明遥远的源头，欧罗巴（EUROPE）是希腊神话里腓尼基国

---

[1] Philip Gordon, *France, Germany and the Western Alliance*, West view press, 1995, p. 221.
[2] 德尼兹·加亚尔等：《欧洲史》，蔡鸿宾、桂裕芳译，海南出版社，2000，第10~15页。

王的女儿。公元前 8 世纪的希腊诗人赫西奥德的一篇著作里，欧罗巴这个名字首次出现。欧洲是一个社会共同体，有其作为一个社会的各种属性：欧洲人的习惯、欧洲人的风俗、欧洲人的文字、欧洲人的舆论、欧洲人的权利、欧洲人的公共权力。虽然同一性包含着差异性，即排他性，但是归根结底，同一性和差异性是使人们觉得自己属于或不属于某个特定群体的个人感情。欧洲具有一种族类—语言的相近性。同时，伦理宗教因素是决定某族人民同一性的关键。属于一个具体的宗教共同体，决不意味着只是一个特定的信仰者共同体的实际成员。宗教统一性决定着某族人民的行为规范，决定着潜意识里的东西，可以长期成为伦理方面的集体黏合剂。基督教在欧洲分化成为三个不同信仰共同体，"然而宗教分歧总是伴随着有些社会单位背后需要有自己的统一性而发生的"。无论是罗马风格还是哥特风格时代的欧洲，在文化上有一种共同的艺术方向相连，在精神上则通过"到基督信仰的中心朝圣、共同进行圣战"而相容。① 政治司法因素是共同体存在的框架结果。因此，拉丁－地中海天主教欧洲、日耳曼－北方新教欧洲、斯拉夫－东正教欧洲这三大居民区本质上的同一性决定了他们走联合的道路。欧洲古典文化和基督教文化这两根支柱支撑着欧洲联合的古老理念。②

　　法国政治家、思想家们为欧洲联合提供了早期的思想基础。1306 年，法国律师和外交家、法国国王腓力四世的法律顾问皮埃尔·杜布瓦（Pierre Dubois，约 1250～1320）建议，为了避免基督教国家间的战争，欧洲各君主和城邦应组成一种邦联式的"基督教共和国"，建立一个君主的常设大会。一旦国家间出现纠纷，应由一个由九名法官组成的法庭进行仲裁，并以教皇作为最终的上诉法院。但他的主张并没有引起人们的关注。15 世纪法国国王亨利四世提出欧洲统一的设想。他主张建立一个拥

---

① 圣地亚哥·加奥纳·弗拉加：《欧洲一体化进程——过去与现在》，朱伦、邓颖洁等译，社会科学文献出版社，2009，第一版，第 85 页。

② 关于基督教对欧洲文明的影响，18 世纪英国历史学家、六卷本《罗马帝国衰亡史》的作者爱得华－吉本（Edward Gibbon）曾有过一段精彩的评述："在那个巨大的机体（罗马帝国）或外遭强敌入侵，或内部缓慢腐败的情况下，一种纯洁、低级的宗教却于不知不觉中深入人心，在沉静和隐蔽中逐渐成长因遭到反对而精力倍增，终于在朱庇特神庙的废墟上竖起了胜利的十字架的旗帜。基督教的影响也并非仅限于这一时期，或仅限于罗马帝国的范围之内。在经过一场长达十三四个世纪的变革之后，这一宗教至今仍为欧洲一些在艺术、学识以及武力方面在人类中较为优越的民族所信奉。"

有武装力量的总理事会，由欧洲 15 个国家君主委派的代表组成，对国家间关系进行仲裁。但亨利四世把欧洲重新组织成由法国领导的 15 个力量均等的国家的"宏伟计划"并没有得到邻国的响应，他们认为这只是法国企图称霸的一种托词。在 16 世纪，法国政治家苏利（Maximilien de Bdthune Sully，1560 - 1641）曾主张，按照古希腊的城邦国家模式建立一个安菲托里克联盟（Amphyetionie Union），将通过欧洲国家间的合作，实现欧洲的和平。欧洲一体化理论的精神鼻祖可以说是法国思想家圣·皮埃尔（Charles Irenee Castel de-Saint-Pierre，1658 - 1743）。1713 年，圣·皮埃尔在其《争取欧洲永久和平方案》一书中最早提出了建立欧洲联邦的思想，由此开启了回归古典欧洲大一统（即"基督教和平统一"）的政治思潮。该书共三卷，前两卷的题目是《给欧洲以永恒和平的方案》，第三卷的题目是《在基督教国家君主间建立永恒和平的方案》。其主要观点主要体现在以下几个方面：①建立一个欧洲邦联政府是实现永恒和平的必由之路；②建立"欧洲邦联"的具体方案，即提出了建立"欧洲邦联"的 5 条通则；③欧洲邦联各成员国须保持实力的均衡和依靠日耳曼集团的作用。圣·皮埃尔认为，欧洲社会的自然状态将使欧洲统治者最终认识到，不是战争而是联合，才是保证它们利益的最佳选择。圣·皮埃尔的欧洲联合思想对法国思想家让 - 雅克·卢梭（Jean-Jacques Rousseau，1712 - 1778）有着很大影响，卢梭在继承了皮埃尔的欧洲联合思想的基础上，对其作了批判和补充。他对圣·皮埃尔的著作作了详细的节录和研读，并写出了《永恒和平方案的评判》一文。雅克·卢梭的这本代表作后来又深刻地影响了德国哲学家、思想家康德。康德和卢梭从社会契约论出发，主张国家起源如同个人契约一样，欧洲各民族国家也可以通过订立一个社会契约，建立一个欧洲国家联邦体。如果欧洲国家联邦建立起来，欧洲的和平就有了保障。

事实上，欧洲大陆连绵不断的残酷战争一直在促使欧洲国家千百年来不断寻找一种合适的方式降低内耗。法国、德国、英国等欧洲大国都曾经因为自身的"过度发展"引发欧洲大陆上的战争，① 直到欧洲各国之间打

---

① 参见斯奈德著《帝国的迷思》，于铁军译，北京大学出版社，2007。

得筋疲力尽。欧洲联合思想的先行者、法国思想家莫内认为，"到1945年止，所有试图通过强迫方式整合欧洲各族人民的企图，大多自然而然并有计划地把恐怖冲突手段当作国家武器来使用，至今还没有完全消除给欧洲人民留下的恐怖痕迹。为了争夺霸主地位而发生在现代的残酷的两次世界大战，也是欧洲社会高歌猛进的经济社会发展的另一个产物。产生于欧洲大革命、拿破仑时代和工业时代的资产阶级政府纷纷垮台，欧洲社会从阶级社会走向社团化社会。任何类似于法西斯主义试图重拾罗马帝国梦想的行为都必将遭到失败，因为那是不符合时代潮流的一种原始的种族思想。正是由于相互的残杀与不符合历史潮流的权力政治争夺，欧洲不得不把经济霸权的地位让给美国。最后，希特勒的极端民族主义思想终结了旧的欧洲大陆。欧洲各国，尤其是法国等历史性大国普遍认识到，国家间的竞争和由此带来的战争的逻辑，最终把欧洲诸国推向了深渊。我们应当培育一种命运共同体的感情……欧洲只有在成为一种政治实体的时候，他才能成其为'欧洲'"。① 他还说，"如果各国在国家主权的基础上进行重建，那么欧洲将永远不会有和平。欧洲只有在联邦的基础上组织起来才有希望，而法、德联合是欧洲联邦的基本因素"。② 欧洲联合的启蒙思想家和设计者们认识到，一个有效的威慑权力，首先需要一种有效的政治制度、一套有力的行政管理和一个强大的经济基础；同时还需要有一种精神上的共同价值观。欧洲只能从内到外地团结，采取在差异中求共性的"一体化模式"产生的集体认同才是实现欧洲联合的良策。③

---

① Jean Monnet, *Memoirs*, Garden City, NY: Doubleday & Company, 1978, pp. 220 – 221.

② Jean Monnet, *Memoirs*, Garden City, NY: Doubleday & Company, 1978, pp. 220 – 221.

③ 关于欧洲一体化的起源问题在欧洲学术界有三种不同的解释：第一种解释是从政治学的角度，认为1945年以后国际秩序和现代民族国家功能的日益复杂性，不仅使国家不可避免地深陷如联合国、关贸总协定等功能性国际组织的网络之中，而且单个国家独立行动的范围也受到这种集体决策行为的制约。战后国际政治的这一发展趋势导致了一体化组织的产生，而一体化组织一旦建立，其"外溢"效应又会导致一体化向新的领域蔓延。第二种解释认为，欧洲一体化起源于欧洲联邦主义运动的思想及其影响，特别是这一运动在二战后的增长和发展。第三种观点以阿兰·米沃尔德为主要代表，认为欧洲一体化只能是在民族国家需要的情况下才能产生和发展，在欧洲一体化和民族国家之间不存在根本的对立。事实上是欧洲一体化"拯救了民族国家"，最初六国建立的超国家组织主要是经济上的需要和政治安全上的考虑。参见 Alan S. Milward, The Reconstruction of Western Europe, London: Methuen, 1984, The European Rescue of the Nation state, London: Routledge, 1992。

均势作为欧洲各国，尤其是法国近代以来一直追求的目标和手段，必然影响到现当代法国的战略选择。历史上的欧洲不允许任何一个强大的国家成为占统治地位的霸权——例如路易十四、拿破仑时期的法兰西帝国。黎塞留们希望通过"天然疆界"① 思想来制造战争的理由，必然要遭到希望保持平衡的欧洲诸国的反对。法国数次企图称霸，引来欧洲各国结成"大联盟"反法，结果整个欧洲陷入一片混乱。事实证明，欧洲社会内部只能通过联合模式来进行整合。从欧洲对外成为世界上强大一极的战略考虑，由于地缘、政治、经济等硬实力和文化、观念、认知等软实力与美国、苏联等相比都缺乏绝对优势，均势制衡必然成为联合起来的欧洲的首要对外战略选择。

第二节　戴高乐的法国：战争、希望，以及文化

法国著名历史学家皮埃尔·米盖尔（Pierre Miquel）曾这样评价戴高乐的全球战略："50 年来法国第一次恢复了它的传统，即制定世界规模的对外政策，全局在胸。既有原则，又有具体办法。戴高乐使法国外交恢复了它应有的职能，此前法国外交只是在国际组织中充当传声筒或派几名代表而已。"②

一　对大国地位的不懈追求

戴高乐传承了自近代民族国家形成以来法国一贯的对全球性大国地位的追求，这种追求从黎塞留、路易十四到拿破仑从未停止。《战争回忆录》中著名的开篇词，揭示了戴高乐战略思想中"坚持大国地位"这一重要要素的核心内容："我一生中一直对法国有一种想法。这是从感情和理智两方面产生的。感情的那一面使我把法国想得像童话中的公主或壁画上的圣母一样献身给一个崇高而卓越的使命。我本能地感觉到上天创造法国，如果不是让它完成圆满的功业，就会让它遭受惩戒性的灾难。……理

---

① 法兰西固有的思想，也是黎塞留和马萨林的法兰西为进行超越纯粹保卫国家领土的战争而创造的理由。
② 皮埃尔·米盖尔：《法国史》，商务印书馆，1985，第601页。

智的一面又使我确信，除非站在最前列，否则法国就不能成为法国；唯有丰功伟绩才能弥补法国人民天性中的涣散。以当前的我国与当前的其他国家相处，如果没有一个高尚的目标和正直的胸怀，就会遭到致命的危险。总之，法兰西如果不伟大，那就不成其为法兰西。"①

　　戴高乐出生于 1890 年。此时的法国，早已不再拥有独霸一方的世界强国地位。1940 年 6 月 18 日，戴高乐发表著名的"自由法国号召"时，法国维希政权已经向纳粹德国投降，大量海外领地陷于敌手，法国的独立和主权已无从谈起，更谈不上强国或大国地位。这是法国近代以来国力明显衰弱、国际地位显著降低、国内士气低迷的时代。② 他在此时高扬"法兰西伟大"的旗帜，在国际舞台上纵横捭阖、极尽维护法国大国地位之能事，对于恢复法国民众、军队的士气，激励法国民众恢复家园、恢复生产、迅速提升经济和社会发展水平，无疑有着积极的历史意义。斯坦利·霍夫曼认为，"戴高乐恢复了法国人多年未有的自豪感和自信心。虽然戴高乐希望看到的多极世界没有出现，但他巧妙地利用了两极世界给像法国这样的国家提供的种种机会，……戴高乐在一个他极力想改变但未能改变得了的世界体系中提高了法国的地位和分量。他个人的魅力、威望、雄辩和富于戏剧性的性格构成了法国地位和分量的一个重要组成部分"。③

　　法国沦陷后，戴高乐不仅迅速组织起"自由法国"领导开展抵抗运动，同时他奔走世界各国，为战时乃至战后法国的大国地位开始了不屈不挠的斗争。无论在伦敦、阿尔及尔还是在赤道非洲，戴高乐不仅坚持"自由法国"——伦敦流亡政府——是法国唯一的合法政府，还坚持法国应继续保持战前的大国地位。他认为，虽然法国国土已半数沦陷，但绝大多数法国人是愿意追随"自由法国"与法西斯作斗争的，同时，大量的法属殖民地，尤其是非洲殖民地首脑纷纷前来归顺戴高乐的临时政府，使

① 戴高乐：《战争回忆录》第一卷《召唤》，陈焕章译，中国人民大学出版社，2005，第 1 页。

② Maurice Vaïsse, Le choix atomique de la France（1945－1958），Vingtième Siècle. *Revue d'histoire*, No. 36（Oct.－Dec., 1992）；张锡昌，周剑卿：《战后法国外交史：1944～1992》，世界知识出版社，1993；周荣耀：《戴高乐评传》，东方出版社，1994。

③ 斯坦利·霍夫曼：《法国：一个世纪，两大忧患》，见罗伯特·A. 帕斯特编《世纪之旅——七大国百年外交风云》，胡利平、杨韵琴译，上海人民出版社，2001，第 88 页。

得戴高乐的信心大增。发表伦敦广播演说后的第二年，即 1941 年，戴高乐就认为，临时政府是拥有现实政治、军事和领土的完整政府。他清醒地看到，必须在战争结束前说服英、美、苏国，为法国谋取战后的大国地位。"今后所需要的是在外交上打开一条出路。她的权利必须受到尊重，应得的胜利果实不能被抹杀。"① "在一般的惯例下，外交只看现实。正在重新统一的法国，是有分量的。是轻视不得的。法国已逐渐再度出现在未来世界中。不仅法国人对祖国的得救从此不再抱着任何怀疑，就是盟国也不否认总有一天法国应恢复原来的地位。"②

无论在战争期间还是战后初期，在法国仍然处于极度困难，甚至仍然需要美英援助的情况下，戴高乐依旧保持对法国大国地位的坚决信念和不懈追求。在这一点上，戴高乐有着高度的甚至可以说过度的自信。不可否认的是，这种自信对于法国重返大国俱乐部是起到了积极的作用的。戴高乐认为，"许多世纪以来，法兰西民族已经习惯于做欧洲的巨人，而正是基于自己的这种光荣感和由此而产生的责任感，使她维持了她的统一。我以为，如果法国衰亡的话，对世界上每个民族来说，归根到底，都是有百害而无一利的。因此，凡是导致我的国家采取放弃态度的一切，就是法国最大的危险。对别的国家而言，则是巨大的冒险"。③ 他说，"尽管在拿破仑的伟大业绩以后我们的国力大衰，尽管 1870 年的失败非常惨重，但是，我们仍然保持着一个强盛民族的精神和力量。我们是 1918 年胜利的主要缔造人，我们领导了其他国家走向这个胜利。如果说我们的陆军是世界陆军之冠，我们的海军是世界优良海军之一，我们的空军是世界上的一流空军，我们的将军都精明强干，那么，这对我们来说乃是当然的事情"。④

戴高乐在其回忆录中的一些话，准确地反映了他在二战结束前后对法

① 戴高乐：《战争回忆录》第一卷《召唤》，陈焕章译，中国人民大学出版社，2005，第184页。
② 戴高乐：《战争回忆录》第二卷《统一》，陈焕章译，中国人民大学出版社，2005，第182页。
③ 戴高乐：《希望回忆录》，希望回忆录翻译组译，中国人民大学出版社，2005，第182~183页。
④ 戴高乐：《希望回忆录》，希望回忆录翻译组译，中国人民大学出版社，2005，第237页。

国大国地位的坚持和追求："我确信，法国能够作为一个大国为本国和全人类的利益贡献很大的力量。首先必须争取参加大国会议，而美、苏、英三国在没有我们参与的情况下对有关问题进行了各怀鬼胎的争论。美、英、俄（苏）、中四国的代表为筹备未来的'联合国组织'而在9月和10月召开的敦巴顿橡树园会议，并没有让法国代表参加。关于领导这个组织的'安全理事会'，会议同样决定只由'四大国'组成。……伦敦的欧洲委员会已经成立一年多，英美苏三国政府的代表在这个委员会里，在没有我们参加的情况下讨论了有关欧洲，特别是有关德国的问题。……我们无法直接制止这种排挤我们的举动，但也只有我们自己才能使那些排挤我们的人不再采取这种举动。因为关于欧洲的问题，首先是德国问题，任何不经法国同意而做出的决定都是无法付诸实行的。不久以后，我们将用一支坚强的部队向莱茵河和多瑙河进军。战争一结束，美国就要回到它的西半球，英国将回到它的岛上，只有法国依然屹立在旧大陆上。只要我们愿意，我们有法子打破我们的伙伴强加给我们并要求我们消极认可放弃利益的局面。"①

二战后，戴高乐为维护法国大国地位作出的最重大举措之一，是顶住了美苏的巨大压力，发展独立的防务体系，尤其是核威慑体系。他认为美、苏一手炮制的核不扩散协议是为了实现这两大霸权的核垄断，而法国这样的大国"防御应该是法国人自己的事"。② 为实现自己的安全需求，必须自己拥有独立的核威慑力量，"使任何国家要是攻击我们的话，它自己就会受到可怕的打击"。③ 为此，他果断打破了美苏核垄断，断然拒绝了美国提出的"帮助"法国发展核武器的"英国模式"，决定自己发展法国独立的核威慑体系。

事实上，正是由于戴高乐将军及其传人们坚持追求法国大国地位并为此付出不懈努力，法国发展起了独立的核威慑力量，在美苏间纵横捭阖、

---

① 戴高乐：《战争回忆录》第三卷《拯救》，陈焕章译，中国人民大学出版社，2005，第48～49页。

② 戴高乐：《希望回忆录》，希望回忆录翻译组译，中国人民大学出版社，2005，第208～210页。

③ 参见奥利维埃·吉夏尔《我的将军》，应鸿、张有浩译，新华出版社，1983，第300页。

巧用自身实力，从 20 世纪 60 年代起，法国的地位得到了极大提高，在国际舞台上树立起自己的形象，找到了适合自己的位置。照戴高乐的说法是："我们的国家突然成了国际舞台上的主角了，以前人家总是把它当作一个跑龙套的。至于各国政府，不管是属于盟国一方的，属于东方国家的，或是第三世界国家的，都懂得我们现在进入了一个新的政治阶段。在这个阶段里，法国重新和它过去的历史衔接起来了，再也不听从任何人指挥了……""最近这几年，法兰西在世界上已经恢复了它原有的面目和地位……所有这一切，都说明我国重新卓立于世界。"①

二　独立自主的立国和外交理念

即使是在与英国、美国、苏联结盟以对抗德国法西斯的年代，戴高乐对英、美及苏俄就一直抱有戒心。

首先是对英国。虽然戴高乐的临时政府得以建立、发展得到了英国的大力帮助，但戴高乐在保持法国的独立、主权和利益方面毫不含糊。事实上，英、法传统矛盾在两国结盟共同迎战法西斯期间依然存在，有时还很尖锐。二战时期，正值英、法两大殖民帝国逐渐走向土崩瓦解，戴高乐对英国长久以来对法国海外殖民地的觊觎保持了高度警惕。他认为"英国企图独霸东方的野心是这次世界大战潜在的野心之一"，尖锐地指出："英国人在阿拉伯人当中进行狡猾的和大规模的政治活动，使他们的许多首脑人物都接受了英国的影响。"最让戴高乐担心的，是英国依靠封锁、海上霸权和对运输的垄断建立起来的经济组织完全控制了东方国家的贸易，也就是说，控制了对法国来说非常重要、拥有重大利益的中东、近东乃至远东的命脉，并且有 70 多万英国军队和相当多的空军控制了东方各国的领土和领空。戴高乐还认为，在"雅尔塔的交易"中，丘吉尔从罗斯福和斯大林那里得到了"在大马士革和贝鲁特为所欲为的自由"。②

其次是对美国和苏联。在战争期间，戴高乐就敏锐地发现了美、苏企图在战后统治世界的野心。他形象地说，"俄国贪得无厌的心理和美国的

---

① 戴高乐：《希望回忆录》，第 222、224 页。
② 戴高乐：《战争回忆录》第三卷《拯救》，陈焕章译，中国人民大学出版社，2005，第 186 页。

'老板'作风让我们看到,在大国的俱乐部里,有多少会员就有多少极端利己主义者高居要津"。① 在访问华盛顿期间,罗斯福对戴高乐大谈理想主义和自由主义,但戴高乐还是在言语间察觉了美国人的野心,认为这种野心"虽然涂上了理想主义的色彩,但实际上却是追求实利的"。而斯大林的一系列言行也让戴高乐看到克里姆林宫在欧洲参战只是为苏俄的利益而努力。戴高乐认为,鉴于法国不再是一个"庞然大物",一个多极化的世界对它要有利得多。为此,戴高乐拒绝对两个超级大国,尤其是古巴导弹危机后他认为更强大的那个超级大国——美国俯首帖耳。②

雅尔塔会议前后,戴高乐为争取法国的独立自主大国地位与美国、苏联、英国展开了激烈博弈。会议前几天,美国总统罗斯福派其首席顾问、密友哈里·霍普金斯以特使身份来到巴黎。戴高乐直截了当地对他表明了法国反对将其拒于大国俱乐部门外的立场。当时美、苏、英的普遍看法是,由于法国在二战初期即战败并投降于德国法西斯,所以没有资格获取同美苏英一样的大国地位,戴高乐则持完全相反的立场,他说:

> 1940 年的不幸事件,是法国经受了极端苦难的必然结果。第一次世界大战期间,美国只是在战争进行了三年以后,在我们已经筋疲力尽不能打退德国侵略的时候才参了战,他们参战的唯一原因,是德国的潜水艇妨碍了美国的商业,而且是在试图谈判一项法国连阿尔萨斯和洛林都不能收复的妥协的合约以后。德国战败后,美国人又否认他们曾正式承诺过的对法国安全的保证,并且坚持对法国施加压力,使法国放弃所掌握的敌产以及应该接受的赔偿,最后还为德国提供恢复实力所必需的一切援助。结果,出了一个希特勒!……第三帝国着手统治欧洲的时候美国是袖手旁观的,1940 年法国失败的时候美国是坚守中立的,而在保罗·雷诺向罗斯福总统求援的时候,总统拒不援助。华盛顿方面对那些签字投降的法国领袖曾经给予长期的支持,

---

① 戴高乐:《战争回忆录》第三卷《拯救》,陈焕章译,中国人民大学出版社,2005,第55 页。

② 斯坦利·霍夫曼:《法国:一个世纪,两大忧患》,罗伯特·帕斯特编《世纪之旅:七大国百年外交风云》,胡利平、杨韵琴译,上海人民出版社,2001,第 87 页。

而对那些坚持抗战的人却百般习难。……我们永远不能忘记，没有你们，法国是不能获得解放的。可是现在她重新站立起来了，她不能看不出美国把它放在次要的地位。华盛顿只是很有限地提供给法国军队一点装备。①

当美、英、苏三巨头举行雅尔塔会议而没有理会法国的存在，也就是说，三大国不承认法国的大国地位而没有邀请法国参加对战后世界治理的讨论时，戴高乐决定公开提醒他们注意，"因为他们太藐视法国了"。1945 年 2 月 5 日，戴高乐发表广播演说：

关于缔造未来的和平问题，我们已经通知我们的盟国，法国对于自己没有同其他国家以同等权利参加讨论和表示同意的事情，当然不受任何约束……法国认为，从莱茵河的这一端到那一端都要驻扎法国军队，莱茵河左岸地区和鲁尔矿区应脱离德国，波兰、捷克斯洛伐克、奥地利和巴尔干半岛国家必须独立。法国认为这是必不可少的条件，而且我们确信能够实现这些条件中的某些项目，因为在与我们关系最密切的地方的周围，有一亿人口紧密地团结在法国的旗帜下。②

美国主导下的联合国成立之初，以戴高乐为首的法国政府没有再像一战后法国对国联、威尔逊的欢呼那样保持期待，相反，戴高乐非常冷静地看待这个新生事物。他的出发点，无疑是最大限度地争取法国的地位、利益和安全保障。很显然，一战后法国曾经对国联和国际调解寄予了很大希望，但希特勒粉碎了集体安全的"乌托邦梦想"。作为实用主义者和法兰西至上论者的戴高乐，显然是从现实主义的角度去看联合国的："当然，这个组织的普遍宗旨本身极其值得尊重，而且也符合法国的精神。把可能引起战争的争端提交国际组织，由她来设法调解，这似乎是有益的。……不过我和罗斯福的想法不同，和丘吉尔透露的观点也不一致，和斯大林故

---

① 戴高乐：《战争回忆录》第三卷《拯救》，第 83 ~ 84 页。
② 《战争回忆录》第三卷，第 84 ~ 85 页。

意表现出来的信念也有区别。我对联合国并没有作过高的估价。这个国际组织的成员是国家，而国家却是世界上偏见最深、最受到利害关系约束的东西。……因此，我指示我们的代表团不要像过去我们的许多代表在日内瓦那样，说过多的不着边际的话，相反地，要保持慎重的态度。"①

二战后，冷战很快拉开帷幕，世界形成了两大阵营对抗的国际战略格局。"很明显，在战后新形势下，除去美苏两个超级大国之外，不管意识没意识到，不管承认不承认，绝大多数国家都面临着一个维护民族独立和国家主权问题。"② 从黎塞留以来，法国坚持国家独立主权、捍卫国家利益的传统在戴高乐身上得到了传承与坚持。法国坚定地认为自己是西方阵营的一员，但戴高乐不愿、不满，也绝不甘于使法国成为美国的附庸、随从，他坚定地选择了独立自主的路线。为此，他不惜从第四共和国政府中下野，不惜与罗斯福、丘吉尔这些曾经给"自由法国"运动支持的人物针锋相对地抗争，不惜坚决退出北约军事一体化，并将北约总部逐出巴黎。布热津斯基评论说，"戴高乐政府的外交很大部分是与美国唱反调"。③ 1964 年，他不顾美国反对承认中华人民共和国；两次出访拉美，号召这些国家向法国看齐；1966 年，戴高乐高调宣布退出北约军事一体化并出访苏联东欧；同年在访问柬埔寨期间，戴氏发表著名的金边演说，谴责美国对越南的侵略。

在《希望回忆录》中，戴高乐这样回顾这一段历史：

> 战争使一些国家诞生，一些国家灭亡。……法国毕竟从困境中摆脱出来了，她的边界是完整的，民族是团结的，她享有自决权，置身于战胜者的行列。因此，现在没有任何事物能阻止他把国家建成自己所要求的那个样子，她自己要怎么做就怎么做。
>
> 美苏两大帝国，和以前的强国相比，显得异常强大，但它们的力量、它们的霸权和它们的意识形态又互相对抗。这两个国家都拥有核

---

① 《战争回忆录》第三卷，第 200～201 页。
② 周荣耀：《戴高乐主义论》，《世界历史》2003 年第 6 期，第 9 页。
③ 法国《世界报》报记者帕特里克·雅罗采访美国前国家安全事务顾问布热津斯基访谈录，载法报 "le monde"，12 juillet 2004。

武器，这种武器随时可以毁灭整个世界，可以使美苏两国成为自己那个集团的具有不可抗御力量的保护者，这是危险的平衡。……法国是旧世界伸向新世界的海岬，这个地理位置使她很容易受到攻击，她的疆域和人口是有致命的弱点的，因此其真正命攸关的利益显然是和平。正因为这样，一切要求她成为和平的战士。因为她处在这样特殊的地位，她既不要求别人占有的东西，别人也不要向她要求属于她的东西。……总之，如果说为了要建立一种新秩序来代替冷战，有一种声音可以听到、有一种行动可以产生实效的话，那么，这显然是法国的声音和行动。不过要有一个条件：要真正使法国自己的声音和行动，而且她所伸出来的手是自由的。

……在所有这些领域中，我要使法国发挥积极的作用。主要的是，我们所说的和所做的必须保持独立性！我重新执政以来，这就是我们的规则！①

三　以均势战略求安全、争强权

戴高乐传承了法国的传统均势战略并将其发扬光大，其对均势手段炉火纯青的运用对战后法国实现国家战略目标、凸显大国地位起到了极其重要的作用。戴高乐的均势政策分为两个层次：欧洲均势和全球均势。

第一层次是欧洲均势。戴高乐的欧洲均势政策与对德政策紧密相连。

戴高乐亲身经历了两次世界大战，对德国在中央集权领导下的对外扩张，尤其是对法国的侵略充满着屈辱的记忆。从领导抵抗运动之初，除了尽快解放法兰西、打败德国、取得反法西斯战争的胜利之外，反复思考得最多的问题就是战后法国对德国的战略和政策问题。对于欧洲历史的了解使戴高乐相信：欧洲的和平与稳定有赖于大国均势的存在，而戴高乐对于战后国际体系的期望便也寄托在了大国的国际平衡的作用。戴高乐对通过欧共体的经济、政治一体化机制把德国捆绑进"法德联

---

① 戴高乐：《希望回忆录》，希望回忆录翻译组译，中国人民大学出版社，2005，第166～170页。

盟""欧洲联盟"的战略思考，就是传统法国战略理念中欧洲均势战略的延伸和发展。

首先是铲除德国中央集权体制，削弱德国的军政实力，参加战后对德国的军事占领。按照戴高乐的最初设想，战败后的德国应当被肢解成若干个小国，使它永远不可能成为邻国新的威胁。但是，美英的战后战略安排以及随之而来的冷战格局打消了他的这个初衷。退而求其次，戴高乐认为，为消除日耳曼主义的侵略势力，从而使法国的复兴成为可能，首要的是绝对不能允许德国再次建立中央集权，"按照我的意见，这是防止德国危险势力再起的首要条件。每当一个有统治欲望和野心的中央政府无视德国各州的特点而控制它们的时候，帝国主义就会出现。这一点我们在威廉二世和希特勒时代看得太清楚了。相反的，假使日耳曼民族的每一个州都可以独立存在，各州按照自己的方式管理自己的事务，处理自己的利益，就很可能避免这样组成的联邦走上奴役邻国的道路。如果把作为战略物资来源的鲁尔区置于国际管制的特殊制度之下，就更容易防止这个联邦走向奴役邻国的道路"。① 与此同时，战后法国积极参与四大国对德国及其首都柏林的肢解式的占领，监视、遏制并随时粉碎德国军事力量的复活。

其次是通过欧洲煤钢一体化、原子能一体化，并进而通过经济一体化，将德国的能源、资源，以及德国的经济、军事机器捆绑进由法国主导的欧洲，这是战后法国政府对均势战略的创造性的发展。"处在欧洲大陆中心的德国是一个关键问题。关于德国将来的命运这个重要问题，我已经打定了主意：我认为德国必须成为有组织的国际合作的组成部分。这种合作，是我为整个欧洲大陆定下的目标。这样，在大西洋和乌拉尔之间，所有国家的安全就会得到保证，并且环境、思想和关系也会产生一种变化，分散在三个部分的德国人民会有机会重新联合起来。目前，联邦德国必须在欧洲经济共同体里发挥自己的重要作用。必要时，在六国的政治合作中也起同样的作用。最后，我要采取行动使法国同德国建立密切的特惠关

---

① 戴高乐：《战争回忆录》第三卷《拯救》，陈焕章译，中国人民大学出版社，2005，第48页。

系，逐渐促进这两个民族互相理解和互相尊重，正如一旦他们不再用自己的精力来互相厮杀，就会本能地推动它们向着这个方向发展那样。"① 1963 年 1 月 22 日，在戴高乐和阿登纳的几年努力下，法德两国在巴黎签订了《法德合作条约》。从此，人们所说的"法德轴心"开始运转。这样，通过合法的形式，凭借法国在政治、军事上的明显优势控制德国。② 戴高乐通过推进法德合作关系，使"法德轴心"成了欧洲共同体的决定力量，由于在这个轴心中重心偏向巴黎，所以法国在欧洲共同体中能够一直起到"带头"作用。

再次是要对由莫奈、舒曼等人提出的欧洲联合理论进行有利于法国独立自主、有利于法国主导欧洲均势的改造，转变"联邦"式的欧洲联合目标，建立松散的、"邦联"式的欧洲共同体。他认同欧洲联合对于维持和平以及抵御"苏联威胁"的重要性，"近 30 年来欧洲经历了可怕的分裂并且在全世界发生了巨大的变化后，只有通过斯拉夫、日耳曼、高卢和拉丁各民族之间的协作，才能恢复欧洲的安宁与和平。当然，必须考虑到俄国（苏联）制度的专制和侵略性……我认为只要西方盟国及时地一致向克里姆林宫的统治者采取坚决行动，就能保持住波兰、捷克、匈牙利和巴尔干半岛的独立。具备了这些条件以后，欧洲的统一从冰岛到伊斯坦布尔，从直布罗陀到乌拉尔——就可能通过各国人民的协作得到实现。这是我设计的蓝图"。③ 但对于"联邦式欧洲"的设想，戴高乐则嗤之以鼻："多少世纪以来，经过无数的努力和痛苦锻炼出来的欧洲国家，每个国家都有自己的地理环境、历史、语言、传统和制度，他们要在虚妄和成见中陷得多深才会相信他们不再是自己，而只能另构成一个整体？美国是在一片崭新的土地上，由一群群涌到这里来的无家可归的移民白手起家建立起来的，可是却有一些天真的人时常拿欧洲应该做的和美国已经做的事做比较，这些人不是眼光肤浅么？"④ 戴高乐坚持认为，统一的欧洲不可能是

---

① 戴高乐：《希望回忆录》，第 176～177 页。
② 周荣耀：《戴高乐主义论》，《世界历史》2003 年第 6 期，第 9 页。
③ 戴高乐：《战争回忆录》第三卷《拯救》，陈焕章译，中国人民大学出版社，2005，第 48 页。
④ 戴高乐：《希望回忆录》，第 193 页。

各民族的"合为一体"，自古以来的"合并论者"（罗马皇帝、查理大帝、查理五世、拿破仑、希特勒）中间，没有一个人能够使被征服的国家放弃自己的独立。相反，专制的中央集权总是由于反作用引出有害的民族主义。但是欧洲能够而且应当是出自各民族有组织的互相接近的结果。

当然，戴高乐的欧洲均势思想除了捆绑德国，很重要的一条还包括排斥英国势力。戴高乐经常强调"从大西洋到乌拉尔的欧洲"，这表明他心目中的欧洲联合体也排斥本该属于欧洲地理范畴，但与美国有特殊关系的英国。戴高乐认为，从丘吉尔开始，英国人"甘心追随美国人的政策"。"我们在英吉利海峡那边的邻居，由于其经济生活天然地依赖着海洋，自然是要靠自由贸易生活的，他们不会真诚地答应把自己封闭在大陆上那个对外实行共同关税率的圈子里。"[1] 1963 年和 1967 年，英国参加欧洲共同体的申请两次遭到法国的否决。

通过实施上述重要政策，戴高乐在 1958 年重新执政后致力于加快建设各国保持独立主权的欧共体，绑住德国、赶斥英国，坚持法国在欧洲一体化进程中的领导地位，从而推动了有利于法国的欧洲均势的形成，使得法国在欧洲的大国地位得到恢复和保持。

第二层次是全球均势。戴高乐的全球均势思想一言以蔽之，就是借助欧洲整体的力量对抗美苏强权、突出法国的独立大国地位。

首先，戴高乐的全球均势思想基于他对战后世界战略形势的评估。戴氏认为雅尔塔体系带来的美苏超级大国间的军备竞赛和军事对抗是以牺牲欧洲乃至世界其他国家利益为代价的不负责任的行为，而且由于美苏冷战而直接导致的欧洲分裂阻碍了欧洲国家长期以来基于地缘条件的相互往来与合作。戴高乐因此认为两极体系是不稳定的，希望以战前欧洲的多极格局取而代之，在他看来后者至少较前者更为稳定一些：它首先可以保证两个超级大国在欧洲的卫星国们获得较目前而言更大的独立自主权利，从而使之在多极均势中发挥其权重作用。戴氏提出了著名的"第三种势力"构想，由此在西方阵营中——特别是在处理大西洋两岸关系时——形成了

---

[1]　戴高乐：《希望回忆录》，第 191 页。

一定程度上三头政治的局面。① 对戴高乐而言，真正重要的永远是法国的地位和角色。戴高乐希望法国能重新成为欧洲的一流强国，找回昔日大国的尊严，并以促进世界和平与民族独立的推动者自居。无论是"民族国家的欧洲""欧洲人的欧洲"或是"从大西洋到乌拉尔的欧洲"，在戴高乐关于欧洲秩序的任何构想中法国始终是其考虑的首要因素，而在具体实施上戴高乐所遵循的正如巴特费尔得所言："永远有效的原则和规则，其中最重要的一条是均势。"②

戴高乐清醒地分析了战后世界的形势，他看到了美苏的强大和法国的衰落，认为法国不可能凭一己之力在世界政治舞台上再领风骚，只有联合起来的欧洲，才有可能与美苏相抗衡。很显然，戴高乐是将法国当作欧洲的领导来推进欧洲建设的。戴高乐认为，面对美苏在欧洲的争夺，欧洲国家必须联合起来。在他看来，法国可以充当欧洲共同体的领导。因为在最初的煤钢六国共同体、原子能六国共同体中，比、荷、卢都是小国，谈不上领导作用，意大利不仅实力和影响不够，而且还有二战劣迹。德国虽然经济实力雄厚，但是战败国地位使它不可能出面领导六国欧洲。更何况德国已"自愧不如"，需依靠法国的政治地位，法国不领导欧洲，还有谁能领导?!③

其次，欧洲参与下的全球均势之所以成为可能，是由于戴高乐认为欧洲联合是可以做到的。因为"他们都是白种人，信仰同是来源于基督教，有相同的生活方式。长期以来，思想、艺术、科学、政治、贸易等无数关系把他们联系在一起。这些民族由于他们的本性终于形成为一个整体，在世界之中具有其特点和组织。因此，我们推动形成欧洲经济共同体，促使六个国家在政治领域内经常采取协调的行动；不让某些其他国家，尤其是英国，把西欧拉到大西洋体系那边去——这是和欧洲人的欧洲的一切可能性不相容的。我们要树立缓和的榜样，继而和东欧各国取得谅解与合作，在思想上明确：以和平和进步超越政治制度和宣传的成见，是符合偶然被

---

① 指戴高乐在战后初期形成的"建立独立于美、苏之外的西欧集团"（即第三种势力）的设想。参见赵慧杰《法国外交中的中东战略》，《西亚非洲》2006 年第 4 期，第 22 页。

② 陈志瑞、周桂银、石斌主编《开放的国际社会——国际关系研究中的英国学派》，北京大学出版社，2006，第 67 页。

③ 周荣耀：《戴高乐主义论》，载《世界历史》2003 年第 6 期，第 9 页。

分裂为两部分的欧洲居民的共同需要和愿望的"。① 戴高乐从 40 年代后期开始致力于构建一个从雷克亚未克到伊斯坦布尔、从直布罗陀到乌拉尔的"大欧洲"概念，这一概念与欧洲分裂的现实相结合，赋予法国以全欧洲代言人的角色。在他看来，法德轴心理所当然地成为现实中西欧共同体的发动机，而法苏两个大陆强国的传统关系则应成为理念上"大欧洲"的两大支柱。

再次，为实现全球均势战略目标，戴高乐面临的最大障碍就是反对美国对欧洲的控制。为此他反复强调"欧洲人的欧洲（l'Europe d'Etats）"这一观念。所谓"欧洲人的欧洲"，言下之意就是要在欧洲建设中摆脱美国的控制和影响，使欧洲成为真正独立自主的欧洲。美国当时并不反对欧洲建设，因为一个强大统一的欧洲毕竟是美国可依托的力量，但其前提是欧洲建设的任何一个步骤和目标都应该纳入以美国为领导的"大西洋体系"中，这恰恰与戴高乐的观念水火不相容。1951 年 12 月 21 日，戴高乐在一次记者招待会上甚至恼火地说："美国并不是欧洲的一部分，这在地图上是可以看到的！"②

戴高乐在反对美国控制西欧，反对美国霸权的同时，明显地露出了这样的雄心：他想要使法国取代美国在欧洲的地位，首先是控制德国，接着是充当"六国欧洲"的领导，然后是整个西欧，再扩大到整个欧洲。戴高乐一直认为，法国应该是欧洲的"中心和首领"，他声称"法国不居领导地位，欧洲就无法形成"，"法兰西民族已经习惯于做欧洲的巨人"。③

不过，戴高乐对实力与形势的估计并不"盲目乐观"，他并没有要取代美国在整个西方世界的领导，也从不与美国完全决裂。这一点从法国退出北约军事一体化但从未退出北约政治机构、法国一直保留着自己大西洋联盟成员的身份就可以得到清楚的体现。当然，这也体现了戴高乐均势思想的高明之处：保持在美、苏间微妙的政策平衡，才能突出法国的角色和地位。整个冷战期间，无论美国还是苏联，对法国都是爱恨交加，然而都

① 戴高乐：《希望回忆录》，希望回忆录翻译组译，中国人民大学出版社，2005，第 174～175 页。
② 夏尔·戴高乐：《言论书信集》（1947～1957）第二卷，第 490 页。
③ 让·拉古杜尔（Jean Lacouture）：《戴高乐》第二卷，巴黎瑟伊出版社，1985，第 610 页。

无可奈何地争取法国更多地走向国际战略天平靠近自己的那一端。

最后，戴高乐全球均势战略的一个重点就是法国与苏联及其东欧盟国的关系。戴高乐本人坚决反对苏联对东欧的占领，无论从政治军事现状或是意识形态上讲，在这一点上他同苏联几乎不存在共同语言。然而在同苏联的合作战略问题上，戴高乐却是积极的倡导者。在他眼中，苏联就是俄国，重要的不是其标榜何种主义，而是要认识到它是一个传统的欧洲国家。为此，他萌生了与社会主义阵营建立某种特殊关系的念头，从而试图找到平衡欧洲大陆乃至世界格局的新平衡点。历史也表明，自19世纪晚期以来，法俄两国为了平衡德国在欧洲和世界的扩张曾多次组成联盟。如今，这种传统的盟友关系又多了一层含义，那就是平衡美国的霸权。而且这样一来，也降低了美苏秘密交易损害欧洲利益的潜在可能性。与苏联的合作对于戴高乐关于"从大西洋到乌拉尔的欧洲"的构想是建设性的一步。面对因冷战而分裂的欧洲，戴高乐相信，法国与苏联接近将有助于东欧国家逐步摆脱共产主义意识形态的束缚，而共产主义阵营随之而来的衰落和瓦解将使美国失去在欧洲继续驻军的理由，最终使两大军事集团消失于无形。在戴高乐所勾画的政治远景中，欧洲国家在两极体制消亡之后将重新回归到传统的基于地缘政治的国与国关系，最终建立"大欧洲"；法国和俄国将是"大欧洲"的两大支柱；美国的角色将退回到平衡欧洲稳定与和平的外部因素。以上一切有利条件的汇聚将为一劳永逸地解决德国问题提供可能。当然，戴高乐在同苏联接近的同时也对和其他东欧共产主义国家发展关系予以重视。这些国家在战前大都也是法国的盟国。戴高乐希望促进同东欧国家的交流可以在一定程度上抵消苏联的影响，并在战略上对德国形成包围之势。所以，当1966年戴高乐结束了其对苏联的历史性访问后便于之后的两年访问了波兰和罗马尼亚，访问期间大肆鼓吹主权与民族独立的重要性。

这样，戴高乐一方面作为西方阵营的重要成员反对苏联扩张势力，在苏联实力扩展的时候充当西方世界的反共先锋，口诛笔伐，另一方面以独立自主西方大国的姿态反对美国控制，甚至退出北约军事机构并将美军导弹基地逐出法国，又积极发展与中国等第三世界的关系，成功地推行了全球均势政策。在美苏两极争霸的雅尔塔体系中，法兰西第五共和国凭借着全球和欧洲两层均势，卓尔不群，赢得了全世界的赞赏目光，"手持二等船票坐上了头等舱"。

总之，从 1940 年发表伦敦广播讲话开始领导抵抗运动，到先后成为第四共和国的领导人和第五共和国的缔造者，戴高乐通过一系列重大动作，不畏美苏霸权，不畏与丘吉尔、罗斯福、斯大林、艾森豪威尔、赫鲁晓夫等世界重量级政治人物唇枪舌剑、明争暗斗，在国际舞台上纵横捭阖，展现了一个伟大政治家和思想家的远见卓识，从政治、经济、军事、文化等各个方面坚决维护了法国的大国地位。在此过程中形成的戴高乐主义，其核心理念可以总结为三大要素：追求大国地位；坚持独立自主；善于运用均势政策。这些要素凝聚了战争带来的教训和经验，给瓦砾上的法国带来激动人心的希望，并由此汇聚成一种理念和文化：

> 我们的独立不仅要符合我们的人民的自尊和希望，而且要符合全世界对我们的期望。这样就给法国带来了自豪的理由和沉重的义务。但这不正是法国的命运么？对我来说，繁重的任务既有吸引力也带来负担，但是，我的目的不正在于此吗？
>
> 在法兰西沿着山坡向上攀登的时候，我的任务永远是引导她向着高峰前进，可是山下所有的声音不断叫她下来。法国再一次听从我的话，精神重新振作起来，因此不久前越过了复兴的阶段。今天像昨天一样，我要给她指出的，没有其他目标，只有顶峰，没有其他道路，只有努力。①

第三节　冷战后的法国：理念的内化与传承

法国伟大的自由主义学者托克维尔曾说："胜利者往往能找到过去与未来间的契合点，研究某一社会的现状离不开对它过去的认识。"② 从黎

---

① 戴高乐：《希望回忆录》，第 271、303 页。
② 托克维尔：《旧制度与大革命》，商务印书馆，1997。

塞留开始、在法国漫长的历史中逐渐形成、以戴高乐主义为核心的一整套战略思想和观念，其稳定性、延续性给我们留下了深刻的印象。我们从法国冷战后对外战略及其政策实践可以看到，这些战略思想和观念得到了稳定的延续、内化和传承，既构成了法国战略偏好与战略选择的文化“环境”，也形成了法国政府战略行为的深层“原因”。

如上所述，经过长久历史洗礼的、从黎塞留直到戴高乐的法国战略观念建立在三个要素基础之上：首先，法国是具有世界性影响的大国；其次，法国外交的独立自主神圣不可侵犯；最后，法国重视均势战略，致力于欧盟建设，致力于“从内部改造北约、挺立大西洋联盟的欧洲支柱”，并以欧洲代言人的身份卓然屹立于世界民族之林。冷战结束以来，无论是由于国际形势的变化或是继任总统的党派个性差异，法国的对外战略依然延续着上述三个要素和基本原则。与此同时，法兰西也在过去与未来的时空中不断调整、找到自己清晰的时代坐标，从而更加强健地面向未来。在本节里，我们将仅对上述战略思想观念如何在冷战后法国历届政府中得到普遍认同和传承的社会化（或曰内化）过程作简要提示，在第二章对“法兰西战略文化”进行理论提炼后，从第三章起我们将结合理论，从法国对外战略的各个重要领域进行详细分析。

一　在综合实力下降、国际形势发生于己不利巨变的同时，依然追求大国地位

随着柏林墙的倒塌和国际战略格局的剧变，冷战后的形势给法国带来的不利因素逐渐增多，其令人悲观的程度甚至与二战后的法国不相上下。首先是法国失去了在美苏两大阵营间利用超级大国矛盾充当“平衡手”为自己谋利的有利环境；其次是随着德国统一，德国在欧共体内、尤其是在东欧影响力不断扩大，法国作为欧洲一体化领头羊的地位岌岌可危；最后，由于自身实力的衰落和美国影响的加强，法国在中东、非洲等地区的传统影响力急剧下降。从国内因素看，法国从 70 年代末开始进入经济衰退，80 年代后日趋严重，法国的失业率、社会福利预算赤字居高不下，因而导致了 1995 年底的社会危机；以科西嘉分裂运动为代表的民族分离主义、以勒庞的国民阵线为代表的极右翼思潮甚嚣尘上。90 年代初期，

法国经济发展缓慢，失业人口不断增加。经济的不景气为极端仇恨外国移民的极右翼势力的崛起提供了广阔的市场。综合国内外各种因素，法国战略目标与自身实力之间的矛盾越来越突出。

面对不利的形势，弗朗索瓦·密特朗政府（冷战结束～1995）、雅克·希拉克政府（1995～2007）和尼古拉·萨科齐政府（2007～2012）不断调整法国对外战略，继续法国对大国地位的追求。

2008 年颁布的《法国国防与国家安全白皮书》第三章"国家安全战略"中，通过对第五共和国历史上三版不同的防务与安全白皮书战略定位的对比，言简意赅地描述了冷战以来法国政府对外战略（尤其是国家安全战略）的调整演变过程："1972 年的国防白皮书是一个以'威慑战略'为主的白皮书，1994 年的国防白皮书是'投放力量和行动战略'白皮书，而本白皮书则确定了法国的国家安全战略，适应了全球化时代的发展，将法国国家安全战略建立在'了解与预测、预防、威慑、保护、干预'等五大职能平衡的基础上。"[1] 密特朗执政后期与巴拉迪尔总理的"左右共治政府"在 1994 年 2 月推出冷战后第一份法国政府《国防与国家安全白皮书》，声称"有史以来法国首次在其边界附近不再有直接的军事威胁"，但在新国际格局尚未形成之时，国际安全环境具有很大的不确定性和不稳定性，法国的安全风险来自各个方面，"除原有的传统威胁外，最有可能是来自国际恐怖主义的非对称威胁；大规模杀伤性武器及其运载工具的扩散、有组织的犯罪、移民运动等也是国家安全的潜在及现实威胁"。[2] 基于对国际安全局势的这种判断，法国调整了冷战时期的安全政策，实行新的安全与国防政策。希拉克政府推出《1997～2002 年军事纲领法》，把法国的安全与防务政策概括为三点：一是保护法国核心利益（Vital Interests）。包括国家领土的完整，法国国民及侨民的人身、财产安全不受侵犯，以及法国主权的独立；二是保护法国战略利益（Strategic

---

[1] *Livre blanc sur la défense et sécurité nationale*, 2008. "Le Livre blanc sur la défense de 1972 fut celui de la dissuasion. Le Livre blanc de 1994 fut celui de la projection et de l'action à distance du territoire national. Le présent Livre blanc définit une stratégie de sécurité nationale, adaptée à l'ère de la mondialisation, qui repose sur un équilibre nouveau entre cinq grandes fonctions. "

[2] *Livre blanc sur la défense et sécurité nationale*, 1994.

Interests）。包括欧洲以及欧洲相邻地区的和平，尤其是地中海地区的和平；三是保护其大国利益（Great Power Interests）。包括国际安全环境以及作为联合国安理会常任理事国的地位。萨科齐政府于 2008 年 6 月颁布新版《法国国防与国家安全白皮书》，指出："法国作为联合国安理会常任理事国和西方大国，在维护世界和平和国际安全中，负有特殊的责任。新的国家安全战略据此确定了三个目标：保护法国人民和领土；服务欧洲安全和国际安全；保护民主的原则。"① 为实现这些目标，白皮书确定了安全战略的四项基本内容和五项战略职能。四项安全战略的基本内容是：①强调核威慑的重要作用。②重视发挥联合国的作用，支持多边主义，抵制单边主义。③重回北约防务体系。④重视欧洲防务建设。五项战略职能分别是：①认知和预测（connaissance et anticipation）。将设立由总统任主席的国家情报委员会，并专设国家情报协调员。②预防（prévention）。在国家和国际两个层面综合、协调动用外交、经济、军事、法律、文化等多种手段，防止危害国家安全的情况发生。③威慑（dissuasion）。核威慑仍是法国国家安全的核心概念，继续保持由总统直接指挥、具备相应能力、完全独立的"核威慑"力量。④保护（protection）。根据安全形势的变化，调整"保护"法国人民和领土的措施，使公共机构和社会具备应对较大规模危机，快速恢复正常功能的能力。⑤干预（intervention）。遂行海外干预行动的指导原则包括：对和平的实质性威胁；军事行动是最后的选择；遵守国际法；独立决策和自主行动。②

密特朗政府在冷战终结后面对着一系列重大问题：德国重新统一、苏联解体、东欧剧变、法国在中东非洲的利益面临美国挑战。很多法国新闻分析家认为，密特朗时代法国对外战略处于艰难的调整期，很多政策并不成熟。③ 但密特朗对法国大国地位的追求没有丝毫改变，甚至比他的宿敌戴高乐有过之而无不及。他对法国地位的评价是："关于法国是大国还是中等

---

① *Livre blanc sur la défense et sécurité nationale*，2008.

② *Livre blanc sur la défense et sécurité nationale*，2008.

③ 参见法报 *le monde*1995 年 1 月 19 日克莱尔·特雷昂文章："带有经济主义标记的法国外交政策"；法刊 *parisien*1991 年 7 月 8 日让－马克·卡勒弗莱什文章"法国必须修改它的非洲复制品"；法报 *le figaro*1992 年 7 月 25 日皮埃尔·勒卢什文章："法国政策的四个错误。"

大国的辩论是一种使我无法忍受的辩论"，法国仍然是"参加作出世界重大决定的国家之一"。① "法国是一个在孤独中寻求史诗般光荣幻影的国家。法兰西的历史使我着迷。我爱法兰西的英雄、法兰西的业绩，以及法兰西所产生的、使世界沸腾的伟大思想，从幼年时期我便自信自己应该继承这个传统。"② 事实证明，密特朗在对外战略上完全是一个"戴高乐主义者"。

对德国，密特朗采取了"打不动则拉、则绑"的手段。密特朗在冷战后一度企图阻止德国统一，为此他先后与撒切尔、戈尔巴乔夫多次密谋。③ 在这一计划受挫后，法国政府加紧推动欧洲一体化的步伐，试图将德国进一步牢牢捆绑住。在密特朗的不懈推动下，在他和科尔共同倡议下，1991 年 12 月 10 日，欧共体 12 国在荷兰小城马斯特里赫特通过了《欧洲联盟条约》（又称《马斯特里赫特条约》），欧洲联盟从此诞生，"欧洲共同防务和外交政策"也首次浮出水面。法国之所以对欧洲一体化如此热心，当然首先是为了法国的利益。密特朗总统时期的办公厅主任比安科（Bianco）认为："在密特朗看来，欧洲是和平的保证，是法国长久保持大国地位的保证。"④

为加强与苏联及东欧国家的关系，密特朗政府提出了所谓的"新东方"政策，鼓励法国企业积极参与该区域国家的经贸活动，推动西方国家建立欧洲重建资金和发展银行来增加对各国的援助，支持这些国家向西方靠拢，逐步完成向市场经济及民主政体的转变。⑤ 1993 年，法政府提出制定《中南欧稳定公约》设想，得到了欧洲国家普遍欢迎。法国高度重视中东欧地区，除了防止某些地区冲突的蔓延外，就是要与德国争夺在此地区的影响。从历史上看，法国在两次世界大战期间都与这一区域的国家建立了比较密切的关系。但是冷战后，德国已从冷战时期对抗苏联的前沿阵地变成欧洲大陆地缘政治的中心，德国也加强了对这一地区的渗透。对

---

① 萨巴蒂埃：《马提翁大厦敲响现实主义外交的钟声》，载《liberation》1994 年 9 月 2 日。
② 弗朗索瓦·密特朗：《被死神打断的回忆——密特朗回忆录》，中国书籍出版社，1998。
③ 张锡昌：《密特朗与德国统一》，《外交学院学报》2002 年第 4 期。
④ 路透社巴黎 1 月 9 日英文电（记者保罗·泰勒）："密特朗的欧洲设想可能会随他的逝世化成泡影。"
⑤ Ernest Wistrich：*The United States of Europe.*

此，法国高度重视，从密特朗到希拉克，法国持续不断地扩大在本地区的影响。法国利用波兰对德国统一的担心与其签订了《法波友好团结条约》，建立了两国特殊的伙伴关系，并与保加利亚、匈牙利、罗马尼亚、捷克斯洛伐克、波罗的海三国签署了《友好、合作、谅解条约》，恢复和发展了与东欧国家在政治、经济、文化等领域的传统关系。[①] 1991 年，出于方便把握德国在东欧动向的目的，密特朗政府同意了德国外长根舍建立德、法、波"魏玛三角"同盟的建议，此后这一同盟从外长级会谈逐步升级为首脑级会晤。

法国把协调与俄罗斯的关系作为"新东方"政策的核心。为此，法国提出欧盟应与俄罗斯建立一种新型的伙伴关系，作为平衡美国的重要力量。在北约东扩问题上，法国也主张以循序渐进的方式来进行，充分理解俄罗斯对自身安全的担忧。

长期以来，法国政府一直与法语非洲国家保持着"友好合作"的关系，双方在经济、政治、文化、军事领域有着密切的合作。这些为数众多的国家在一定程度上依靠法国的财政援助生存与发展，同时也是法国所必不可少的商品销售地及原料产地。然而随着东西方对峙局面的结束，法国的这种封闭式、排他性的"合作"模式也越来越不适合新形势的发展。冷战后初期，密特朗政府一度对非洲实行"人权外交"，将法国援助与非洲国家的"人权状况""民主建设"状况挂钩，但这一政策导致的是法语非洲国家离心倾向加重。[②] 尤其是美国也加紧了对这一区域渗透的步伐。1995 年 2 月，美国在法国传统势力范围加蓬召开贸易洽谈会，并邀请法国和其他法语国家参加，公然向法国挑战。美国负责非洲事务的助理国务卿克恩也公开批评法国的非洲政策，认为"非洲不是任何人的猎区，应该向全世界开放"。在这种形势下，法国开始对非洲政策进行全面调整。首先是强调法非关系的多样性，在保持与法语国家亲密关系的同时，也把与英语和葡语国家发展友好关系作为法国非洲政策的重点。1998 年 6 月，希拉克总统访问南非 4 国时进一步表明了法国对非关系的"开放性立

---

① 参见法外交部官方网站。
② 赵慧杰：《法国对非洲战略的调整及其战略构想》，载《西亚非洲》1999 年第 1 期，第 32 页。

场",他称法国走出法语非洲,对南部非洲进行的访问是"自我介绍和结识新朋友的开拓性访问"。法国已经放弃了在非洲保持"势力范围"的过时做法,正在非洲努力寻求扩大"友谊范围"。其次是改变传统的处理与非洲国家关系的模式,减少对其内部事务的干预,强调以"新型的伙伴关系"代替传统的干预政策,"由非洲人来维护非洲的和平"。另外法国也废除了与一些国家签订的秘密军事条款,对一些国家内部的政治斗争采取"中立"的态度。最后,法国改变了传统的经济援助模式,把对外援助与经济技术合作、投资相结合。扩展与非洲国家经济合作的领域,不再局限于传统的矿产资源开发。通过希拉克时代一系列政策和战略调整,法国的对非政策回到了法国战略传统中的"实用主义""现实主义"轨道,从而实现了法国的战略意图。从近些年法非关系的发展实践看,法国在非洲的影响力不断加强,极大助力了法国大国地位的实现。

从密特朗到希拉克,法国继续把反对美国单边主义行径作为体现法国大国地位的重要手段和途径。正是通过对美国企图建立单极霸权的抵制,凸显了法国与众不同的国际地位,为其赢得了广泛的赞誉。在反恐问题上,尽管法国也把恐怖主义作为当今世界的主要威胁之一,但无法认同美国"先发制人"的打击战略,希拉克政府明确反对美国以"反恐"的名义去挑起与伊斯兰世界的文明冲突。在伊朗核问题上,法国主张由欧盟参与危机的协调工作,反对美国动辄以制裁相威胁,为伊朗最终向国际原子能机构递交《不扩散核武器条约》附加议定书的书面承诺做出了贡献。在巴以问题上,法国支持《中东和平路线图计划》,主张巴勒斯坦人应享有建立主权国家的权利,而批评美国偏袒以色列的立场。在伊拉克问题上,希拉克政府态度极为坚决:战争前反对美国军事打击伊拉克,主张在联合国的框架下和平解决。战争后则反对美国长期驻军在伊境内,主张尽早把权力移交给具有合法性、广泛性的伊拉克新政府。此外在对华军售、欧盟独立防务、联合国改革等问题上都与美国存在不同的看法,希拉克与小布什政府就上述一系列问题开展了激烈争斗。①

① Laurent Lombart：*La politique extérieure du président Jacques Chirac dans un monde américano-centré*，http：//www.afri - ct.org/IMG/pdf/24_ Lombart.pdf.

无论是密特朗还是希拉克政府时期，法国在世界范围内广泛地参与国际事务，积极促进国际热点问题的解决，以扩大法国的影响。希拉克任总统时，在联合国的框架下，法国向欧、亚、非三大洲的 15 个国家派遣了总数一万人左右的军事人员，参与维持和平行动。同时，法国是联合国组织预算的第五大负担国。1998 年它的分摊额高达 6.49%，1997 年它向联合国系统各机构支付了 1.5 亿美元。除此之外，还应加上 6930 万美元的维和费用。截至 1998 年 5 月 31 日，法国用于维和的部队与物资居世界第 9 位，在安理会常任理事国中位居第一。① 在法国人的心里早就把自己看作西方国家中唯一能和美国较劲的大国。有法国国际问题专家称，目前美国也视法国为西方唯一的、最大的战略伙伴，也是唯一的、直接的"全球"对手。法国三军防务学院专家弗朗索瓦·普里厄（Francois Prieur）撰文称，法美关系非常奇特：既是关系密切的盟友，又是可怕的对手。② 这种判断本身就透出了法国人的大国自豪感和自命不凡。

事实上，无论是戴高乐还是蓬皮杜、德斯坦、密特朗、希拉克、萨科齐，他们对法国大国地位的坚持和追求，都与法国普通民众的心理是一致的。这也正反映出，坚持法国大国地位已成为法国对外政策和国家安全战略中稳定的、长期延续的内容。2002 年，芝加哥外交委员会和德国马歇尔美国基金会联合作出的一项民意测验显示，在 6 个被调查的欧洲国家中，65% 的民众认为欧洲具有成为美国主要战略对手的实力，而这个数字在法国竟高达 91%，如表 2 - 1 所示。

表 2 - 1　欧美国家民众对美欧地位民意测验

单位：%

	英国	法国	德国	荷兰	意大利	波兰	欧洲	美国
美国应成为世界上唯一的霸权	20	3	22	11	7	12	14	52
欧洲应获得与美国同样的地位	56	91	48	59	76	63	65	33

资料来源：The poll conducted in June 2002. http：//www. worldviews. org/key - findings/transatlantic - report. htm#kf。

① 《法国的对外援助》，载《法国在世界上的地位》，参看法国驻中国大使馆网站，http：//www. ambafrance - cn. org/cn。

② 杨京德：《法国独立外交的胜利》，载《瞭望》1998 年第 11 期，第 39 页。

二　坚持独立自主，对抗美国单极霸权

"独立自主"作为法国战略理念的重要因素和原则，在战后法国历届政府的对外政策中得到了延续和继承。甚至可以说，独立自主原则已成为法国领导人一条不可触碰的红线，成为法国政治家获取选票、站稳脚跟不可或缺的政策基础。

冷战后初期，密特朗政府在海湾战争中积极致力于建立法国自己独立的伊拉克政策，试图通过对伊政策来维护和扩大法国的国家利益。法国在战争前后始终强调联合国的主导地位，试图通过联合国的国际机制来限制美国主导国际事务的权力，同时还希望通过建立代表"法国精神"的人道主义国际原则来扩大法国对国际事务的影响。[1] 在 90 年代初的前南危机中，无论是一开始对塞尔维亚的偏袒，还是后期经过国内的激烈争论转而坚决参与北约空袭行动，法国政府都试图"争夺政治和外交主导地位，其目的是要让法国来主导国际社会解决南斯拉夫危机"。所以有学者评论，"法国在前南危机过程中的外交政策虽然比较零散并处于不断调整之中，但它们都体现了戴高乐主义强调的独立自主、最大限度发挥法国影响作用的观念"。[2]

希拉克在其两届任期内，在波黑、科索沃、非洲和中东，在北约、核试验、欧亚会议、加利连任和美国"治外法权"等问题上，有着一连串的不俗表现，使其像戴高乐时期一样，把法国推向了国际舞台的前沿。法国舆论认为，"法国重新听到了它在国际舞台上消失的声音"，希拉克在期望"重新获得他崇拜的法国前总统戴高乐曾享有的地位"。[3] 当围绕伊拉克问题法美之间的矛盾白热化时，2003 年 3 月 10 日，希拉克公开宣布要在安理会行使否决权。尽管希拉克一再声称"法国并不是一个仇视美国的国家"，"美国和法国、美国人民和法国人民是绝不会争吵或翻脸

① 汪波：《法国海湾战争后的伊拉克政策分析》，《法国研究》2004 年第 2 期，第 138 页。

② Frederic Bozo，"*France and Security in the New Europe：Between the Gaullist Legacy and the Search for a New Model*"，in Remaking the Hexagon，The New France in the New Europe，ed. Gregory Flynn（Boulder，Colo.，Westview Press，1995）.

③ Laurent Lombart：*La Politique Extérieure Du Président Jacques Chirac Dans Un Monde Américano-Centré.*

的"，"你们所说的否决权，其实就是投反对票，反对多数人的意见，这没什么特别的。是很正常的事，符合国际原则，也符合国际法"。但是，舆论还是将它与戴高乐当年对抗美国联系起来。有的说，伊拉克危机使戴高乐主义在希拉克身上重现，即通过对美国说"不"来提高法国的国际地位（法新社巴黎电）。还有的说，不管是形式上捍卫独立的政策，还是实质上不惜同美国发生公开的碰撞，希拉克都想证明自己始终是一个戴高乐主义者。"还有其他国家元首有本事同美国总统较劲吗？没有哪个国家的总统能够这样跟布什针锋相对"（法国《十字架报》）。德国的《世界报》认为，这种情况意味着"欧洲戴高乐主义"的发展。沃勒斯坦说得更明确，他认为"戴高乐主义迄今都发挥了作用"，"现在似乎还不是抛弃戴高乐主义立场的时候"，"事实是，由于自己的戴高乐主义，法国是当今世界上能对美国地缘政治地位产生重要影响的唯一国家，英国不能，俄国不能，甚至中国也不能"。①

在法国的安全战略中，一直坚持以核力量作为维护国家主权及领土完整的必要手段，将完全独立的核威慑作为独立自主外交政策的核心和保障。早在冷战期间，戴高乐总统顶住美苏两大霸权的压力，尤其是面对美国的多方阻挠，坚持发展本国独立的核威慑力量。可以这么说，正是由于法国核大国的地位，才使法国获得与其国力"不相称"的国际地位。更为重要的是，正是由于拥有核武器才使法国在两大阵营对抗时期，得到了国家安全最可靠的保障。所以法国历届政府无不把核威慑战略作为安全战略的重中之重。尽管冷战结束，法国的安全形势得到了很大的改变，而法国的核威慑战略业已受到多方面的质疑，但是法国政府仍把发展核力量作为法国国防优先发展的目标。密特朗执政时期通过的1994 年版《法国国防与安全白皮书》指出，核威慑力量仍然是维护国家安全利益、保持法国独立自主地位的最后防线。希拉克时期，2003 年版的《法国军事战略》指出，在未来的几年，"法国将依靠各种可靠并且多样的手段，用来对付无论来自何处的威胁，面对威胁的变化始终保持

---

① 伊曼纽尔·沃勒斯坦：《法国是关键》，宾格姆顿大学布罗代尔中心，《评论》（Fernand Braudel Center, Binghamton University, Commentary）2003 年 2 月 1 日第 106 期。

可靠"。这种能力包括潜艇携带的弹道导弹，或从陆上或海上起飞的飞行器所携带的导弹所运载的核武器。根据法国的"第二轮打击"概念，尤其要"能在军队或领土经受了第一轮核打击后还具有使用这些武器的能力"。

萨科齐执政后，法国2008年版的《国防和国家安全白皮书》继续强调核威慑的重要作用。白皮书称：核威慑仍是法国国家安全的核心概念，是法国国家安全和独立的根本保障。法国将继续依靠"独立""足够"和"有效"的核力量，继续使战略导弹核潜艇和空基核力量现代化，保护法国的关键利益免受任何国家任何方式的威胁；继续推进核裁军，防止核、生、化武器及其投送导弹的扩散。①

三　因势利导推行均势策略，以欧盟为依托争取广阔发展空间

冷战结束后，美国成为唯一超级大国，确立了事实上的全球霸权地位。在清晰分析、判断形势和实力的基础上，法国希望作为欧盟"领导者""发动机"的角色确立自己在世界新格局中的地位。② 同时，更希望借助于欧盟实力的强大去推动世界多极化的发展，以此制衡唯一超级大国"独霸"的单极世界局面，创造对己有利的新均势格局。为此，法国加紧推动欧洲经济、政治、防务一体化建设的步伐，从《马斯特里赫特条约》到《阿姆斯特丹条约》，再到《里斯本条约》，法国推动欧洲联合不断加深。欧元的使用、欧盟宪法的制定、欧盟快速反应部队建立，标志着欧洲一体化已经到了一个新的阶段。法国尤其积极推动欧元投入使用，从而在货币金融领域遏制美国的全球经济霸权。在文化领域，法国也积极促进欧洲社会文化和"人权"等价值观的推广，以抵制美国文化的影响，试图以另一种西方自由主义价值观念替换美国人所标榜的人权捍卫者的角色。2008年，萨科齐提出"相对大国论"，试图延续希拉克政府世界多极化政

---

① *Livre blanc sur la défense et sécurité nationale*，2008.
② Laurent Lombart：*La Politique Extérieure Du Président Jacques Chirac Dans Un Monde Américano-Centré*，法国国际关系年鉴。法外交部网站。Georges Ayache：*Puissance Et Influence Dans Le Cadre Des Relations Internationales Post-Guerre Froide*，*Le Cas De La France*，法国国际关系年鉴。法外交部网站。Patrice Buffotot：*L'inflexion de la doctrine française de dissuasion à l'aube du XXIe siècle*，法国国际关系年鉴。法外交部网站。

策，依托欧盟力量保持法国的"相对大国地位"。可以说，法兰西固有的战略思想观念和传统决定了冷战后法国政府的战略选择和偏好，决定了冷战后法国政府将积极致力欧盟建设，将借欧盟地位发挥法国影响力作为其重大战略目标。

随着冷战的结束，法国的做法越来越多地得到了其欧洲盟国的认同。尽管欧洲国家在面对冷战后局部地区冲突时表现出对美国的依赖性，尽管美国也在利用这种依赖性来使其盟友分担军费开支，但是应当看到，欧洲国家正在试图摆脱这种依赖，尝试独立维护自身的利益。2003 年伊拉克战争中法国和德国立场高度接近，正是欧洲独立性加强的体现。尽管欧盟许多国家也是北约的成员国，尽管它们也参与了被北约视为欧洲支柱的安全与防务计划，然而它们更希望有一支属于自己的防务力量，为欧洲独立防务奠定基础。由此可以看出，新世纪欧洲一体化的前景与戴高乐关于欧洲联合的构想在大方向上依然一致。

霍夫曼认为密特朗在其任期内作出的数个重大外交决策都与欧洲一体化紧密相关。"密特朗和法国政府官员认为，欧洲维系着法国的未来。……密特朗在德国统一前夕虽然曾举棋不定，但最后还是决定保持政策的连贯性，继续甚至加快推行把德国置于一个友好的欧洲框架之内的政策。1991 年，欧洲各国签署《马斯特里赫特条约》并通过了建立单一欧洲货币的计划。"①

王燕阁分析了希拉克时代的外交政策并指出，希拉克政府的欧洲战略是：坚持法德联盟的同时，强调要同英、意等国建立侧重点不同的"多重联盟"；不仅坚持南下，而且要东进，发展与东欧的战略关系；改变对北约的态度，采取参加进去、促其改革的策略。同时，希拉克政府的全球战略目标是反对单极世界，实现世界的多极化。其行动方针是：借重各种国际力量，使法国在反对美国霸权主义、建立以多极化为特征的世界新秩序的斗争中"发挥特殊作用"。②

---

① 斯坦利·霍夫曼：《法国：一个世纪，两大忧患》，见罗伯特·A. 帕斯特编《世纪之旅——七大国百年外交风云》，胡利平、杨韵琴译，上海人民出版社，2001，第 89~90 页。

② 王燕阁：《希拉克的外交战略》，《现代国际关系》1997 年第 5 期，第 9 页。

冷战后，法国政府的另一重要战略举措是全面重返北约军事一体化，其本质目的是借北约扩大其军事政治影响，推动大西洋两岸防务新格局和世界新均势，是法国重视均势政策的又一体现。

戴高乐当年高调退出北约军事一体化的实质原因，一是美国、英国拒绝承认法国的"北大西洋联盟领导者"地位，二是法国担心在北约内处于从属于美国的地位而丧失其独立性。从萨科齐政府重返北约军事一体化前夕的形势看，冷战后，在法国等的坚持努力下，北约的战略和决策程序发生了法国所希望看到的变化，这些变化意味着法国重返北约后，不仅其外交和军事独立性能够得到确保，而且法国还能对美国的政策施以更多的影响。同时，北约在冷战后多次调整其战略预期，其性质和作用发生了巨大改变，而法国作为北约理事会成员在其中发挥了重要作用。更重要的是，美国和其他欧洲盟国曾明确承诺，法国重返北约后将得到若干重要职位。重返北约，法国的大国地位和作用将得到进一步凸现，法国独立自主的传统也不会受到影响。① 法国罗贝尔－舒曼基金会主席让－多米尼克·朱利亚尼认为，"法国若想加强自身独立就应加入北约军事一体化"，"面对北约，法国 2009 年的目标与 1966 年相同，却得出截然相反的结论。如果我们想要加强自身的独立，如果我们想要宣扬我们的世界观，那么现在加入北约军事一体化机构就更为合乎逻辑"。②

事实上，采取各种有效手段维护法国利益、不惜政策"朝令夕改、变化多端"，正是从黎塞留到拿破仑等的一贯风格，是法国独特的传统之一。为达成战略目标，戴高乐本人也并不惮于政策的变化。其实，从戴高乐、蓬皮杜、德斯坦直到密特朗，法国与北约的政治联系一直没有断绝，法国始终是北大西洋理事会成员。冷战后，历届政府不断调整与北约的军

---

① 在这一点上，法国国际关系学者有过很多纷争，但大多数持此意见。参见 le Figaro, le point, l'express 等报纸于近年来发表的评论文章。如：Otan：le véritable enjeu, L'éditorial de Pierre Rousselin；http：//www.lefigaro.fr/debats/2009/03/11/01005 - 20090311ARTFIG00071 - otan - le - veritable - enjeu - .php；France/Otan：les arguments pour et contre；Julie Connan http：//www.lefigaro.fr/international/2009/03/11/01003 - 20090311ARTFIG00495 - franceotan - les - arguments - pour - et - contre - .php. 国内学者的观点，参见易小明《法国再提重返北约军事一体化问题辨析》，载《现代国际关系》2008 年第 7 期，第 42 页。

② 《离开和重返北约，不同的选择，同样的理由》，载法国 le figaro, 1/3/2009。

事关系，从密特朗开始，法国政府便启动了在"适当时刻"重返北约一体化的进程。①

2009 年 2 月 7 日，在德国慕尼黑召开的素有"防务领域的达沃斯论坛"之称的第 45 届安全会议上，萨科齐重申了法国重返北约军事一体化机构的意愿。如同 2 月 5 日在电视讲话中所表达的，萨科齐再次说明了自己对法美关系的立场："作美国的朋友，可以；作美国的附庸，不可以。"② 3 月中旬，法国舆论研究所公布最新民调结果，半数以上法国人支持重返北约军事一体化机构。58% 受访者表态支持，反对者只占 37%，与 2008 年的民调结果相比支持率大幅上涨。3 月 11 日，在巴黎法兰西军事学院举行的"21 世纪的法国、欧洲防务和北约"专题研讨会上，萨科齐正式宣布法国将重返北约军事一体化机构。他宣称，法国回归北约军事指挥机构符合法国国家利益，也有利于加强法国以及欧洲在北约内部的影响力，法国将结束 40 多年来"孤立"于北约核心军事决策体系外的历史。萨科齐还在不同场合高调宣布了法国重返北约军事一体化的三个条件：一是美国应该消除对独立欧洲防务政策框架的怀疑；二是欧洲防务一体化进程必须取得进展；三是法国必须在北约军事系统中担当"举足轻重"的领导地位。③ 对于法国提出的条件，美国已做出明确表示，同意将北约的两个司令部之一战略转型司令部交给法国将军领导。2010 年，法国将军赴美就任北约战略转型司令部司令。

萨科齐还提出了重返北约的四个原则：一是法国政府坚持戴高乐总统的独立核威慑原则，法国的核力量不接受其他国家的指令；二是法国虽然加入北约军事一体化机构，但是对其军队调动和是否参与某项军事使命依然拥有自主的决定权；三是法国回归北约的先决条件是美国认可独立的欧洲防务建设；四是法国改善同美国的关系并不意味着法国完全听命于美

---

① Quand Mitterrand, déjà, négociait le retour de la France dans l'Otan, 'le Figaro', 2009/3/11, http：//www. lefigaro. fr/international/2009/03/11/01003 – 20090311ARTFIG00073 – quand – mitterrand – deja – negociait – le – retour – dans – l – otan. .

② http：//www. elysee. fr.

③ Le Figaro, 12 mars, 2009；le site official de la president. http：//www. elysee. fr；http：// www. diplomatie. gouv. fr/fr/actions – france_ 830/defense – securite_ 9035/defense_ 2627/ france – otan_ 6050. html.

国，而是一个"独立的盟友"。①

从上述四原则可以看出，发轫于密特朗和希拉克时代、执行于萨科齐时代的法国重返北约军事一体化这一重大政策调整，依然是为了维护法国的国家安全和战略利益，其实质并没有背离戴高乐主义的精髓。或许，这正是戴高乐主义在新形势下的新发展，就像戴高乐总统之后的法国历任总统都会因应形势变化而不断做出的政策调整一样。"萨科齐不畏惧法国曾退出北约以及希拉克时期法美谈判失败的历史，再次推动法国重返北约，正是戴高乐主义孜孜不倦地追求法国国家利益的精神的最好体现，所以，从本质上说，萨科齐依然还是戴高乐主义者。"②

总之，从黎塞留时代开始形成、到戴高乐时期逐渐成形的一整套战略观念，作为影响法国对外政策的核心干预变量，稳定地在冷战后法国对外战略中发挥着作用。无论是蓬皮杜、德斯坦或是密特朗的关于大国权力的表述，还是希拉克的关于"释放法国政治影响力以取代强权"、倡导多极化的说法，都遵循着戴高乐的基调："法国如果不伟大，就不成其为法国。"的确，这样的"大国"战略定位为法国在冷战后保持独立自主、捍卫国家利益、在国际舞台上发挥独特的大国影响力提供了指南，同时对于其多极世界国际新秩序建构的倡议提供了参考。

---

① http: //www. diplomatie. gouv. fr/fr/actions－france_830/defense－securite_9035/index. html.
② 易小明：《法国再提重返北约军事一体化问题辨析》，载《现代国际关系》2008 年第 7 期，第 42 页。

第三章

法兰西战略文化与冷战后法国外交政策

冷战后法国的对外政策根据形势的变化迅速作出了一系列调整，以期继续在世界舞台上发挥大国作用。欧洲政策是法国对外政策的核心，强化法德同盟、推动欧洲一体化进程并借此保持和加强法国在世界上的大国地位，是冷战后法国政府对外战略的首要优先议题。法美关系一直是法国最重要的对外关系之一，冷战结束后美国成为全球唯一超级大国，如何在保持独立自主的基础上调整对美外交、处理与北约的关系，是冷战后历届法国政府对外政策的关键内容。法国一向以来视非洲为自己的势力范围，冷战后法国更加重视通过经济与文化手段巩固和强化其在非洲的地位和影响，并进而加强自己在全球事务上的发言权。本章从战略文化视角分析冷战后法国对外政策的上述三个主要方面，即法国欧洲一体化政策、法国对美战略以及法国的非洲战略，从而深入探寻法兰西战略文化对法国对外政策的作用。

第一节　冷战后的国际战略格局与欧洲形势

冷战结束从根本上改变了法国和欧洲的安全环境。美国霸权得到巩固和强化，法国的相对实力和地位进一步下降。但法国并没有选择"搭便车"（Bandwagoning）政策，或成为"内向型"的"后现代国家"，在以大国地位为指归的法兰西战略文化影响下，法国依然高度关注传统安全领域的诸项重大问题，同时热心于非传统安全领域新的国际议程。

首先，从全球战略格局层面来说，雅尔塔之后确立的两极世界格局崩溃，美国"一超"独大局面形成。欧洲原有的东西战略对峙局面结束，苏联、南斯拉夫先后解体，在欧洲东部、欧亚大陆腹地新出现了众多的小国。宗教极端思想和民族独立思想在世界范围内迅速填补苏联势力退出形成的真空。冷战期间"夹缝中求生存"环境的改善使法国开始重新定位自己在新的国际战略格局中的地位。一方面，华约解散、俄罗斯实力陡降，冷战期间主要来自东方苏联集团的军事威胁似乎一夜间消失，"法兰西共和国不再面临来自其领土附近的军事威胁，这在我们共和国历史上还是第一次"。① 作为西方阵营的重要一员，法国当然也为"赢得冷战"感到高兴。另一方面，国际格局新态势让法国面临着前所未有的新挑战。冷战期间，法国拒绝完全听命于美国，周旋于两个超级大国之间，为自己在国际上赢得了尊重与喝彩，同时也得以"持二等船票坐头等舱"，在世界上保持了大国地位。② 苏联解体使得法国在战略上失去了抗衡美国、遏制德国的重要力量；德国统一则使得法国需要再次面对这个人口总数和面积都比自己大的宿敌。冷战后法国面临着颇为不利的欧洲和全球均势格局。

其次，民族、宗教问题引发的巴尔干半岛等区域性冲突的爆发，使欧洲国家并没有泰然享受冷战后的平静。频繁爆发的地区冲突导致的大规模难民流动、环境的恶化以及前南地区"种族屠杀"所引发的人道主义危机，给法国和其他西欧国家带来了前所未有的忧虑。苏联解体后，与其毗连的东欧地区并未呈现出稳定的态势，被冷战掩盖的民族、宗教矛盾不断显现出来。例如1991年南斯拉夫各共和国掀起的"独立"狂潮以及由此衍生的大规模伤亡惨重的武装冲突，给欧洲增加了新的不稳定因素。虽然这些并未触及法国的根本利益，但是对法国的战略利益已经构成了巨大威胁。③

再次，冷战后，德国统一、美德迅速接近，更进一步强化了法国的"不安全感"。"由于法国所处的'恶劣与尴尬'的地理位置，几世纪以来法国力图成为世界大国的最重要阻碍之一就是来自德国的威胁。"④ 作为历史上的宿敌，德国国家实力的迅速膨胀与民族主义情绪的兴起无可避免

---

① 法国总统密特朗1992年国庆期间的讲话，le Figaro, 18 Juillet, 1992。
② Robert Frank, La France et son rapport au monde au XXe siecle, *Politique Etrangère* 3 - 4/2000.
③ *Livre blanc sur la défense et sécurité nationale*, 1994.
④ Robert Frank, La France et son rapport au monde au XXe siecle, *Politique Etrangère* 3 - 4/2000.

地使法国心理上再次陷入某种历史性的恐惧之中。德国统一前夜，法国领导人发出警告，（德国）应该考虑彼此之间的协议，考虑到未来欧洲的安全及力量的平衡。起初，法国一直暗地里借助各种国际力量阻止德国统一的实现，在认识到这一进程无法阻止之后，法国的"恐德症"则通过其他种种方式，比如在欧洲一体化过程中限制德国权力等方式表现出来。基辛格曾经指出"德国的过于强大，使冷战后的欧洲体系已经不可能依靠自身的力量在德国与其他欧洲伙伴之间保持平衡"。撒切尔夫人在其回忆录中也曾经透露，当德国重新统一势在必然时，她曾与密特朗私下秘密会晤，分析德国统一给欧洲带来的影响，认为"英法两国建立特殊关系的危机时刻再次到来了，两国应该举行外交和军事联合磋商，以对付德国可能带来的威胁"。同时，美国为了谋求巩固和维持其全球战略霸权，维护在欧洲的主导地位，故意抬高德国在美国对欧洲外交中的地位。1994年克林顿总统曾经明确表示德国是美国的"决定性盟友"。之后，德国在联合国争取常任理事国席位等一系列"全球化新思路"外交政策的转变，使得法国更加担心其彻底丧失对德政治和战略优势。

最后，冷战后，由于非洲大陆巨大的能源和矿产资源储藏，以及蕴含着无限潜力的开发前景，非洲的战略重要性越来越受到美国的关注和重视。历史上的法国曾经将维护庞大的非洲殖民体系作为重要的国家目标。戴高乐曾经说过："与走向文明化的海外领地联结在一起，法国是一个强国；没有这些领地，法国就可能不再是一个强国。"[①] 冷战结束后，法国仍然与这些非洲国家保持着密切的联系，通过从外交、军事、经济、政治、文化等方面进行合作与建立"特权"来获取巨大的利益。其手段包括：在国际上以"非洲代言人"的形象出现；进行军事合作或者提供军事支持；在对外贸易与金融政策方面与这些国家进行协调；在教育、文化领域对这些国家进行渗透与控制；或者在政治手段无效的情况下，对地理位置重要或者资源丰富的国家直接进行军事干预。目前非洲的独立国家当中，法国与其中至少30个国家保持着密切的联系，非殖民化浪潮并没有完全消除非洲作为法国的势力范围与法国之间的联络。通过文化软实力、

---

① 陈晓红：《戴高乐与非洲的殖民化研究》，中国社会科学出版社，2003，第37页。

经济贸易等多种控制手段,法国依然能够按照自己的想法来左右这些国家的外交政策目标。冷战结束后,资本扩张的本性使美国将其战略关注点越来越多地投向资源丰富、原始形态浓厚的非洲大陆,这不可避免地与法国原先在这里建立起来的势力范围发生冲突。

上述国际战略格局和周边形势的改变使冷战结束后的法国必须重新调整自己的对外政策。从密特朗执政后期到希拉克、萨科齐主政时代,从维护法国大国地位、推动世界多极化出发,法国对外政策的调整主要表现在对欧洲一体化的高度倚重、对美国和北约政策的灵活务实和对法语非洲地区的进一步投入等各个方面。

第二节 均势理念与冷战后法国欧洲一体化战略

法国是欧盟的创始会员国,自认也被公认为欧盟"发动机和领跑者",欧洲一体化政策是法国冷战后对外战略的核心和首要内容。法国对欧盟政策的发展变化,深深受到法兰西战略文化的影响,欧盟也同时影响着法兰西战略文化的演进与发展。冷战后,实现《马斯特里赫特条约》和《阿姆斯特丹条约》所规定的目标,将欧盟建设成为由法国主导并能够抗衡美国的世界一极,由此实现世界多极化,建立对法有利的全球新均势,维护法国的大国地位,是法国的长远战略目标。

一 欧洲联盟(欧共体)建设:缘起与历程

冷战后,苏联解体、以美国为主导的北约东扩打破了欧洲国家一贯的均势安全模式。欧洲不再是昔日一分为二的东西对峙的欧洲,而是在全球战略新格局中力求与美国、俄罗斯、中国等平等地成为世界一极的欧洲。对于作为欧盟"领跑者"、渴望成为世界性大国的法国来说,从可预见的国际格局发展趋势看,争取在现有国际机制内部摆脱机制不平等、防止全球治理机制单方面朝向以美国为主导的发展、避免出现美国长期霸权,是实现均势安全保障的最优选择,这个最优选择也只能是加强欧盟。

法国作为莫内所称的"历史性大国",在欧盟的发起和建设中发挥着"核心和发动机"的作用。面临美洲和大西洋,背靠整个欧亚大陆,天然地缘优势使法国一直自认为肩负着"核心欧洲"的重要历史使命。然而，几世纪以来法国为寻求海陆双重利益或全球霸权而进行的长期征战与殖民扩张并没有帮助实现其霸权野心，反而消耗了国家的实力与威信。法兰西战略文化中对"法国神圣伟大"的信念和理想，法国人发自内心的那种"对人类的责任感"，都在敦促着法国政治家们、思想家们另辟蹊径，追求法兰西的光荣与梦想。权衡利弊之后的法国在二战后开始侧重于依托欧洲联合的力量而非单独行动来实现"法兰西神圣"。

欧洲一体化的形成、发展一直深受法兰西传统文化的影响。早在1849年，法国大文豪雨果就大胆而明确地提出了建立"欧洲合众国"的设想。1900年6月，法国政治科学自由学派在巴黎举行会议，会议的第一项议程就是欧洲联合问题。① 法国等西欧大国希望建立一个可以将欧洲各国纳入其发展轨道的联盟，这一想法最早能够追溯到启蒙时代，② 然而，更具体的缘起还是在1899年和1907年的两次海牙会议，并于1932年作为法国外长阿里斯蒂德－白里安（Aristide Brian）的创意由法国政府提交国联。自此，20世纪上半叶泛欧主义思潮的弥漫伴随着世界大战和经济危机带给人们的反思，逐步带动了欧洲联合思想的产生。早期学者和政治家们的想法是：欧洲联合的终极目标即便不是理想中的乌托邦，也应该成为保障欧洲和平与繁荣的某种机制。二战后，出于将法国与欧洲的安全捆绑起来的想法，欧洲联合的早期理念被投入实践。1951年成立的欧洲煤钢联营共同体便是这一实践的最初产物。二战结束后不久，冷战的序幕随即拉开，由于德国在东西方对抗中的特殊地位，美、法、英三国于1949年与西德方面签订了《彼得斯伯格协议》，停止了对西德工业设备的拆迁补偿，放松对西德工业生产方面的限制，并逐步将其吸纳加入到西方阵营的伙伴国战略中。美国从其自身的对苏冷战战略出发选择了重新武装德国，这就迫使法国政府作出选择：若是继续在惩罚德国问题上保持强

---

① 秦亚青主编《观念、制度与政策——欧盟软权力研究》，世界知识出版社，2008。
② 事实上，作为一种久远的思潮，欧洲联合的思想甚至能上溯到更早。作为一个整体概念，欧洲或称"欧洲观念"出现于中世纪以后。在欧洲的文献中，"欧罗巴"一词的广义使用是在13世纪。"欧洲观念"最早形成于人们对欧洲大陆的认同意识，即对"欧罗巴"人的认同。"欧洲"概念来源于神话，神话中的"欧罗巴"少女，便成为生活在这片大陆上的人们对于传统根源的共同认识。欧洲历史文化传统可以见证"欧洲观念"的形成。

硬，势必会与美国的战略发生冲突，这不符合法国的国家利益；另一方面，若是任凭美国扶植西德，德国的复兴又会使法国人感到不安，与其如此，法国干脆放下包袱，主动参与掌控德国复兴的过程。于是，1950 年让－莫内向当时的法国外长、人民党人罗贝尔－舒曼提交了一个文件，文件中突破性地提议将法德两国的煤钢生产置于一个超国家机构的管理之下，并对西欧其他国家开放。莫内的计划对法国而言无疑是一个值得考虑的措施，因为德国在军事上凡有所动作势必反映在煤钢的产量中，这样"两国中任何一国都能察觉到重整军备的初步迹象，这将对法国起到极大的安定人心的效果"。1950 年 5 月 9 日，时任法国外长的舒曼代表法国政府正式声明，建议把法德的煤钢工业置于一个更高权力机构的管理之下，并对其他西欧国家开放。于是，《欧洲煤钢联营条约》于 1951 年 4 月 18 日由法国、西德、意大利、比利时、荷兰、卢森堡六国外长在巴黎签订。1952 年 7 月，《煤钢共同体条约》的生效标志着欧洲联合的序幕已经正式拉开，它承认了联邦德国作为平等合作者参与欧洲联合，为两国和解以及西欧建设奠定了基础；"舒曼计划"的纲领则成为法国设计与领跑欧洲一体化的开端，这一进程的主导性精神引领了之后半个世纪的欧洲一体化进程。

随着西欧经济联合的逐步深入，从煤钢联营、原子能联营逐渐发展而来的欧共体实力越来越强，并成长为世界第二大经济实体，西欧作为西方世界与美、日鼎足而立的三大经济中心之一的地位进一步确立和巩固起来。法国的基本构想是：在经济一体化实施到一定阶段时，筹划"欧洲政治联盟"，使其发展成为一支重要的国际政治力量。此后，再在西欧联盟①的基

---

① 西欧联盟（Western European Union，WEU），1955 年 5 月 6 日成立，前身为布鲁塞尔条约组织。1948 年 3 月 17 日，法国、英国、荷兰、比利时和卢森堡五国签署《布鲁塞尔条约》，宣布成立布鲁塞尔条约组织。1954 年 10 月 23 日，布鲁塞尔条约组织五国同联邦德国和意大利在巴黎签署《巴黎协定》，对《布鲁塞尔条约》进行了修改，决定将布鲁塞尔条约组织改为西欧联盟。1955 年 5 月 6 日《巴黎协定》生效，西欧联盟正式成立。联盟总部最初设在伦敦，1993 年 1 月迁至布鲁塞尔。联盟的宗旨是促进欧洲的团结和推动欧洲统一的进程。西欧联盟在防务与东西方关系上与北约基本一致，但更强调欧洲安全和防务。1991 年 12 月欧共体首脑会议同意西欧联盟作为欧共体和北约组织之间的联络机构。同月，西欧联盟发表声明指出，西欧联盟将作为欧洲联盟防务的组成部分和加强北约欧洲支柱的手段进一步发展。据新华网 2006 年版资料。

础上逐步推动军事一体化进程。法国人所设计的西欧联合犹如三级跳远：第一步是经济一体化，第二步是政治一体化，第三步是军事一体化。1985 年 4 月，为了应对美国的星球大战计划，法国政府提出欧洲高技术研究合作计划，即"尤里卡计划"，主张尽快建立一个"技术欧洲"，以便欧洲各国掌握各种尖端技术。法国还积极推动欧洲航天研究，提出"有必要将欧洲的独立自主和竞争能力扩展到空间活动的所有领域"。①

二　冷战后欧洲形势的发展及其对法国的影响

后冷战时代的德国作为一个民族国家开始打破冷战时期所形成的政治禁忌，在自己的外交决策和外交思维中从德国国家利益视角来思考和讨论问题。德国相对实力不断提升，角色意识随着实力的增加不断增强。冷战时期，德国致力于强化德美联盟主要是应对来自苏联的强大军事压力，同时完成二战后的经济重建、恢复主权完整等现实利益方面的刚性需求。冷战的结束使德国对外战略不得不采取适应性调整。平衡外交和多极化外交是德国的首选，与欧洲国家和美国同时保持良好的关系是德国的外交方向。历史教训让德国不愿再与"法国宿敌"结怨，而两国领导人的共识更是推动德法关系前进的动力。但是德国在后冷战时代不再一味地为了推动欧洲一体化而迁就迎合法国的利益，而是在对法及欧洲政策方面开始更多地强调自己的国家利益。1994 年 9 月 1 日，执政的基督教民主党发表了一份关于"核心欧洲"的德舒伯尔－拉尔莫文件，被称为"统一后的德国手册"，公开大胆地宣示自己的欧洲一体化政策主张，德国对共同体预算的贡献也不再被仅仅视为为欧洲一体化的神圣事业而做出"牺牲"。已经完成统一和拥有完整主权的德国人声称要"创立一个符合德国人利益的欧洲"，"不能也不会用自己的支票来解决欧洲的问题"。德国的统一意味着法国在欧洲的领导权面临着强烈的竞争。

---

① 参见金重远著《20 世纪的法兰西》，复旦大学出版社，2004；张锡昌、周剑卿著《战后法国外交史：1944～1992》，世界知识出版社，1993；原颖：《法国国家安全战略钩沉》，《中国军事科学》2007 年第 3 期，第 62 页。

欧洲的发展与分裂达到了一个新的高度。中东欧国家在失去了苏联依靠之后，急迫需要找到新的政治、经济、安全和价值支柱。德国出于地缘政治考虑，极力主张欧盟先东扩、再继续深化发展。但是密特朗政府却认为这样会进一步使欧盟内部实力向德国倾斜，背离"法国的欧盟"目标，主张先深化欧盟机制发展再东扩，从而错失了冷战刚结束时向东发展、扩张实力的机会。第一次海湾战争让法国的政治家们清楚地认识到，涉及石油资源等重大战略利益的冲突发生在欧洲以外而且属于常规冲突的可能性比较大，而法国在这两种情况下作出反应的能力都仍然很弱。同时，一体化不断发展，欧洲联合过程中"超国家"的特性越发显示出来。经济领域的单一市场、货币金融、预算和共同农业政策等，政治防务领域的共同外交与安全、司法内政方面的合作都越来越多地发展到需要欧洲国家让渡许多主权国家管理国家事务、行使国家的权力。① 因此，一直反对主权让渡的法国政府在制定外交政策方面面对两难选择：是坚持在主权国家基础上开展合作，还是改变路线推动欧洲联合。"9·11"事件爆发后，国际安全重心发生转移，大规模传统战争的可能性降低，国家间相互依存程度进一步加强，作为法国实力基础的独立核力量逐渐贬值，法国在全球范围内的影响力也再次下降。欧洲因为对美国发动伊拉克战争所持态度不一，内部分裂成为新欧洲和老欧洲两派，戴高乐主义能否继续作为欧盟统一对外政策的基础面临严峻挑战。

法国国内连年经济疲软，社会政治问题丛生。从70年代末开始的经济衰退日趋严重，高失业率、高预算赤字，导致1995年底法国发生了社会危机。调整左翼意识形态和为国内经济需求而衍生出的法国式的"人权外交"、纠正法国对亚非政策的失误刻不容缓，为法国经济振兴寻求新的市场和机遇更是迫在眉睫。90年代以后，法国经济发展缓慢，失业人口不断增加。经济的不景气为极右翼势力的崛起提供了广阔的市场，在1992年法国地区选举中，极右翼政党国民阵线获得了13.9%的选票。同时，民族分裂势力也构成对法国国家安全的重大挑战，尤其是打着民族解

---

① 冯绍雷等：《剧变中的欧洲》，上海交通大学出版社，1993。

放旗帜的科西嘉民族分裂组织的活动。进入 90 年代，科西嘉民族解放阵线的恐怖活动愈演愈烈。1996 年科西嘉岛平均每天发生两起爆炸案，其中仅在 1996 年 1 月 8 日一夜之间，就发生了 26 起爆炸案。综合国内经济、政治、安全利益的需要，法国需要寻找一种合适的方法来缓解国内危机。而欧盟的一体化模式以及在国际合作中表现出的价值观具有巨大吸引力。欧盟的民事、军事制度及其制定的国际标准，是欧盟实力的来源。欧盟通过在共同价值观与和平基础上建立有共同身份认同的政治实体来应对全球化挑战，已经并将继续在国际新机制建设中发挥重要作用。如此看来，在欧盟体制内部实现自己的战略目标成为法国的最优化选择。

朱锋教授认为，"西欧安全共同体模式来自于二战后欧洲的历史进程，来源于欧洲发达的区域一体化牵引和以欧盟为代表的高度制度化的合作模型。在这个过程中，大西洋两岸的军事同盟、欧洲各个个体国家基础上的民族主义情绪与区域内国家关系中的去民族主义情绪都为欧洲建立这样的制度化的安全合作奠定了重要基础。欧洲各国处理得较为彻底的历史问题更是让欧洲国家已经不再背负沉重的历史包袱"。[1] 法国在欧盟一体化的制度设计和领跑、与邻国关系的去民族主义情绪和果断甩掉历史包袱等方面发挥了重要的作用，为欧洲各国创立了榜样，也从而正确地选择了走向大国目标的起飞路径。

三 冷战后密特朗、希拉克、萨科齐政府的欧洲政策：传承与调整

冷战后历届法国政府的欧洲战略与戴高乐主义一脉相承，是戴高乐主义的时代性发展。戴高乐主义依托的是欧洲联合的力量，希望法国能够在欧盟起到主导作用，从而建立一个"法国的欧洲"。戴高乐的宏图不是把法国从大西洋联盟中拉出来，而是要在大西洋联盟中争取与美国平起平坐的大国地位。戴高乐与德国打交道的过程中非常注重拉拢德

---

① 朱锋：《变革中的东亚安全：理论视野的拓展》，《国际关系理论与东亚安全》，中国人民大学出版社，2007，第 156 页。

国，从而实现他的欧洲设想，也就是建立一个"大欧洲"或者泛欧联盟。在东西方冷战和德国分裂的时代背景下，戴高乐的均势战略有两重目标：第一，在全球范围内，期望以法国为主导的西欧国家经济政治联盟——欧共体在美苏之间充当"制衡者"的角色，同时发展与中国等第三世界的关系，目标是以均势制衡美苏两极霸权；第二，在欧洲范围内，用欧洲经济一体化拴住德国，同时发展与西北欧、南欧、东欧各国的双边联盟，目标是以均势制衡德国，突出法国的核心地位。冷战后，戴高乐的这种思想对法国极力推动的国际格局多极化依然有着巨大的影响。从全球范围看，苏联解体后，如果欧共体（欧盟）能迅速填补苏联撤退后的东欧战略真空，实现戴高乐所提倡的"从大西洋到乌拉尔"的大欧洲，就能够平衡美国在世界上的"单极霸权"及其为所欲为的影响力。从欧洲角度看，法国必须着力于继续"捆绑"法德联盟，进军东欧，同时加强与英国、意大利等的关系，建立起新的对法国有利的欧洲均势格局。无论是密特朗、希拉克，还是萨科齐，欧洲一体化及欧盟建设是法国外交的首要目标和优先战略日程，他们都希望通过欧盟的成功来实现法国的大国之梦。

密特朗在国内政治主张上是多年来坚定的反戴高乐派。但在对外战略上，以法兰西民族利益为思想基础的戴高乐主义对密特朗政府的影响则是巨大的。冷战结束前夜，密特朗从民族利益出发试图阻挠德国重新统一。在德国统一已经提上议事日程之时，法国总统密特朗还前往东柏林访问，试图稳住东德，后又去莫斯科会见戈尔巴乔夫，企图阻止德国统一的步伐。在德国统一实现之日，密特朗竟拒绝同科尔一起在柏林走过象征分裂的勃兰登堡门，使科尔十分伤感。当然，为了维护自己在欧洲的领导地位，法国对德国扩大地缘政治影响的担心不足为奇。冷战结束后，密特朗以"正义、平等和人权"口号延续着戴高乐主义的欧洲政策，倚重"法德轴心"来推动欧洲联合，试图以加快欧盟建设步伐将德国拉在欧洲联盟中，防止统一后的德国向东扩展势力，谋求霸权。不过密特朗对法德轴心的期待值过高，其具有排他性的法德联盟政策起到了适得其反的效果。德国统一后凭借其强大的经济实力成了法国强有力的竞争者，法国在法德联盟和欧盟中的地位一度下降，法德关系也跌入低谷。

希拉克作为戴高乐的热诚崇拜者，积极对密特朗时代法国的欧洲政策作出了重大调整。一方面是进一步加强法德合作。希拉克与施罗德良好的私人关系以及在国际问题上前所未有的一致立场，标志着欧盟的"法德发动机"进入良好运行状态，改变了为欧盟机构改革和农业政策改革等问题曾数度不欢而散的局面。2000年6月25～27日，希拉克访德，这是自1987年以来法国总统首次对德国进行国事访问。法国舆论认为，希拉克成功访德标志着法德关系得到了恢复，"法德轴心"重新启动，两国都认识到"法德轴心"的重要性。在两德统一、两国领导人的更迭以及欧元问世后带来的一系列问题一度冷却了法德关系的背景下，法德首脑的亲密关系给法德合作提供了动力。欧盟体制改革、防务建设、金融货币改革等重要问题的进展，都离不开法德的齐心协力，化解相互之间的分歧，最大程度上求同存异，推动欧盟的建设，加强欧洲在世界事务上的影响力。另一方面，希拉克也加强了与其他欧洲国家的关系。希拉克政府努力以法国综合的军事和经济优势在法德英"小三角"之间寻求一种新的平衡，一方面在经济上拉住德国共同推进欧洲联合事业，另一方面在防务上寻求联合英国的军事力量，尤其是核力量，争取在欧洲防务方面有所作为。希拉克当政期间，法国同意大利和西班牙组织南欧联盟的活动明显加强，同时积极开展"地中海外交""低地国家外交"，巩固法国与西班牙、意大利、希腊、葡萄牙等南欧国家以及比利时、卢森堡、荷兰等国的传统友好关系。1995年11月27～28日，欧盟15国和地中海12国在巴塞罗那成功举行了外长会议，通过了《巴塞罗那宣言》，决定加强"政治和安全""经济和金融""社会、文化及人道"等三大领域的全面合作。法国开展上述外交活动的目的很清楚，就是通过这种"多重联盟"，在欧盟内部建立起新的力量均势，使法国在欧盟中处于中心地位，以恢复它对德国的政治优势。

2002年希拉克在赢得总统连任之后提出了其第二任期的对欧政策指导方针："推进欧洲建设，支持欧盟扩大是法国外交政策的第一重点。欧盟的未来是法国欧洲外交的第二重点，法国将坚定不移地参与制定欧盟公约，并建议指定一个任期比现在长的欧盟主席。重建并深化法德关系是法国欧洲外交政策的第三重点。"① 在十四年的任期内，希拉克积极倡导欧洲经济政策协调，争取欧洲单一货币——欧元如期实现；主张欧洲军队在维护世界和平中担当更大使命，推动建立欧洲快速反应部队，在维和行动中充当重要角色。

在希拉克任总统的 20 世纪 90 年代后半期，国际力量格局经历着从雅尔塔体系到美国"一超"独大的重大战略转折。伴随着国际局势和欧洲局势的变化，欧洲一体化也面临着从经济合作进一步发展到政治和军事合作的重要转折过程。在这样一个关键时刻，希拉克领导的法国再次表现出极大的热情，扮演了重要的角色，成为欧盟政治、经济和防务合作的最积极推动力量，在欧洲一体化尤其是政治一体化进程中起到了主导作用（见图 3 - 1）。在欧盟政治一体化领域，法国在 1997 年的欧洲货币联盟与

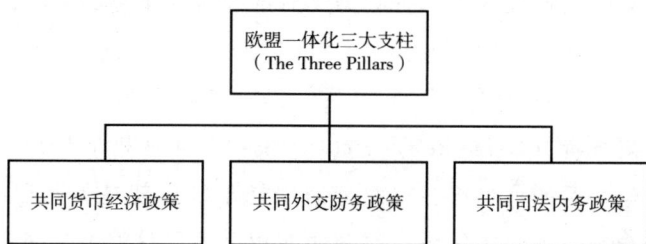

```
        ┌─────────────────────┐
        │   欧盟一体化三大支柱    │
        │  （The Three Pillars）│
        └─────────────────────┘
     ┌──────────────┼──────────────┐
┌──────────┐  ┌──────────────┐  ┌──────────────┐
│共同货币经济政策│  │ 共同外交防务政策 │  │ 共同司法内务政策 │
└──────────┘  └──────────────┘  └──────────────┘
```

图 3 - 1　欧盟一体化政策三大支柱

欧洲政治合作政府间会议（Intergovernmental Conferences on European Monetary Union and European Political Cooperation，IGC）上，明确提出了欧盟政治体制改革的两点设想。一是欧盟在组织方式上应该在两个范围内进行发展。外层范围主要包括那些同意欧洲基本共同政策的新成员，内层范围则限于那些具有更多共同性的核心国家。具体的实施方式，就是把欧盟未来的发展建立在两个被界定为不同类型的一体化和义务的范围的基础之上。也就是在一个由 25 到 26 个成员国组成的欧盟中，建立一个包括法国和德国在内的由 5 到 7 个国家建立的核心圈子，由它们来领导建设一个"强大的欧洲"。二是改革欧盟政治体制中的权力关系。法国认为，欧洲

① 徐振强：《支持欧盟扩大、希拉克全面阐述法国外交政策》，新华网，2002 年 8 月 30 日。

议会在欧盟外交和防务政策领域中应当成为最高的行动和决策体，同时，欧盟应改进其决策机制，在民主的基础上更为高效。希拉克强调，它提出的设想基于这样一种思想基础：为了把欧盟建成一支强大的力量，就必须通过各种手段，甚至包括军事力量来维护和保卫它的利益，使世界听到它的声音，并使它在世界舞台上受到尊重。因此，只有首先深化欧盟的政治体制建设，才能实现逐步建立"强大的欧洲"的目标。在欧盟经济一体化领域，法国积极与德国等协调，推动欧元正式问世。法国特别意识到货币统一问题对于建立"强大的欧洲"的重要意义。法国认为，代表欧盟统一货币的欧元将具有多种作用。除了单纯的经济和财政用途外，它"还标志着经济联盟阶段的结束和政治联盟迈出的第一步"。[1] 具体来说，它将"带来欧盟内部各国之间以及与这种单一货币相关的外部国家之间关系的战略性变革，打破美元对国际金融市场的垄断，并在经济上奠定欧盟在国际社会中的政治地位"。[2] 因此，法国前鲁佩政府把欧元看作是欧洲实现"政治统一"的工具，是欧洲与美国抗衡的基础。法国前外交部长夏莱特（Herve de Charrette）说："当前世界上美元是唯一的通用货币。但今后的世界将会有两种通用货币，那就是美元和欧元。"在欧洲共同安全与防务政策领域，法国的期望是要尽量减少美国对欧洲防务的参与，落实 1994 年 1 月北约在布鲁塞尔首脑会议上达成的关于加强欧洲在自身安全和防务中的作用的有关决定。对此，法国外交部长夏莱特在 1997 年 2 月北约的一次部长会议上再次重申，法国要求在美国和欧洲作为新的、真正的伙伴基础上改革防务联盟。他指出："欧洲如果希望在下个世纪的国际事务中成为一个更加重要的行为主体，就必须通过自己的强大来承担责任。而美国如果希望继续参与欧洲事务，就应该记住集体行动的含义和多边合作的规则。"为了尽快贯彻 1994 年 1 月布鲁塞尔首脑会议上达成的关于欧洲安全和防务议案的决定，法国提出了三点具体措施：①北约的指挥结构必须在考虑新的军事和地缘政治现实的基础上进行变革，法国将在变革中发挥积极作用。鉴于目前北约指挥机构中担任指挥工

① Jean Boissonat, Interview, *Le Monde*, 28 January, 1997.
② Daniel Vernet, L' Europe dans l'engrenage de la monnaie unique, *Le Monde*, 19 – 20 January, 1997.

作的欧洲人的人数甚至少于 1966 年法国脱离一体化指挥机构时的水平，必须让更多的欧洲人担任地区性的指挥工作。②必须切实实现联盟的政治和军事决策程序，加强 16 个防务和外交部长的职能。③应该明确欧洲人可以利用北约的力量进行联合军事行动的机制的确切含义。在改革后的联盟内部，欧洲对防务的贡献应该在政治和具体行动上表现得更加突出和有效。法国认为，欧盟如果要宣称它是世界舞台上的重要角色，在这个多极化的世界上，就必须通过发展自己的力量来结束雅尔塔体系。对于西欧联盟的作用，法国认为它应该成为欧盟提供自身防务能力的基础框架。为了提高欧盟独立防务的能力，法国在德国、比利时、卢森堡、意大利和西班牙等国家的支持下，在罗马举行的政府间部长会议上对《马斯特里赫条约》提出了一项建议草案，要求把西欧联盟正式纳入欧盟的框架。1996～1997 年阿姆斯特丹首脑会议签署的《阿姆斯特丹条约》对法国的上述主张都作出了积极的回应。对此，法国外交部长维居恩表示："阿姆斯特丹的结果令人满意，因为它已经意识到欧洲未来的扩大必须以真正的政治制度改革为前提。"希拉克总统在首脑会议关于防务问题的总结报告中指出："我们通过欧盟和西欧联盟的合作，已经在欧盟的共同防务问题上取得了相当的进步。"这表明，法国在后冷战时期对欧盟发展的推动和影响已经产生了实际的结果。它不但加强了法国在欧盟中的地位，并将在欧洲一体化的未来发展中留下更深的法国印记。①

欧盟、北约双东扩是当代欧洲发生的最重要的战略性变局，法国极为关注并深深参与其中（见表 3－1）。冷战结束，苏联势力撤出东欧，欧盟、北约双东扩改变了欧洲的政治、军事版图。总的看来，法国对欧盟和北约"双东扩"的预期是：希望在因欧洲国家增多而扩大后的北约里，欧洲支柱在大西洋体系内的比重进一步加强，以此制衡大洋彼岸美国的权力；希望众多东欧国家加入进来而扩大后的欧盟成为更为强大的经济政治共同体，在世界上发挥更大的影响力；与此同时，最重要的是希望借北约和欧盟双双东扩之机，强化法国在中东欧地区政治、军事、经济上的影响，

---

① 汪波：《论后冷战时期法国对欧盟发展的推动和影响》，《法国研究》2000 年第 2 期，第 169 页。

表 3-1　欧盟发展历史年表

签署	1948	1951	1954	1957	1965	1975	1986	1992	1997	2001	2007
生效	1948	1952	1955	1958	1967	N/A	1987	1993	1999	2003	2009
条约	布鲁塞尔条约	巴黎条约	布鲁塞尔条约修正	罗马条约	合并条约	欧洲理事会成立	单一欧洲法案	马斯特里赫特特条约	阿姆斯特丹条约	尼斯条约	里斯本条约

欧盟三大支柱

欧洲各大共同体

欧洲原子能共同体（EURATOM）

欧洲煤钢共同体（ECSC）　　条约于2002年终止

欧洲经济共同体（EEC）　　　欧洲共同体（EC）

TREVI

司法与内政合作（JHA）

刑事案件的警察与司法合作（PJCC）

欧洲联盟（EU）

欧洲政治合作（EPC）　　共同外交与安全政策（CFSP）

松散的个体　　　西欧联盟（WEU）

条约于2010年失效

资料来源：http://zh.wikipedia.org/wiki/%E6%AD%90%E7%9B%9F%E6%AD%B7%E5%8F%B2。

加强自己在欧盟的领导地位。密特朗时代，法国认为欧盟应先深化一体化机制然后再寻求东扩，使得德国借此机会大力向东发展。希拉克上台后对此进行了果断调整，积极支持东欧国家的"入盟"要求，并利用东欧国家尚存的"恐德心理"和"潜在的亲法情绪"，发动攻势，"重返东欧"。1996 年 9 月他出访波兰，倡议建立法－德－波三国联盟，受到波方欢迎，德国也表示赞成。由此，于 1991 年成立的法、德、波"三国集团"获得了新的活力。之后希拉克又相继访问了匈牙利、罗马尼亚和捷克等东欧国家。法国舆论认为，希拉克连连出访东欧，是为了使法国"把脚牢牢迈进东欧的大门"，取得同德国共同主导东欧事务的地位。正因为法国对扩大后的北约、欧盟在自己的主导下发挥"欧洲支柱"作用有着很高的期待，所以在 2003 年很多待入盟的中东欧候选国家表态支持美军出兵伊拉克时，希拉克异常愤怒，将它们称为"没被教育好的国家"（badly brought up）。

萨科齐就任总统后，将建设"强大欧洲"定义为法国的"绝对优先目标"。他上任当晚就赴德国与默克尔会面，随即前往比利时与欧盟官员在布鲁塞尔会谈，可见法国对欧盟发展的重视程度。阿诺·勒帕芒捷 2008 年 7 月 1 日在法国《世界报》发文指出，"成为扩大的欧洲无可争议的领导人，这是 7 月 1 日接任为期半年的欧洲轮值主席的萨科齐几乎公开的抱负。他不是希拉克那样受到拘束的欧洲人。这位原上塞纳省讷伊市一位有教养的律师，他具有匈牙利和希腊血统，前妻和现在的妻子分别具有西班牙和意大利血统：萨科齐自然而然觉得自己'很欧洲'。他与欧洲一起成长，伴随着欧洲建设过程长大。但这并不妨碍他激烈地批评欧洲（为了调和欧洲与说'不'的法国之间的关系），希望法国在欧洲扮演一个重要角色"。① 根据萨科齐对欧盟未来方向的规划，要在 2030 年前，完善欧洲的政治变革和财政变革，在移民、能源和环境领域形成共同政策。在欧盟扩大与深化内部建设的基础上，法国将不反对未来欧盟与土耳其继续展开谈判。同时，欧盟防务建设将是法国推动欧盟前进的重点之一。不论是缩小防务欧洲的能力赤字还是加强欧洲在国际危机干预行动中发挥的

---

① 转引自新华社巴黎 2008 年 7 月 1 日法文电。

作用，以及建立欧盟与北约之间的"互补性"关系，都是萨科齐政府关注的重点。

当前，法国依然是欧洲防务机制的核心推动者，其目的是把欧洲防务力量打造成为北约内与美国平行的另一支柱。通过与德国和英国的合作，法国推动建立了拥有 10 万人的欧洲快速反应部队（European Rapid Reaction Force），这一部队有能力在危机处置任务中在 60 天内将 6 万人的部队快速投放到欧盟境外并提供保证驻扎一年需要的后勤物资。2010 年 7 月的《简氏防务安全评论》说，"在法国的主要推动下，欧盟已经逐渐成为世界各地危机地带，比如前南斯拉夫马其顿共和国、刚果民主共和国、波黑等地的'可观的存在'"。[1] 2010 年，法国向欧盟框架下的欧洲军团（Eurocorps，即欧洲快反部队）提供了 34% 的兵力支持。[2]

当然，法国希拉克、萨科齐政府也都意识到，至少在可见的未来，欧洲层面的防务合作离不开北约的资源，起码在兵力投放方面，需要美国的支持。[3] 萨科齐决心法国重返北约军事一体化体系，在某种意义上就是希望加强与美国的战略合作关系，从而使得跨大西洋防务合作能够更为活跃，最终目的，依然是指向欧洲的防务力量能够真正走向独立。

四　法兰西战略文化的影响与作用

一个国家的战略文化是经过长期历史形成的，体现着这个国家、这个民族内心深处的利益考量、战略定位，也决定着这个国家在国际体系内的

---

① 2010 年 7 月，《简氏防务安全评论》。http：//sentinel. janes. com/subscribe/sentinel/country_ report_ doc. jsp。

② France is a major contributor to Eurocorps（providing 34 per cent of the total strength），a multinational army corps drawn on the Western European Union（WEU）and now integrated within the EU framework. Eurocorps was created in 1992，initially with Germany and France as framework nations（and later Spain，Belgium，Luxembourg）and with Austria，Greece，Turkey，Poland and Italy as contributing nations. It has since developed to the point that it now describes itself as "a prototype of a potential European defence". It is the only standing multinational land force within the EU. Eurocorps comprises approximately 1000 soldiers stationed in France（Strasbourg）and up to 60000 troops pledged for deployment in EU or NATO rapid-response missions. See：http：//sentinel. janes. com/subscribe/sentinel/country _ report _ doc. jsp.

③ 《简氏防务安全评论》，2010 年 7 月。网址同上。

行为偏好。均势是国家行为体在无政府的国际体系中保证生存、维护国家安全、获取国家权力的一种传统手段。历史上，法国以均势或反均势为手段谋求霸权、争取世界大国地位的事例屡见不鲜。同样的，欧洲反法均势也多次粉碎了法国的大国梦想。对大国地位的强烈追求是法国均势战略的稳定目标，以地区联盟和力量平衡为手段追求大国地位也成为法国均势战略的一个重要特点。

从二战后到冷战期间，直至冷战后的现在，以新的均势手段牵制住德国并从此"化敌为友"，是法兰西战略文化均势传统的成功体现。1870~1940年的70年间，法国与德国曾发生三次大规模交战。第二次世界大战后，法国出于对德国的恐惧和疑虑，强烈要求肢解和削弱德国，但没有得到美、苏、英等国的认同。东西方冷战开始，国际形势发生新的变化，法国的对德政策逐步转变为与德国和解和合作，这是以均势手段求强国地位的再次尝试，事实证明也是一次成功的尝试。戴高乐是法德轴心的设计师和建筑师。在他的远见卓识和睿智安排下，1958年9月14日，法德政府首脑实现首次会晤。这标志着两个世仇宿敌的历史性和解。1963年1月22日，法德友好合作条约在爱丽舍宫隆重签字。条约集中体现了法德的全面和解与合作，标志着近两千年来高卢人和日耳曼人互相敌对历史的结束。法德和解与合作，是戴高乐着眼于战略全局为法国做出的战略选择。这一战略的政策目标是，从"经济欧洲"走向"政治欧洲"，摆脱美国控制和扩大在两大集团间的回旋余地，谋求法国在欧洲和世界的大国地位。法国的战略意图是，第一，以法国的政治优势与西德的经济实力相结合，结成法德联盟，作为西欧联合的基石和动力。第二，以缔结法德合作条约作为六国政治联盟的起点，最终按法德合作模式建立六国联盟。第三，用法德条约作为促使西德同美国拉开距离的手段，增强法国同美国分庭抗礼的地位。第四，充当德苏的中间人，提高法国同苏联打交道的地位，防止西德在对苏关系上自行其是。第五，进一步拉住西德，将其捆绑融化到欧洲一体化的大潮中，永不为患。法兰西战略文化中的均势传统得到了成功的演绎。

总体看来，冷战期间法国对全球均势政策的运用可谓炉火纯青。法国同苏联以及中国等亚非世界发展关系、反对美国的霸权主义，但不影响它是西方联盟重要成员的立场。同苏联接近，决非转换阵营，而是取得更有利的地位与美国打交道。法国希望美国足够强大以约束苏联，但又不愿美国过于强大，取得对苏联的绝对控制，进而加强美国对西方盟国的控制。法国更不愿苏联取得优势，如果西欧承受严重的军事威胁和政治压力，就将紧密靠拢美国，从而缩小法国对美国的回旋余地。因此，当美国力量上升时，法国就同美国拉开距离，同苏联接近，牵制美国；当苏联显示力量时，法国就拉住美国，联美抗苏。成功利用雅尔塔均势，成为法国在二战后保持大国地位的拿手好戏。

法国当代均势政策的灵活性和合作性体现在法国欧洲均势战略的具体行为标准中。"观念因素"可以对行为者的"情感反应"和"行为模式"产生重要影响，而观念的产生是由各自的历史经验、政治文化、地缘因素所决定的。① 欧洲均势战略文化的战略思想传统、实际军事经验等因素，影响着法国战略决策者的行为模式和价值观。法国认为："当前，多极世界初具雏形，还很不完善。稍不注意，多极结构就会变成各大国之间的失衡、竞争甚至对抗，在国际制度出现危机时尤其如此。法国与欧洲国家之间的关系以及法国以欧盟为依托在世界舞台上的行为，都是时刻保持多极均势或者朝向多极均势发展的目标前进。"② 长期保持实力均衡的政治文化历史对欧洲大国以"多边主义"为核心的对外战略有着很大影响，欧盟本身就是一个最为成功的通过多边和解与谅解获得稳定与繁荣的范例。③

美国学者亨特认为："意识形态很重要，因为它们构成一个框架，政策制定者在这个框架内处理特定的问题，公众也在这个框架里去处理问题。"④ 战略文化对外交政策的影响主要体现在它是战略决策者决策的

① Per M. Martinsen, "The Security and Defense Policy (ESDP) —A Strategy Culture in the Making?", Paper Prepared for the ECPR Conference, *Europe and Global Security Margurg* 18 – 21 September, 2003. http//www. essex. ac. uk/ecpr/events/gneralconference/marhurg/papers/17/1/Martinsen. pdf.

② 摘译自《2009～2020 年法国外交和欧洲政策白皮书》。

③ 张凡、吴倩岚：《中国和欧盟在联合国安理会的合作》，周弘主编《共性与差异：中欧伙伴关系评析》，中国社会科学出版社，2004。

④ 多尔蒂、普法尔兹格拉夫：《争论中的国际关系理论》，阎学通等译，世界知识出版社，2003，第 139 页。

"干预变量"，影响并塑造着决策者对要实现的目标、面对的威胁、采取的方式等的判断行为的倾向。法兰西战略文化的中心价值正是法国人内心深处的冲突性、防御性、合作性和进攻性的综合。除均势外交传统外，法兰西战略文化的另外两大核心内容：对大国地位的追求、坚持独立自主，也深深地体现在冷战后法国的欧洲、欧盟政策中。

　　欧盟是法国借以实现大国地位的重要途径和手段，法兰西战略文化中对大国地位的追求突出体现在法国的欧盟设计和建设理念中。法国选择欧洲作为其外交战略的"绝对首要重点"，试图通过推行"小联邦""大邦联"构想掌握建立欧洲新秩序的主导权，从而保持其大国地位，在世界上发挥重要作用。从现实主义角度来说，正如国家利益是冲突性的和零和性的一样，大国地位的获得也是冲突和零和性的。因而在选择战略目标时，法国比较注重国家地位的相对性，即本国国家地位与别国国家地位的对比，强调自己国家的地位超出别国的地位。要实现大国地位，其方式或是提升本国的国家实力，或是削弱别国的国家实力。有国内学者认为，法国的战略文化是干预型战略文化的典型代表。① 冷战结束后，德国的统一给法国带来了不安和恐惧。为了牵制德国，法国在自身难以有所作为的时候，只能借助欧洲一体化，将德国限制在区域性机制框架内。而法国自己则尽力主导区域性机制的建设过程，使区域性机制服务于自己的大国地位战略目标。在这一点上，无论法国总统、总理等决策者是否戴派人物，冷战后历届法国政府的政策与戴高乐如出一辙，坚持了法兰西战略文化中强调法国大国地位这一历史精髓。

　　法国战略文化的独立自主传统对法国的欧洲政策影响尤大，其欧洲战略始终坚持以独立自主为底线。与此同时，法国的独立自主文化也深深影响了欧盟对外政策的理念，促使欧盟在世界舞台上成为独立一"极"出现并发言。法国人的独立自主传统可谓是其民族"主权"文化的延伸。法国当政者和主流学者们都秉承了历史上法国政治家、哲学家、法学家的传统理念，认为主权是一种以国家为范围的对内至高、对外独立

---

① 张迎红：《试论欧洲安全战略文化的差异与趋同》，《德国研究》2008 年第 2 期第二十三卷，第 34 页。

的权利。独立自主的行为立场强调法国的独立性，增强法国在欧盟框架内外与世界其他国家的合作关系。在欧盟建设过程中，法国由于反对过度让渡本国主权而使用否决权的事件，例如"空椅子事件"等，自从欧洲一体化建设开始以来就屡见不鲜。冷战后的法国延续了戴高乐的欧洲理念，即其欧洲一体化建设的总体框架理念是"政府间（intergovernmental）"的联盟，而非凌驾于国家之上（supranational approach）的"联邦"。随着欧盟建设不断加快的进程，法国的独立自主也体现在以法国为核心国家的欧盟整体对外政策中。2003 年 12 月出台的《欧洲安全战略文件》中指出："我们应该继续与俄罗斯建立更为密切的关系。欧盟应该与日本、中国、加拿大和印度发展战略伙伴关系"，① 完全体现了独立自主的精神。相对于欧盟，独立自主的精神是法国对大国地位追求的根本需求，也是法国在通过各种措施推进欧洲一体化过程中自始至终没有改变的原则性立场。

欧洲一体化政策是法兰西战略文化三大要素综合作用的产物，其在冷战后的加强和调整体现了法兰西战略文化在当代法国社会的高度内化和认同。《法国标签》（*Label France*）季刊 2003 年 5 月 15 日一期刊登法国时任外长多米尼克·德维尔潘的一篇文章，题为《全球化的挑战》，德维尔潘在文章中说法国将力行经济多边外交、推动文化多样化以遏制单边主义，推动世界向多极化发展，其以欧盟为依托制衡美国单边霸权的意味极为浓厚：

> 全球化的重要支柱和原则是共享。每个民族、每个国家的人民、每一种文化都要为建设世界的未来作出独一无二的重要贡献，这一点比以往任何时候都要重要。世界是丰富多彩的，它源源不断地为我们提供交流的可能性。在保持总体一致性的同时，我们还应该捍卫文化的多元性，让每一种文化都能充满表达自己的特殊性。只有尊重别人，我们才能超越各个民族、各种文化之间存在的障碍，增加亲和力

---

① "A Secure Europe in a better world, European Security Strategy", Documented proposed by Javier Solana and adopted by the Heads of State and Government at the European Council in Brussels on 12 December 2003.

和可能的交流机会。我们应该抛弃偏见、消除隔膜，不要根据狂热分子及其鼓吹者的表现来评判一种宗教；我们要向各种文化敞开对话之门。这关系到我们所有人的未来，因为所有人都需要良知、尊严和自由。

这种共享的要求是欧洲也是法国的核心目标。近50年来，在从前充满对抗的欧洲大陆上，我们毅然决然地创建了一个统一而强大的共同体，它尊重不同成员的特殊性，明白多样性恰恰是它最为宝贵的财富。我们成功地使欧盟获得了历史性的扩大，深化了欧盟的结构。法德两国应该和所有欧盟伙伴以及欧盟未来的新成员一起携手，承担起它们的一切责任并表现出它们的创造性，为欧洲未来的发展提出大胆而有创意的改革建议。法国准备推行一种积极主动、目标高远的经济外交，以便迎接全球化带来的机遇和危险。

让我们一起努力，争取用全球性的经济手段来遏制单边主义的企图。多边主义代表着法制的胜利，可以在各国之间建立信任。法国支持以世界贸易组织为代表的贸易谈判中的多边主义。法国支持展开全面的谈判，即不光谈判关税、农业和服务业等传统贸易问题，还要对投资、竞争、环境和社会标准等所有调节性问题展开谈判。法国还希望必要的时候可以修改规则。正因为如此，法国现在就建议给予非洲贸易特惠待遇。大家都知道非洲面临的经济困难，它需要别人帮助它融入多边贸易体系。本着同样的宗旨，法国赞成经济自由化。经济自由化并不是放任自流。法国不反对自由主义，比起教条主义、虚假的信仰和自诩为绝对真理的偏见，法国更赞成自由主义。自由的市场游戏再加上公正、透明的规则，就可以创造出财富；可是如果没有公正、透明的规则，这个市场游戏就很可能是盲目的和危险的。法国还主张对资本的进入采取适度的调控措施或税收措施。国际社会和国际货币基金组织从那以后就接受了这些措施。现在我们还要继续这么做，以便充分保证每个人都能在这个大贸易圈中获得自己应有的位置。①

---

① 多米尼克·德维尔潘：《全球化的挑战》，载《法国标签》月刊2003年5月15日刊。

代表萨科齐政府官方立场的法国 2008 年版《外交与欧洲政策白皮书》则称：

> 欧盟潜力巨大，但前景存疑。欧洲人从未像今天这样"同呼吸、共命运"。两极体系瓦解后，欧洲得以自由处理与各大国之间的关系。欧盟的一体化模式以及在国际合作中表现出的价值观具有巨大的吸引力。欧盟的经济、政治制度及其制定的国际标准，是欧盟实力的来源。欧盟通过在共同价值观与和平基础上建立有共同身份认同的政治实体，来应对全球化挑战。法国对推动欧盟发展负有重大责任。[1]

通过文化外交来进行"软性进攻"的战略文化体现在法国"文化外交"的泛欧洲化过程中。法国文化的多元性、法国自中世纪以来就成为欧洲乃至世界文化中心的历史威信，以及作为西欧文明核心与欧洲各大种族熔炉的中心地位，都成为了法兰西战略文化的精神支柱。全球化和欧洲化的冲击使法国对外文化战略必须在加强文化领域的对话与合作的基础上激发共同的归属意识。从 20 世纪 80 年代末起，欧盟逐步将文化建设提上议事日程。1991 年的《马斯特利赫特条约》首次将文化纳入欧盟权限[2]，并接连制定了一系列欧洲文化项目："梅蒂亚"系列计划（Media）、"万花筒"计划（Kaleidoscope）、"雅利安"计划（Ariane）、"拉斐尔"计划（Raphael）和"文化 2000"项目（Culture 2000）等。法国作为欧盟创始国和文化大国，其在欧盟及成员国的文化协调与合作方面起着不可低估的重要作用。法国对外文化政策的欧洲化并不意味着法国本土文化与他国文化的消融，只是法国在欧洲一体化背景下对输出本国文化的单一渠道的纠正的结果，最终目的是借助"欧洲牌"来打"法国牌"，借助欧洲利益导向实现法国民族利益导向。

---

[1] *Livre blanc sur la politique étrangère et européenne de la France*2008 – 2020，Alain Juppé et Louis Schweitzer.

[2] 参见《马约》第 128 条，及《阿约》第 151 条。

第三节　坚持独立自主与冷战后法国对美战略调整

二战后至冷战结束，法美关系经历了分分合合的四十余年恩怨情仇。冷战时期欧美关系的实质是欧洲对美国军事保护的需求逐步演变成为军事同盟。冷战后，欧美军事同盟的主要对手倏然间分崩离析，随着国际政治、经济环境的迅速变化，欧洲与美国的军事、政治、经济关系都发生了巨大的改变。欧洲逐步摆脱了二战以来的对美依附关系，在一体化逐步加速的过程中更趋向于以集体的力量来与美国交涉以争取平等。美欧合作的主体不仅仅是美国与西欧各个国家的合作，有时更多的是美国与初步形成共同外交与安全政策的欧共体——欧盟的合作。法国是欧洲一体化的提倡者、主导者与推动者，由于其一向以来坚持独立自主的对外战略，法美关系较美国同其他欧洲国家的关系具有更多的复杂性。法美关系发展过程中的各种变量对法美关系、欧洲其他国家对美关系及欧美关系的影响都不容忽视，这其中，法兰西战略文化对冷战后法国对美战略发挥了重大影响。

冷战后，法国与美国之间围绕着欧洲防务主导权、中东石油利益，以及针对包括气候协议、国际金融政策在内的全球经济新规制的制定等重大战略利益而展开的博弈延续了双方在冷战期间积聚下来的矛盾与隔阂。这其中，无论是希拉克的"新戴高乐主义"还是萨科齐的所谓"亲美路线"，实质上都继承了法兰西战略文化中坚持独立自主、追求大国地位的思想。冷战后，法国逐步调整了原先与美国直接抗衡的行为方式，重新协调和北约的关系，在独立自主的前提下，通过与美国合作来谋求欧洲防务主导权、谋求在石油等战略能源领域的国家利益，其终极目标依然是彰显法国作为大国的作用和地位。

一　冷战后密特朗、希拉克对美政策要点——以区域性冲突的应对为视角

法国对美政策调整的根本出发点以法国的战略需求为基础。在冷战后美国发动的历次局部战争中，尽管有诸如密特朗在前南问题上与美国意见

相左、希拉克公然反对美国发动伊拉克战争从而被指责为"老欧洲"代表这样的分歧，甚至是严重分歧，但总的来说，法国与美国的战略联盟关系本质没有改变。在历次重要地区冲突中，爱丽舍宫或是站在华盛顿一边，或是寻求软化、微调美方立场而使其符合法国利益。法国像美国一样，接受当今国际机制、规则和规范，但更多寻求在国际体系内变革歧视法国、违背法国国家利益及危及法国根本安全、导致权力不对称的那部分内容，从而既达成了法国的战略利益需求，又坚持了法国的独立自主。对此，布热津斯基曾做出如下的评价："法国是一个忠诚、有献身精神和坚定的盟友。每当关键时刻，法国总是与美国并肩战斗。但是法国希望表现出自己单独的政治人格，并维护法国自身必不可少的行动自由，特别是在牵涉到法国的全球性地位或欧洲的未来问题时的行动自由，这又减弱了法国对北约的支持。"①

从某种意义上说，第一次海湾战争是冷战后法美关系做出战略调整的开始。冷战末期，美、苏发表的有关伊拉克问题的"联合声明"② 是前所未有的事件，它不仅是东西方之间的新型关系的象征，也令法国担心两个超级大国今后会串通一气对世界事务实行某种监督。对欧洲人来说，"在中东事务上，人们会理所当然地对莫斯科与华盛顿采取一种共同立场而事先不与欧洲磋商感到恼火"。正因为这样，密特朗想要通过强有力的措施向世人展示：欧洲人也有发言权。中东地区的石油储藏及法国在当地的石

---

① 兹比格纽·布热津斯基：《大棋局——美国的首要地位及其地缘战略》，中国国际问题研究所译，上海人民出版社，1998，第81页。

② 1990 年 8 月 2 日凌晨 1 时（科威特时间），在空军、海军、两栖作战部队和特种作战部队的支援配合下，伊拉克共和国卫队的三个师越过科威特边境，向科威特发起了突然进攻。伊军侵入科威特的第一天，美国总统布什就发表讲话，谴责伊拉克的行动是"赤裸裸的侵略"，对美国的国家利益"构成了真正的威胁"，并宣布冻结伊拉克和科威特在美国的所有资产。同时作出了强烈的军事反应，2 个航母战斗群在伊入侵科后不到 1 小时即受命驶向海湾。苏联一改战后 40 年在世界地区性冲突上持与美对立立场的常态，8 月 3 日美、苏发表《联合声明》，要求伊拉克"无条件地从科威特撤军"，"充分恢复科威特的主权、合法政权和领土完整"。这与美国对伊拉克的政策目标完全一致。同一天，苏联政府就停止了对伊拉克的武器供应与军事援助。苏联与美国合作的态度使美国总统布什感到"非常满意"，并称这是"美苏战后在地区冲突上首次结成同盟"。美苏对海湾危机基本立场上的一致，使联合国安理会得以顺利地通过了一系列制裁伊拉克的决议。虽然苏联没有直接派兵参加对伊作战，但它对美国组织多国部队出兵海湾的支持态度，使美国可以毫无顾忌地采取各种军事行动。

油利益更使法国面对美国冷战后发动的两次伊拉克战争不能无动于衷。①
然而，美国凭借强大的经济军事实力联合英国独自行事，事实证明，法国
在中东的利益只有通过寻求联合国斡旋以和平解决伊拉克问题才有可能最
大限度实现，美英绕开联合国单方面开展行动，使法国在某种程度上陷入
了进退两难的窘境。为了让"欧洲特性""欧洲价值观和道德观念"更多
地体现在世界舞台上，为了防止美国将中东产油国完全纳入美国的战略体
系进而导致欧洲在能源上完全受制于美国，法国必然会根据不同时期的国
际环境来决定自己的对外战略，进而也决定了法美关系的亲疏远近。

在积极参与区域和全球事务的处理过程中，法国进行了一系列对美政
策的调整，或以多边主义为武器制衡美国，或以伙伴姿态加强合作以影响
美国决策，力求保持其世界大国地位，维护自身利益的实现。冷战后初
期，苏联解体并退出东欧带来了权力和安全真空，这给法国大国战略带来
的挑战与机遇并存。为了防止德国威胁自己在欧洲的大国地位，避免自身
在欧洲被边缘化，法国积极参与到东欧地区问题的处理过程中，包括积极
参与前南联盟危机的应对，在欧洲和国际舞台上以大国姿态出现，同时在
考虑到国内政治对冲突各方应对需求的同时，也考虑到与美国、德国及其
他西方国家的共同政策问题。在科索沃战争中，法国对自身处境有深刻的
认知。虽然科索沃战争前后的欧洲在经济上、政治上日益强大，欧元也已
开始投入使用，但是在重大国际问题上法国乃至欧洲仍然不具备直接挑战
美国的能力。密特朗政府从偏袒塞尔维亚人到 1992 年 7 月在里斯本欧共
体首脑会议上公开声明外交新立场，说明法国聪明地在现存的国际框架范
围内，通过有效的外交行为来提升自己的国际影响力，谋求政治和外交主
导地位，牵制美国"一家独大"。法国在区域事务中与美国在联合国或北
约框架内抗衡，虽然其对外政策显得较为零散，但是都体现了戴高乐主义
强调的最大限度发挥法国影响作用的观念。

冷战后法国对美政策的实用和灵活淋漓尽致地体现在安全利益重点的
转移以及对国际反恐战争态度的微妙转变中。2001 年，法美关系由于

---

① 参见朱锋《无形的武器——伊拉克战争背后的石油因素》，《国际贸易》2003 年第 4 期，第 25 页。

"9·11"事件而急剧升温，希拉克是事件发生后第一位访美的外国元首。法国人认为"美国可能因此次事件重新审视他所奉行的对外政策，改变单边主义的做法，与国际社会搞好关系"。① 但是事与愿违，美国不但没有反省，反而提出"邪恶轴心"等定义，把反恐战争扩大并延伸到传统的敌对国家去，新保守主义政府企图"决战海外"，欧洲与美国对各自安全利益的认识出现鸿沟。索拉纳曾经认为，"在大多数欧洲人看来，安全环境最重要的变化是苏联威胁的消失，而不是恐怖的出现，而后者无疑是美国注意的焦点"。② 2002 年，法国时任外长韦德里纳率先批评美国"单边主义"和"简单主义"，法美关系呈现出晴转阴的态势。法国在北约内部和联合国亦对美国设置种种障碍，甚至公开反对美国对伊拉克动武。紧接着，美国国防部长拉姆斯菲尔德也公开指责法国、德国等是"老欧洲"，法美关系一度紧张。然而，随着伊拉克战争的旷日持久，美国逐渐深陷泥潭，希望得到昔日盟友的支持，而法国离开了美国也不可能在欧洲重塑领袖地位。2003 年的《欧盟安全战略报告》几乎持与美国 2002 年《国家安全战略报告》完全一致的立场。③ 经济援助、贸易与外交诱压的"软手段"也不再是欧盟唯一的选择，参与北约的军事行动成为法国等欧洲大国的一个选择。但是，从深层意义上，这表明法国要解决当前面临的新的安全威胁，必须要得到美国的支持与合作。法国很清楚，没有美国的合作，欧洲安全和国际安全均没有保障。

在冷战后的外交实践中，独立自主的战略理念突出体现在法国坚持多边主义原则、借助欧盟整体力量制衡美国单边极权主义的行为中。有美国学者认为，法美关系很大程度上受制于美欧关系的发展框架，"一个地位上升的欧盟肯定会尝试挑战美国，尤其如果美国不放弃对单边主义政策的嗜好，曾经团结一致的西方世界可能一分为二，成为竞争对手"，④ 实际

---

① Le Figaro, 14, Sept. 2001.

② Javier Solana, "The Transatlantic Rift US Leadership After September 11", *Harvard International Review*, Winter 2002, XXIV, Issue 4.

③ 欧盟改革中心两位研究人员认为这是欧盟安全战略报告发出的"最重要的政治信号"。见 Steven Everts and Daniel Keohane, "The European Convention and EU Foreign Policy: Learning from Failure", *Survival*, Vol. 45, No. 3, Autumn 2003, p. 177。

④ 〔美〕查尔斯·A. 库普钱:《谁是美国的终结者?》,《编译参考》2003 年第 1 期。

上，欧盟政策的独立性在很大程度上缘于法国独立自主政策的影响。由于受到自身实力的限制，法国只能将其多边主义的理想与信念放在欧盟的框架内实现，通过主导欧盟来与美国的单边主义理念博弈。2003 年的伊拉克战争给欧盟最大的教训除了没有共同的安全威胁评估外，就是没有共同的战略，使欧洲在国际上严重缺乏可信度，不但不受到重视，而且被美国借机挑拨分裂。法国由此更加认识到，要在世界防务舞台上有一席之地，必须借助于强大而又团结的欧盟。

尽管法美关系跌宕起伏，曾经一度降到历史冰点，但是不论怎样，法美有着基本相同的西方价值观，两国之间也有着紧密的利益关系，而且法国是历史上唯一没有直接同美国交战的欧洲大国，历史的影响和现实的考量都使"同盟"关系不至于破裂。欧洲与美国同属西方文明，有着广泛的种族、文化、宗教、经济联系。过去的一个多世纪他们携手创立国际政治、法律、经贸体系，涵盖了贸易、安全、人权自由等诸多西方基本理念。法美两国还是彼此重要的贸易伙伴，相对于分庭抗礼来说，亲密合作对双边经济、军事等各领域才能是锦上添花的举动。1992～2002 年的 10 年间，美国公司在欧洲的收益占他们全球总收益的一半。① 在中短期内，法美之间的战略目标纵然有着很大的差距，但是两者之间深层的历史文化渊源以及综合实力的悬殊仍然无法使双方分裂成真正的对手。法国对美国的博弈更多呈现在欧盟与美国的博弈中，"斗而不破"将会是法美关系在很长一段时间内的表现形式。

二 法国重回北约军事一体化的战略选择分析和萨科齐政府的对美政策

将欧洲防务本体置于北约防务框架中的现实是法国无力更改的，冷战后，随着北约由军事联盟逐渐演变为政治军事联盟和北约战略目标由地区转向全球的重大调整，法国在北约军事一体化体系的缺席使得法国在参加北约欧洲和全球军事干预行动中的角色分外尴尬，同时带来的另一不利局

---

① 彭定康（时任负责外交事务的欧盟委员）、帕斯卡尔·拉米（时任负责贸易事务的欧盟委员）：《让我们丢掉扩音器》，美国《国际先驱论坛报》2003 年 4 月 9 日刊。

面是法国在欧洲防务、大西洋联盟事务乃至在全球安全问题上的发言权和伸缩回旋余地变小。此外，法国认为由于其长期缺位于北约军事机构和战略、战术协同指挥机制，使得其在适应现代化电子、网络、信息化战争条件下军队的适应能力、联合指挥能力、协同作战能力方面蒙受较大损失。为挽回被动局面，法国从密特朗时期起便积极参与北约协同军事训练，并积极谋划重返北约军事一体化。

历史的轨迹为法国重回北约军事一体化提供了样板。无论是在二战期间还是在二战后初期，由于反对法西斯侵略者和经济复兴的需要，法国一直追随美国的对外战略，甚至戴高乐本人在执政初期也对美国有过较大期待。而戴高乐二次执政时期的法国退出北约的主要原因是反对美国无视法国大国地位、将法国排除在大西洋联盟领导决策圈子之外，"退约"显示了法国独立自主、坚持大国地位的外交理念。戴高乐后的法国与北约之间的关系并不像戴高乐时期那么僵硬与对抗。继蓬皮杜 1973 年承认了美军对欧洲的重要性之后，密特朗政府更进一步重新开始了配合北约的军事行动。法国与北约之间的关系一直处于"离不开又不愿全心投入"的若即若离的状态，法国对北约的态度本身就是"矛盾的融合"。法国是否重返北约，是否参加北约联合军事行动，从来就是出于法国自身的利益需要，关键是美国是否承认并尊重法国在北约乃至世界舞台上的大国地位。

萨科齐不止一次地强调说，"北约是我们创立的北约"。二战结束后不久，冷战的帷幕拉开。为"抵御苏联及华约集团可能的进攻"，1949 年 4 月 4 日，在美英主导推动下，美、英、法、比等 12 国外长在华盛顿签署了《北大西洋公约》，确立了"集体防卫"原则：任何一个缔约国领土完整、政治独立与安全受到威胁，其他缔约国都有义务予以援助，包括"使用武力"。自此，北大西洋公约组织成立。1952 年，北约总部从伦敦迁往巴黎。这一阶段，美国是法国战胜纳粹德国的盟友，法国和欧洲重建得到了美国"马歇尔计划"的大量资金援助。出于对德国东山再起以及随后对苏联威胁的担心，法国需要美国的鼎力支持，而美国的冷战战略也离不开欧洲盟友的支持，因此大西洋两岸在北约建设问题上"一拍即合"，一个针对东方苏联集团的西方集团应运而生。北约在法国设有多处军事基地，部署有核导弹，法国与北约的军事合作算得上"亲密无间"。

　　1958 年 5 月，戴高乐将军复出。当年 9 月，他致信美国总统艾森豪威尔和英国首相麦克米伦，建议扩大北约在世界上的行动范围，使其覆盖法国在世界各地拥有"特殊利益"的地区，同时还建议在北约内部成立英、法、美三国平等参与的领导小组，讨论核威慑战略问题。不过英美对法国建议却很冷淡，没有作出积极回应，为此法国采取了一系列行动：1959 年 3 月 11 日，法国地中海舰队撤出北约指挥序列；1959 年 6 月，法国政府决定禁止在本国领土部署外国核武器；1960 年 2 月，法国成功爆炸首颗原子弹，成为世界上第四个拥有核武器的国家。1963 年 6 月，法国大西洋与英吉利海峡区域海军力量撤出北约指挥序列；1966 年 3 月 10 日，戴高乐正式宣布法国退出北约军事一体化体系，要求所有北约基地撤离法国，北约总部由巴黎迁往布鲁塞尔。法国政府在 1966 年 3 月 11 日致北约的备忘录中说，"多年来法国多次提醒盟国，世界形势与 1949 年前后相比发生了'深刻变化'，……北约盟国仍然希望保持现状，不愿意接受法国提出的改革建议，因此法国决定退出北约军事一体化机构，但是这并不意味着法国退出《北大西洋公约》"。事实上，法国的确没有退出北约政治决策机构——北约理事会，也没有退出北约"集体防卫机制"。多年来法国仍然参加北约组织的各项军事演习，在东西方冲突的一些重大时刻，法国也仍然站在西方一边。与众不同的是，法国给自己留下了说"不"的权利，保持了外交政策的相对独立，法国军事力量尤其是核威慑力量保持了长年独立。戴高乐将军在 1968 年"红五月风暴"之后黯然去职。不过在随后的二三十年时间里，法国无论左翼还是右翼执政，基本上都延续了戴高乐时代的外交政策，与北约保持着若即若离的冷淡关系，这似乎成了法国政坛少有的长期"共识"。

　　冷战结束，法国与北约的关系也开始出现微妙变化。1994 年秋，法国以前所未有的积极姿态重新开始参加北约的国防部长会议；1995 年，法国外交部长阿兰·朱佩（Alain Juppe）宣布今后将进一步加强和北约在军事上的联系；① 同年，根据"前南"地区各方签署的《代顿协议》，法

---

① 参见 "Paris Appears Primed for Larger Role on Renovated NATO Military Team," *International Herald Tribune*, January 31, 1995。

国军队参加了北约在当地的维和部队；1996 年法国重返北约军事委员会；1999 年，法国参加了北约对南联盟的空袭行动，随后又参加北约出兵科索沃的军事行动。有报道说，在"前南"问题上欧洲急于干预但苦于力量不足，最后不得不倚仗北约，这使法国感到游离在北约核心决策圈外有颇多不利因素，当时的希拉克总统就开始筹划重返北约，并为此提出了两个条件：一是法国需要得到一些关键指挥岗位，二是欧洲防务建设需要取得进展。由于美国并未满足法国的要求，法国回归北约的脚步也因而放缓下来。"9·11"事件发生后，法国根据《北大西洋公约》第五条"集体安全"机制跟随北约出兵阿富汗，积极打击恐怖主义。然而不久以后，因为第二次伊拉克战争问题，法美两国再次交恶。萨科齐 2007 年当选法国总统后，着力改善法美关系，在他看来，大西洋两岸有着共同价值观和利益，同属"西方大家庭"。萨科齐认为，"北约是我们的北约，1949 年我们共同创立了北大西洋公约组织。如果法国在北约内全面负起责任，那么欧洲就增加了在北约的分量。然后，北约就不再是一个唯美国是从的组织"。① 2008 年法国政府发表的《国防与安全白皮书》中正式提出了回归北约军事一体化机构的设想。萨科齐 2009 年 3 月 11 日在法兰西军事学院发表的讲话中表示，只有重返军事一体化机构，才能全面参与北约决策，提升法国在北约内部的影响力，推动欧洲防务建设进一步发展，同时带动欧洲在北约内部争取更大的决策权和影响力。

2009 年 3 月 17 日，法国国民议会经过辩论和投票表决，通过了法国重返北约军事一体化机构的决定。同年 4 月初，法德联合举办北约首脑会议，同时纪念北约成立 60 周年，法国正式全面重返北约。2009 年 9 月 9 日，法国将军斯特凡·阿布里亚尔接任总部位于美国弗吉尼亚州诺福克的北约盟军转型司令部司令，成为北约历史上首位担任最高级别指挥官的非美籍军官（参见图 3-2）。

法国全面重返北约，但在涉及法国独立自主地位及其核心利益的领域依然有所保留，法国仍然不参加北约核计划小组（参见图 3-2）。如 2008 年防务白皮书所述：

----

① http：//www. elysee. fr/president/les-dossiers/defense/defense-et-securite-nationale. 7934. html.

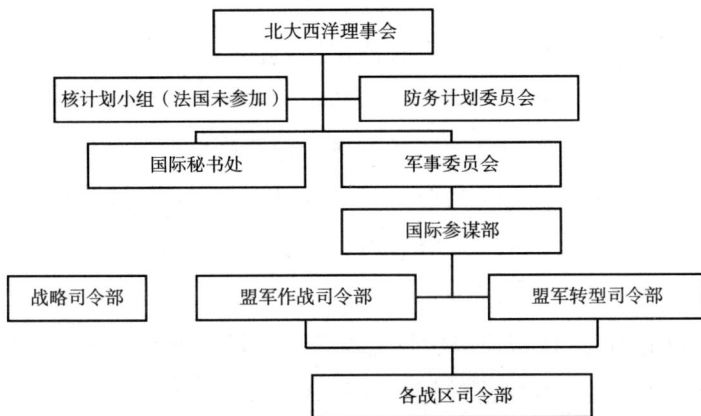

图 3 - 2　北约军事指挥机构示意图

资料来源：法国国防部官网 http：//www. defense. gouv. fr/。

关于法国在北约的地位，白皮书重申延续、尊重戴高乐将军确立的三项原则：

一是在参与北约行动时保持自己的评估和决策自由，法国的全面参与并不意味着自动参加北约的所有干预行动；

二是保持在核领域的独立性，法国的核能力和核威慑战略不在北约的框架之内；

三是在法军的军事参与方面保持决策自由，和平时期的法军不接受北约的长期领导，法国将根据自己的安全利益和需要完全控制使用自己的对外干预能力。

重回北约军事一体化是法国根据冷战后形势的变化，为维护法国大国地位而做出的决定。从本质上说，萨科齐之重返北约，与戴高乐之退出北约如出一辙，都是为了维护法国的利益和大国地位。

经过冷战后多年的调整，法国外交日趋务实而成熟。在 2003 年的伊拉克战争中，法国与美国针锋相对的唇枪舌剑虽然凸现了法国与众不同、独立自主的地位，但在实际利益上却受到了重大损失。伊拉克战争结束后，美国对法国采取了一系列报复性措施，并提出了"冷落德国、原谅俄国、惩罚法国"① 的原则。在经济上对法国进行报复，不让法国公司参与伊拉克重建计划。在政治上弱化法国的地位，故意在一些国际多边机制中淡化法国的作用。例如在涉及北约的重大问题上，避开有法国参加的部长理事会，而改为由不包括法国的防务计划委员会讨论。事实上，法国当年之所以对美国发动伊拉克战争持强烈反对态度与法、美两国各自在中东地区的石油利益息息相关。朱锋教授撰文指出，萨达姆在第一次海湾战争后在美欧间使用了高超的离间手段，在坚决反美的同时给予了欧洲大量"甜头"。伊战前，"法国反对伊拉克战争除了因为想展示法国在伊拉克问题上的独立视点、拒绝接受美国的强权意志之外，很重要的原因是法国在伊拉克的石油和商业利益。法国和伊拉克关系的紧密程度超过任何一个西方国家。1991~2001 年，法国在伊拉克投资达到 24 亿美元，法国的石油公司承包了伊拉克 25% 的石油开采权。在军火交易中，伊拉克拖欠法国高达 200 亿美元的债务。法国无法容忍伊拉克战争剥夺法国在伊拉克已有的利益，更不能眼看着美英在战后伊拉克的重建中将法国抛在一边瓜分伊拉克的石油利益"。② 然而事与愿违，美国凭借其强大军事经济实力，绕开联合国，无视法德等欧洲盟国的反对，联手英国发动了战争。"伊战后，美国加强对伊拉克石油的严格管控。伊临管会时期，由美国扶持的伊临时政府机构不仅直接控制石油资源及销售收入，还借机将一些所谓的重建合同直接授予有政治背景的美国公司，规定只有来自美国、伊拉克以及另外 63 个美国盟友伙伴国的公司才能参与伊拉克重建项目合同的竞标。美军在移交权力之前，还突击提出了法律、法规强加给伊临时政府，并向各政府部门派出了监察员和顾问直接参与工作。石油部的美国能源顾问直接参与了伊石油法的起草，伊石油部在美国的压力下不得不接受产品分成合同模式。"③

　　法国公司无缘于伊战后重建的巨大蛋糕，并且在海湾地区这一世界能

① 法国《费加罗报》评论，转引自新华网（2003 - 05 - 30 07：36：26），http：//
news. xinhuanet. com/world/2003 - 05/30/content_ 893310. htm。

② 朱锋：《无形的武器——伊拉克战争背后的石油因素》，《国际贸易》2003 年第 4 期，第
25 页。

③ 刘润臣：《伊拉克战后石油工业重建情况及中国公司参与的条件分析》；载《国际石油
经济》2007 年 12 月，第 75 页。

源供应核心地带的影响进一步下降。显然，这是赢得了面子而失去了钱袋子。① 与此同时，英国与美国保持"特殊关系"，既得到经济实惠又在欧洲内部增强了影响，使得法国颇为嫉妒。萨科齐对美合作战略的核心理念是通过伙伴关系和平等的合作者（co-operator）地位，紧密法美关系，加强法在西方世界的影响，以参与者的姿态影响美国政策，其出发点和目标仍然是保护法国的自身利益、巩固法国大国地位。法国和美国是当代国际规制的共同制定者和获益者，无论是国际金融、贸易还是国际石油制度，② 萨科齐当局都希望从合作者的角度出发加以调整，弱化美国单极霸权，使这些国际规制的修订和调整更符合自己的利益。出于这种考虑，萨科齐在上台后明显加强了与美的合作。在伊朗核问题上，法国多次发表措辞严厉的声明，并自 2007 年 10 月起积极推动欧盟率先对伊朗进行经济制裁；③ 在科索沃问题上，萨科齐当局也表达了与美国一致的立场，支持科索沃独立；在阿富汗问题上，当北约盟军纷纷表示要从阿撤军的时候，法国却增派了部队。这些对美政策的调整，加上法国高调重返北约，使得法国在美国心目中的地位再次提高，美国领导人多次高度评价法国在伊朗核危机、阿富汗维和等问题上的立场和作用，法国在欧盟、北约框架内，同时也在国际舞台上为自己加了分。

但是，上述种种"亲美"言行并不意味着萨科齐背离了法国独立自主的一贯原则，如前所述，即便全面重返北约，萨科齐在法国核力量的使用、法国将领在北约中的地位和作用、法国坚持主导欧洲防务建设等方面，与当年的戴高乐如出一辙。此外，在碳排放、国际气候谈判、金融危机责任的追究和新国际金融体系的建设上，萨科齐多次猛烈炮轰美国，称美国的"金融监管机制不负责任"。

国家核心安全利益的需求是法国重回北约军事一体化的驱动力。斯坦利·霍夫曼曾说过，"（法国）政策上的间断性体现在三个方面：敌人因

---

① 伊拉克的石油探明储量为 1120 亿桶，占世界总量的 10.8%，仅次于沙特而居世界第二位。据全球能源研究中心估计，伊拉克的实际石油储量高达 2200 亿桶。

② 基欧汉称之为三大国际制度。

③ "France faces hard sell on Iran sanctions," *International Herald Tribune*, October 8, 2007, http://www.iht.com/articles/2007/10/08/news/sanctions.php.

时而异，盟友因时而异，对外政策因时而异。过去一百年里，法国领导人作出的抉择也因时而异，哪怕是在同一问题上"。① 从北约而言，这一分析对戴高乐的"出"和萨科齐的"入"作了非常精彩的注脚。冷战结束以来，法国作为美苏之间"平衡手（balancer）"的角色已经随着苏联的解体而消失，而非传统安全的重要性日益增加。在法国1994年2月发表的冷战后第一份防务白皮书中，边境冲突、民族矛盾、恐怖主义以及贩毒等被列为法国安全的首要问题。而美国"过分关注"亚太新兴市场，战略走势向亚太地区倾斜，欧洲为此感到担忧。面对复杂的安全形势，法国日益感到"单干"已无法满足其安全需要。1994年开始，法、德等国先后提出与美国建立"新大西洋共同体"的构想，试图稳住美国在西方的存在。而在欧洲政治一体化未果的情况下，欧洲防务计划无法取得实质性进展。1999年北约华盛顿峰会将北约任务的重心由"集体防御"转为危机处理，这与法国1994年防务白皮书的战略目标相吻合。不管是1966年的戴高乐，还是2009年的萨科齐，其主导思想都是法兰西的国家利益。不过，在当今这个"非对称战争"的时代，巴黎对国家安全的理解与过去的冷战时期不同。冷战的范围是可以测度的，但新的世界秩序和威胁则难以丈量。1966年存在技术上的压力让法国走上特殊道路，今天也存在其他让巴黎参谋部尝试与北约建立紧密联系的技术压力。戴高乐将军在冷战的紧要关头决定将北约军官和外交官扫地出门并将法国士兵撤离军事一体化机构，并非是突如其来的念头。两个信念将当时的戴高乐和今天的萨科齐联系在一起：其一，法国不管怎样都必须保持独立的决策能力。其二，核武器不可分享，不可与德国、美国分享。戴高乐是个现实主义者，萨科齐也是，只是环境发生了改变。1991年海湾战争中，法国的一支部队在美国的指挥下参战。在阿富汗，法国人加入了北约驻阿国际安全援助部队。欧洲的安全和防御政策不应被分裂，法国军官多年来一直在北约指挥系统中工作。萨科齐承认了现实，同时他也在延续戴高乐的核战略遗产，法国依旧在走自己的特殊道路。

---

① 斯坦利·霍夫曼：《法国：一个世纪，两大忧患》，罗伯特·A.帕斯特编《世纪之旅——七大国百年外交风云》，胡利平、杨韵琴译，上海人民出版社，2001，第94页。

国际环境及综合实力的对比也是法国决策的重要因素。欧洲作为世界上安全合作机构最多的地区（欧安会、欧盟、西欧联盟、独联体，等等），任何一个组织的实力都无法与北约的军事势力相抗衡。西欧联盟虽然重视发展自己的军事力量，但是在军事方面依然无法完成自己的防务工作。西欧集体防务计划由于各种因素的制约，一直没有像西欧经济一体化那样迅速发展。而且，西欧的实力也使得他们无法单独承担西欧的防务。相比之下，"美国与欧洲的现实分工是：美国'制作晚餐'，欧洲'清洗盘子'"。① 在欧盟防务结构性的弊端无法消除的情况下，未来一段时间欧盟的军事行动能力不可能有大的提升。冷战后，法国认为，"参加北约军事机构并不代表着完全依赖于美国，而是在北约内部的美国之外再建立一个欧洲支柱，让西欧联盟充当这个欧洲支柱的防务支柱，使西欧联盟真正成为欧洲联盟的武装肩膀和防务组织"。② 重返北约不但增加法在北约的权力，而且能够提高欧洲在北约中的分量。法国为了与美国共同领导北约而不是被动接受领导，要求与美国共同参与北约决策和制定标准，而不是"在门外等待别人通知"。法国会在北约在重新确定自己的角色和使命的过程中施加影响，以实现自己的战略目标。

三 法兰西战略文化的影响与作用

战略文化通过在政策制定者、智库以及民间的"内化"或"社会化"而深刻地影响着战略制定者们的认知。而且，战略文化有助于一国提高把实际战略需求转变为概念的能力。战略文化作为干预性变量，通过温和的方式作用于战略缔造。后冷战时代，世界各国的边界变得越来越开放，国家内部安全与外部安全紧密地联系在一起。在法兰西战略文化的核心支柱中，追求大国地位的目标始终牵引着法国对外政策的制定。法国人内心的高傲与优越从某种角度来说与美国同样自认为"上帝的选民"的自我优越感发生了冲突，法国追求世界多极化与美国追求单极霸权有着实质性矛

---

① 〔美〕罗伯特·卡根：《天堂与实力》，肖蓉、魏红霞译，新华出版社，2004，第32页。
② 甘苏庆：《浅析法国重入北约军事机构》，《世界经济与政治》1996年第5期，第26页。

盾。而独立自主的外交战略是法国实现其大国地位的基本途径。如果对美国这样的超级大国不因事因时而异、保持独立自主的姿态而是一味依附的话，将会给法国大国战略的实现带来巨大的阻碍。欧洲大陆传统的权力和均势理念也根深蒂固地植入了法兰西战略文化中。强盛时期的法国曾经被欧洲其他国家联合起来一同制衡，而法国现在则借鉴这种有效的经验，联合欧洲来一同制衡美国的超级霸权。

2007 年 8 月，法国总统和总理责成法国外交和欧洲事务部以 2020 年为限，拟定法国外交与欧洲政策白皮书。2008 年 7 月 10 日，法国前总理、前保卫共和联盟主席阿兰·朱佩和路易·施维茨领导的 40 人组成的委员会向法国外长库什内递交了《2009～2020 年法国外交和欧洲政策白皮书》。这是冷战结束后近 20 年以来法国政府对外政策的总结，也是为了"建立在 2020 年前后法国国际环境和全球前景的分析基础之上，阐明法国外交应当发挥的作用，确定法国外交政策的优先目标，使其能够顺应新的挑战"。我们从中可以看到法国对当前国际格局和总体形势的基本认识和判断，以及法国对外战略的基本理念。

首先，白皮书认为全球化在主导着当今世界的发展：

全球化是重塑国际秩序的主导因素之一。贸易和资本流动推动全球经济增长，巴西、中国、印度、墨西哥、俄罗斯、南非等新兴经济体加入发达国家经济体系。全球化普遍提高了各国的社会福利，但仍有一些地区未摆脱落后局面。未来几年，世界经济重心将继续向亚洲转移。人口变化趋势开始影响全球化进程。经合组织国家人口占世界总人口的比例下降，印度、中国和非洲所占比例将大幅上升。对各国、各经济体及各国民众来说，全球化意味着更大风险，它并未缩小不平等，因此很多人恨它。在全球化时代，大家越来越重视自身特性，有时甚至导致国内冲突、国际争端、宗教与历史仇恨。移民也是全球化引发的问题之一。对移民迁入国和国际社会来说，管理移民已成为政治难题。最后，虽然全球化让人们意识到了团结的重要性，但在现实生活中，妥协却越来越难。

全球竞争加剧，权力政治凸显。2004～2020 年，中国和印度的能源需求增速将是全球增速的两倍，中亚、非洲等地重返资源争夺时代。地中海和撒哈拉以南非洲的人口增长、经济发展和生态环境状况应予以关注。在北非和中东，各种传统冲突久拖不决。

全球化的走向取决于各国制止冲突的能力。全球化并未解决"南北问题"，全球社会和环境问题严峻。新兴大国崛起导致权力重新分配，对全球化构成了另一大挑战。老牌工业化国家须增强竞争力，通过敦促新兴国家承担义务、设立贸易限额、增加贸易透明度来保护自己，同时避免落入保护主义陷阱。新兴大国的挑战还体现在政治和战略上。各国应动用一切手段减少冲突，建立新的竞争秩序。无节制的全球化正失去民众的支持，如果不进行规范和管理，全球化进程将无法继续。①

其次，法国认为 2020 年前国际关系新秩序难以成形，美国仍将是世界唯一超级大国。各国目前面临的挑战是系统性的，需担负起规范全球化、疏导各方力量的重任：

世界权力分布将出现变化，但不会造成大动荡。美国仍将保有强大实力，仍是国际舞台的主角。伊拉克战争尚不足以证明美国衰落。新兴大国对美构成竞争压力，但不构成威胁。没有美国的参与，任何世界秩序都难以建立。美国还不太适应多边主义的行事方式，欧洲应帮助美国遵守集体规则。

欧美关系将起决定作用。冷战和"9·11"后，欧美关系不断调整，美国对欧洲的战略重估，将有助于建立欧美新关系。欧洲是唯一能与美国分享基本利益与政治哲学的盟友。欧洲人要懂得，当欧美产生分歧时，只有欧洲团结，且美方愿意听取欧洲盟友的意见时，欧洲才能维护自己的利益和价值观。

美俄、欧俄关系出现问题。中期看，权力逻辑仍是俄制定政策的依据。长期看，如果俄现代化进程受挫，各种结构性困难将在 2020

---

① 《2009～2020 年法国外交和欧洲政策白皮书》。

年前极大削弱俄力量。西方缺少共同的对俄政策，应把俄拉入多边体系，让其合法地实现自己的抱负。法国在对华关系上尚未找到平衡点。像印度、巴西、南非、墨西哥等其他大国一样，中国拥有全球影响力，是一支不容忽视的力量。

当前要务是变"多极世界"为"多边世界"。多极世界初具雏形，还很不完善，稍不注意，多极结构就会变成各大国之间的失衡、竞争甚至对抗，在国际制度出现危机时尤其如此。各方目前对多边主义的有效性、合法性存在争议。法国认为，多边体系应以联合国，特别是安理会为核心，未来的多边体系仍将是破碎和不完善的。

在价值观问题上西方面临合法性危机。面对内部分歧和外部挑战，西方发现这个世界越来越难解读。"南南关系"日益取代"南北关系"。一些持激进立场的发展中国家引起西方不安，温和的发展中国家因经济发展而希望在国际事务中获得应有重视。它们得到了非洲、拉美国家的同情，并借此加深了彼此关系。"文明冲突"成为热门话题，有可能成为"自我实现的预言"。"文明冲突"是一个模糊概念。"文明冲突论"以文明的视角去解读世界本来就存在的问题，不涉及任何政治、法律和战略问题，可操作性差，易被人利用。

具有伊斯兰色彩的全球恐怖主义仍是重要的激进反西方形式。全球恐怖主义兴起，得益于本土的政治困境，以及恐怖分子对全球化网络的熟练运用，但其尚无能力挑起全球冲突。西方逐渐丧失在软权力上的优势。美国在推广民主时的所作所为、西方在价值观上的分歧、某些国家的民众对民主与人权的抗拒，都使民主与人权受到冲击。①

最后，面对上述挑战，法国认为应该全面应对。

一是重估国家权力：

---

① 《2009～2020年法国外交和欧洲政策白皮书》。

国家必须适应其权力向超国家行为体和非国家行为体转移这两大趋势。全球化模糊了国内和国际问题的界线。在此背景下，非国家行为体蓬勃发展，其中一些与国家构成竞争关系，甚至属于犯罪性质。国家必须正视这种现实，学会与各方合作，携手解决地区层面和全球范围的各种问题。另外，国家需加强和改进情报搜集等应对威胁的能力。

保留单边行动的能力。伊拉克战争说明单边主义行不通，但国家有权保留单边行动的能力，以应对直接、紧急的威胁。与冷战初期不同，多边体系很大程度上已不再是国家用来推广价值观和制裁异己的工具。在此情况下，我们没必要为了把尽可能多的国家吸收进来而牺牲起码的原则与共识。

衡量权力的标准发生变化。衡量权力的最重要指标——军事力量的重要性不断下降。一是因为冲突的非对称性，二是因为战争作为一种手段，没能很好地与政治战略结合，非战争手段未得到充分利用。

二是一国只有同时掌握全球化和主权两种工具，才能影响国际事务：

全球化。全球化意味着国家参与政治、安全、经济、社会、文化等各类国际组织，投资各种跨国网络，在观念、技术上发挥影响。国家需摆脱过去"独立"和"控制"的旧思维，学会用"相互依存"和"网络"的观点去看问题。

主权。国家仍需拥有传统权力，最重要的是军事和经济资源。要进行军事建设，就要有强大的机构来定义和捍卫国家利益。因此外交部门不但要搜集、分析情报，更要主动向公众说明世界的发展和变化。与各种伙伴结成灵活而开放的网络是最有效的工作方式，应与市民社会、基金会、智库、学者、地方政府和非政府组织加强互动。法国外交一直强调凝聚力和战略抱负，忽视了宣传和影响力建设，需对这种思维方式进行反思。

三是要制定旨在提高影响力的外交政策：

> 影响世界意味着提出问题，而不是被动地做出回应，这已成为一国实力的重要体现。没有任何一个单一的标语或概念能涵盖国际社会的变化。因此，务实、全面、清楚、有效地解释当今世界的发展趋势，指明世界的发展方向，是重要任务。须以实事求是的精神，找到同时能为世界和法国民众接受的"全球化"解释。①

通过上述白皮书文本，我们可以看到，虽然法国政府认为冷战后全球化已经成为不可抵挡的世界趋势或曰潮流，但"主权国家仍然是国际舞台的主角，权力政治依然占据主导地位"。在这样的形势下，法国希望通过加强法国的权力，同时掌握"全球化和主权两种工具"，制定旨在提高影响力的外交政策来进一步维护和提高自身大国地位，以独立自主的姿态推动世界多极化，"帮助美国遵守集体规则"。以戴高乐主义为代表的法兰西战略文化的核心内容：坚持独立自主、追求大国地位、提高法国全球影响力仍然是法对外战略的主要目标，是法国的根本对外政策诉求。法兰西战略文化决定了冷战后法国对美政策调整的基线。

坚持独立自主的战略方针，是法国对美政策传承历史轨迹、考量现实利益的结果。对美独立是法国"领导欧洲"的前提。法国为了实现其"伟大国家"的目标，在现实主义政治家戴高乐执政时期毅然摆脱对美国的依附、退出北约军事一体化，表现出强烈的独立自主立场。而美国对法国的遏制主要采取机制性遏制，例如力图将法国限制在北约的框架内，通过北约的框架约束法国的活动。然而，法国并非全心全意按照美国设定的机制来行动。在一些认同感强烈的事务上，附和美国的意见，某种程度上也是为了防止游离于美国的影响力之外而给自己带来不必要的损失。法国坚持自己对海外派兵进行评估的权力，就说明法国不会在和平时期依然像在战争时期那样将自己的军队置于盟友的麾下。法国联合德国在返回北约之前强烈要求以美国为首的北约制定"新战略"，给自己留够充足的空间

---

① 《2009~2020年法国外交和欧洲政策白皮书》。

来参加新概念的制定，同时坚决要求由法国人出掌北约两大司令部之一，这充分体现了法国坚持独立，甚至要在北约占据领导地位的一贯立场。从这个意义上说，正如上文曾经分析过的那样，萨科齐政府重返北约，已经实现了戴高乐将军当年所希望的"法国在北约中充当领导和决策者之一"的目标。

追求大国地位的基本出发点是要保障国家的安全利益不受到侵犯，国家的综合实力得到快速提升。二战后，经历几十年的建设和发展，虽然法国的综合实力得到稳步恢复，但已经远远不是以往那个强大的法兰西帝国。在这种情况下，追求大国地位与本身实力衰弱使法国陷入了"心有余而力不足"的困境。在国际事务中"离不开美国又厌烦美国强势"，使法国只能在"自身无法发挥优势的事务中"跟着美国走，在自己能够"抛头露面"的事务中坚持自己的意见。在国际体系层面上，法国对大国地位的追求推动着其外交政策行为，这决定了法国与国际体系领导者美国之间的冲突从根本上说是结构性的，法国对此而采取的调整政策需要在"合作"与"独立性"之间找到微妙的平衡点。

均势战略的目的是最大程度上制衡美国的霸权行径，推动国际多极化发展的趋势。美国冷战后初期主导下的国际体系的成功无疑意味着当时法国外交的受挫。法国竭力推动的欧洲新秩序与美国的目标是迥然相异的。法国退出北约与回归北约的举措，都是在不同背景下均势战略的一种表现。苏联威胁消失后，美国口头上说着要退出欧洲，但是实际却利用北约东扩等方式将欧洲纳入自己主导的框架之下。爱丽舍宫认为，"欧洲必须确立起共同防务和安全政策"，这是对"欧共体走向政治一体化的合乎逻辑的补充"，① 可是，法国所希望的欧洲安全架构由于欧洲内部各种矛盾的存在并没有按预期建立起来。美国认为，在其主导下北约东扩能够分担欧盟东扩所要面对的民族冲突、经济差距过大等不稳定因素带来的压力，北约对原华约组织成员国的吸收显示出北约相对于欧盟更能够为中东欧国家提供安全保障方面的优先地位，"大西洋主义"而非"欧洲主义"更能

---

① Note from Hubert Velrine for President Mittenand, "Que va devenir L'OTAN", 23 March 1990.

够让欧洲各国，尤其是东欧各国获得更多的安全感，而这恰恰是法国所不愿看到的。"9·11事件"之后，反恐战争对美国力量的牵扯使得美国不得不给欧洲留出更大的空间让其启动更具有自主性的共同安全与防务政策，这对于法国来说是一个不可多得的机遇。北约组织对于跨大西洋两岸关系框架中的优先地位的逐步减弱，部分程度上给予法国更大的信心来通过均势策略实现欧洲人的欧洲和世界多极化的战略目标。

借助于法兰西源远流长又具有很强世界影响力的文化，实施文化外交，凸现法兰西文化软权力，是法国牵制美国软实力影响的重要战略手段。作为世界上最早制定对外文化政策的国家之一，法国的软实力优势对其提升国际地位起到了很大的推动作用。即使经过世界大战，军事、政治、经济实力都日趋下降的法国，在文化上依然处于一流强国的地位。通过文化潜移默化的渗透作用，实现法国的大国战略目标，其效果不可低估。美国二战后强大的经济军事实力极大地推动了其对传播途径及方式的控制力，进而使得美国不断扩张"美国化的欧洲文化"，即美式文化的影响力，这给法国的"文化兴国战略"带来了极大的困扰。法国退而通过"法国文化欧洲化"的战略措施极力维护其文化大国地位。美国的文化扩张，给一向以法兰西文化自豪的法国人带来了极大的不满、蔑视和愤怒。在他们看来，美国文化并不是自己的文化，而是清教徒到达美洲之后，将带去的残缺的欧洲文明的不完善或者极端化发展，不但没有经历文艺复兴等文化运动的洗礼与磨炼，而且缺乏深刻的历史蕴意与精神内涵，实质是充斥着物质主义、放任主义等"低俗并缺乏优雅与高贵品质"的贬值了的文化。但是美国强大的政治、经济、军事控制力极大地推动了其文化影响的广度和深度，给法国推行其文化战略带来了障碍，直接影响到法国对美国的战略决策及战略实施。有关法国文化外交战略的具体内容，本书将在第五章详细阐述。

第四节　软实力扩张与法国对非洲战略

法国与非洲有很深的历史渊源，无论在"法兰西帝国"时代还是全球化浪潮席卷世界的今天，非洲都是法国之所以成为大国的重要因素。虽然戴高乐时期的法国基本结束了对非洲的殖民统治，但毫无疑问的是，戴高乐是一个精明的殖民主义者，是法兰西殖民帝国、法兰西殖民利益的捍卫者。无论是对阿尔及利亚，还是对法属黑非洲，戴高乐及其继承人终究没有放弃法国在新时期对非洲大陆的"新殖民统治"。法兰西战略文化形成的历史长河中，始终弥漫着"掌控非洲，为我所用"的思想。冷战后的法国统治者所制定的对非政策，也没有背弃其战略文化中这种借助原殖民地实现大国战略目标、保障国家利益的殖民惯性。

一　冷战后的非洲

历史遗留下的痕迹给非洲带来了巨大影响。有人这样形容法国与非洲的关系："没有非洲，法国是一部没有汽油的汽车；没有法国，非洲是一部没有司机的汽车。"法国是殖民时期在非洲占有土地最多的国家。1830～1960 年，法国统治突尼斯、摩洛哥、阿尔及利亚、中非共和国、乍得、刚果等众多非洲国家长达 130 年。① 逾百年殖民统治的漫长岁月，

---

① 法国曾是世界第二大殖民帝国，殖民地遍及各大洲，面积相当于法国本土的 20 倍。非洲在法国的殖民帝国里占有重要地位：法国殖民帝国的建立始于非洲也终于非洲。1830 年法国入侵北非地中海沿岸的阿尔及利亚。1895 年，法国将塞内加尔、法属苏丹（今马里）、法属几内亚、科特迪瓦合并为法属西非联邦，1904～1920 年，又将达荷美、尼日尔、上沃尔特、毛里塔尼亚并入西非；1911 年和 1912 年，法国分别宣布突尼斯和摩洛哥为自己的"保护国"；1913 年，法国将占据的 967000 平方公里的土地，包括今天的加蓬、刚果人民共和国、中非共和国和乍得合并为法属赤道非洲联邦。第一次世界大战后，又与英国一起从德国手中瓜分了多哥和喀麦隆；最后将非洲最大的岛屿马达加斯加据为己有。今天的法语非洲国家包括北非的阿尔及利亚、突尼斯、摩洛哥；西非的塞内加尔、喀麦隆、几内亚、尼日尔、贝宁、加蓬、布基纳法索、科特迪瓦、多哥、马里；中非的中非、乍得；南非的布隆迪、刚果（金）、刚果（布）、卢旺达；以及科摩罗、毛里求斯、马达加斯加、吉布提、塞舌尔等。
法兰西大国地位的建立，很大程度上取决于对非洲的占领。但在二战结束后，民族主义浪潮席卷全球，非洲国家日益觉醒，开展了轰轰烈烈独立运动。法国在非洲的殖民统治经历了 130 多年后，迅速开始瓦解。从 1954 年法国退出亚洲的印度支那后，1957 年又被迫承认北非的突尼斯和摩洛哥独立，接着，这一进程如同雪崩般加速推进，1960 年一年中，法属黑非洲所有国家包括马达加斯加和两个托管地全部获得了独立，而被法国视为"法国一个省"的阿尔及利亚，也经过了 8 年残酷的战争后赢得了独立。至此，除吉布提等小块殖民地外（面积仅 2 万多平方公里），法国的殖民体系实际已土崩瓦解。参见陈晓红著《戴高乐与非洲的非殖民化研究》，湘潭大学出版社，2003。

使得法国的政治、经济、历史、文化、语言渗透到非洲的每个角落，可以说无所不在。法国工业发展的原材料不断来源于这块土地，举例来说，在20世纪80年代，法国对非洲原料的依赖如下：100%的铀来自加蓬和尼日尔、90%的矾土来自几内亚、76%的锰来自加蓬和南非、59%的钴来自扎伊尔和赞比亚、55%的磷酸盐来自摩洛哥和刚果、31%的铁矿石来自利比里亚和毛里塔尼亚。截止到1989年，法国对非洲的能源依赖从1950年的30%上升到了80%。而法国从国外进口的石油中几乎有70%来自非洲的安哥拉、喀麦隆、刚果和加蓬。法国还通过与二战后独立的非洲法语区国家签订合作及防务协定确保获得石油、天然气、铀、锂、铍、氦等战略原料的专有地位。根据协议，这些原料只能优先售到法国，其次是其他发展中国家，这是为了"确保相互之间共同的防务利益"。[1] 同时，非洲还是法国资本、技术和商品输出的主要市场之一。

法国对非洲的殖民一方面出自经济企图，另一方面也是政治和国家荣誉的考虑。法兰西大国地位的建立，很大程度上取决于对非洲的占领。戴高乐本人就一再强调："与走向文明化的海外领地联结在一起，法国是一个强国；没有这些领地，法国就可能不再是一个强国。"[2] 有人不无尖刻地评论说："由于有了众多法语非洲国家的支持，法国在世界上发挥的作用要超出它的幅员之限，并因此取得了联合国安理会常任理事国的一个席位。"[3] 一战期间，原料匮乏让法国感到大规模开发殖民地资源的重要性，1929年的经济危机成为法国向殖民地投资的推动力。二战时，由于法国本土被法西斯德国侵占，贝当政府投降，戴高乐的"自由法国"和"战斗法国"不得不主要依靠非洲作为生存和将来复兴的基地，为此他多次前往阿尔及利亚、赤道非洲联邦等非洲法属殖民地。从那时起直到二战后较长一段时间，戴高乐将军在与美英盟国打交道的过程中，始终以"法兰西帝国"——主要是指非洲等法国的海外殖民地——为重要物质和心

[1] Statistical data from Jaeques Adda and Marie-Claude Smouts, *La France face au Sud: le Mirior brise* (Paris, 1989), p. 98. Table10. Quoted from Guy Martin, Continuity and Change in Franco-African Relations, *The Journal of Modern African Studies* (1995), p. 9.

[2] 陈晓红：《戴高乐与非洲的非殖民化研究》，中国社会科学出版社，2003，第37页。

[3] Guy Martin, "Franco-African relations," *The Journal of Modern African Studies* (1998), p. 23.

理依托和谈判资本（在戴高乐的回忆录中有大量相关论述）。从非洲殖民地收集来的金钱和资源不但成为戴高乐临时政府在战时抵抗法西斯德国、重返欧陆的重要资本，还使法国临时政府还清了英国的全部贷款。二战后到 1960 年非洲独立年，法国开始对殖民地进行大量经济投入，也成为非洲独立后依然在经济上依附于法国的重要因素。戴高乐执政后，提倡通过政治、经济、军事、外交和文化合作的方式来替代原有的飞机、大炮、坦克以维持法国在非洲的新时期的殖民统治。政治上虽然松绑，但是经济联系却得到了空前的加强。殖民地与法国之间的纵向经济联系正是法兰西"新殖民主义"的体现。这种特点也决定了法国能在后殖民化时代依旧对非洲保持巨大的影响力和特殊经济利益。法国对非洲的军事干预和驻军在 20 世纪 60 年代后得到了实质性转变，这对法国来说未尝不是一件好事，减少军费开支往往比获得"非洲宪兵"的称号对现代的法国来说更有意义。

虽然殖民统治早已结束，但法国对非洲的影响力不但没有削弱，反而在冷战后全球化时代不断得到加强。其根本原因在于，法国深知非洲，尤其是非洲原法国殖民地国家在其全球战略中有着至关重要、不可或缺的地位。没有非洲，法国的大国梦想会永远只是个梦想。冷战后，法国继续定期举办"法国和非洲国家首脑会议"，每逢双年轮流在巴黎和非洲国家召开，而且参加国包括非洲大陆所有国家，不仅限于法语非洲国家。逢单的年份，法国又要张罗召开世界法语国家首脑会议，60 多个成员国中有一多半是非洲法语国家。在非洲尤其是法语非洲国家的工业、农业、酿酒、贸易、能源、建筑、运输、餐饮、零售等几乎各个经济行业，法国公司都占据着相当重要的地位。甚至在相当多法语非洲国家的报纸、杂志出版、电视转播等行业，都是由法国巨头垄断，可见法国对维护、巩固和加强在非洲影响力的重视程度。

冷战后，随着国际形势和非洲形势的变化，由于受到自身经济和财政困扰以及面对美国在非洲咄咄逼人的进攻，法国的对非政策不断进行调整。1995 年，希拉克政府提出要与非洲建立"法非新型伙伴关系"，进一步弱化法国在非洲的军事存在，避免直接卷入非洲内部冲突，摒弃"非洲宪兵"的称号。同时，希拉克政府还表明法国对非洲关系的"开放性立场"，说明法国已经放弃在非洲保持"势力范围"的过时做法，正在非洲努力寻找扩大友谊范围。但是，法非关系的历史决定了非洲国家对法国的依赖性。1999 年，科特迪瓦发生军事政变，总统贝迪埃希望法国政府帮助平息叛乱，恢复宪法（后法国出于各方面的考虑，仅派兵保护科特迪瓦总统本人，并未满足其维护国家政权稳定的要求）。同时，法国依然是西方国家对非援助最多的国家，1997 年达到 187 亿法郎。法国至今仍是非洲第一大贸易伙伴，也是后殖民时期对非洲干预最多的国家。由于法国自身实力的下降，再也不能让法国像殖民统治时期那样包揽非洲国家的一切，冷战后法国对非外交政策调整的重点就是在扩大法国对非洲的影响的同时，加强非洲国家管理自身事务的能力。同时，法国应对美国在非洲进攻的策略选择是与美国合作。这种合作为法美在非洲事务上取得共同利益的最大化提供了一个平台，也为非洲地区危机管理提供了一条重要途径，符合法国的切身利益。

二　法国对非洲政策的调整：密特朗（人权外交）、希拉克（回归实用主义）、萨科齐（共同发展的新型法非关系）

密特朗政府"第三世界主义"和"人权外交"的败笔。一方面，冷战结束后，法国加紧对非洲的投入，在经济方面拓宽了与非洲国家的合作，把经济合作的范围从几个亲法的法语非洲国家，扩展到了全非洲，奉行"大非洲政策"。增加了对外援助，仅 1981～1984 年，其对外援助占国民生产总值的比例从 0.35% 增加到 0.53%。另一方面，密特朗的对非"人权外交"后来被普遍嘲笑为败笔。冷战甫一结束，密特朗以人权和民主卫士自居，将对非洲国家的援助规定为"视受援国'民主化进程'和人权状况而定"，加大了将西方价值观念和政治制度强加给非洲国家的力度，通过政治、经济压力加大对非洲国家的控制。抵抗力薄弱的黑非洲法语国家则完全屈从于这种外来压力，承袭了法国资产阶级革命的议会民主模式。然而这种与国内实际情况并非完全相容的外来政治经济压力诱发了许多内部部族、宗教和地区矛盾，给相当多的非洲国家带来了普遍、剧烈的政治、经济混乱，不但给法国带来了巨大的经济压力与政治烦恼，也给美国创造了挖法国墙角的机会。美国借此机会极力拉拢法语非洲国家中的政府反对派，力图通过政权更迭来在非洲建立亲美政权。①

希拉克回归实用主义。希拉克上台后迅速调整对非政策、"拨乱反正"。他提出了一套新的对非政策：一是将"援助与民主"挂钩原则改为"以援助促稳定"的政策，二是带头援助非洲，并减少对非洲内部事务的干涉。1995 年 5 月希拉克提出了"法国新非洲政策"，把传统的"托管式法非关系"定位为"新型合作伙伴关系"。1996 年 7 月，希拉克访问非洲时强调指出，西方应该寻求一种同非洲发展合作与互助的新基础，使得相互能构成任何尊重对方的特性，并明确指出，要更新"法非关系的传统框架"，同非洲国家建立"新型的伙伴关系"。他宣称："法国从未准备脱离非洲"，"法国将继续是黑非洲的第一大伙伴"，"法国并不是改变其非洲政策，而是使之更加适应非洲的新现实"。若斯潘总理在 1997 年 12 月访问马里时对法非关系重新定位："法国与非洲国家是兄弟关系，而不是

---

① 据统计，1990 年在非洲 52 个独立国家（含南非）中，30 个国家实行一党制，13 个实行多党制，8 个国家禁止政党活动。但到 1994 年底，几乎所有非洲国家已经或者宣布准备实行多党制，由此产生了剧烈的政局动荡。由于忽视非洲大陆的实际，过急过猛，在实现多党民主之初，不仅没有促进非洲的稳定发展，反而导致了 20 世纪 90 年代初部族主义恶性膨胀、武装冲突硝烟四起、社会激烈动荡，非洲 2/3 国家陷于冲突和内乱。1989～1993 年，非洲先后发生 24 场国内战争，有些战争至今仍在继续。其中发生于 1989～1990 年的"一国四君"彼此残杀的利比亚内战、1990 年开始的索马里内战及 1993 年国际维和部队对这场内战的卷入，1990～1994 年的卢旺达大规模内战。在内外的强大压力下，许多非洲国家被迫开放党禁。很快，在一个国家里就出现许多反对党。像刚果（布），全国人口只有 200 来万，较为重要的政党就有 67 个。阿尔及利亚国内有 130 多个党派。在许多非洲国家迅速出现了反对党与执政党展开夺权与反夺权、分权与反分权的斗争。历时多年的"多党制"浪潮，造成很多非洲国家独立以来尚未有过的大动乱和大倒退，付出了沉重的代价。经济上，很多非洲国家较前更加困难。非洲国家为召开"全国会议"及举行各种选举而支出的"民主费用"少则几亿、十几亿非洲法郎，多则几十亿非郎，这对原本拮据的国家财政无疑是雪上加霜；加之，政局不稳、社会动乱造成的工厂停工、生产滑坡和出口萎缩等，使许多国家的经济面临崩溃的边缘。就连长期以来政局相对稳定的"橱窗国家"科特迪瓦、喀麦隆、加蓬等国也难幸免。多党民主造成社会动乱，军人涉政事件频发，内乱冲突四起；部族主义痼疾在"多党民主"的气候中重新得到复苏和繁衍；原教旨主义势力假"民主变革"之途在北非迅速膨胀并开始冲击法国的传统势力范围；"多党民主"浪潮还猛烈地冲击了一批多年来忠心耿耿追随巴黎的亲法政权。总之，法国对非的这一家长制做法，是其对非政策的"重大损失"，使法国的形象受到损害，美利用这一失误，积极打入了法的势力范围。美一方面以支持民主化为名，扶植亲美势力，一方面利用原法属非洲国家政局混乱之际，与法国进行争夺，大打"可可大战，花生大战，石油大战等等"，使美国的公司遍布于原法属非洲国家。这一形势迫使法国不得不正视在法非关系中所存在的一系列问题，对非政策重心也由原来的"促变"转为"求稳"。

父子关系。"①

　　法国一向把对非洲的经济援助视为其非洲政策的重要组成部分，以此密切与非洲的经济联系。1998 年以前，法国将受援国家分为两类："阵营国家"和"阵营外国家"。所谓"阵营国家"指的是法语国家，包括 37 个原法国殖民地国家（主要是非洲国家）和后来逐渐加入的非洲国家，而其他接受法国援助的国家为"阵营外国家"。1998 年起，法国政府调整了其对外援助政策，由原来"阵营国家"和"阵营外国家"的二元划分，转变为"优先援助地区（La Zone de Solidarite Prioritaire，ZSP）"政策，"优先援助地区"名单由法国国际合作与发展部际委员会每年根据不同情况分别制定。1999 年初首次确定的"优先援助地区"共计包括 61 个国家，除了原 37 个"阵营国家"外，又增加了很多撒哈拉以南非洲国家，主要是中部和南部非洲英语国家。② 从 2000 年开始，对于这些国家，法国政府定期制定多年度发展合作战略文件，指导双边发展合作。2001 年，法国 53% 的双边援助用于"优先援助地区"计划中的国家。2002 年，"优先援助地区"计划更改为 54 个国家，其中非洲国家 43 个，占近五分之四。③

　　2002 年 11 月，法国时任外长皮埃尔·安德烈宣布法非合作新政策的 10 项计划，大力加强对非洲援助。政策内容包括：5 年内向发展中国家提供的援助增加 50%；进一步简化援助手续；向撒哈拉以南非洲提供的援助将占援助额的 44%；向北非和中东地区提供的援助占 20%，由伙伴关

---

① 见 Xavier Renou, "*A major obstacle to African unity：A new Cold War in Africa,*" in E. Maloka, ed. *A United States of Africa?* Pretoria：Africa Institute of South Africa, pp. 419 – 444。

② "优先援助地区"不仅包括低收入且没有进入资本市场的最不发达法语国家，同时也向非法语国家开放，从而保证地区行动的更好协调。属于"优先援助地区"的国家可获得更广泛的合作手段和最优惠的援助资金。见李安山《浅析法国对非洲援助的历史和现状——兼谈对中国援助非洲工作的几点思考》，《西亚非洲》2009 年第 11 期。

③ 分别是：阿尔及利亚、摩洛哥、突尼斯、南非、安哥拉、贝宁、布基纳法索、布隆迪、喀麦隆、佛得角、中非、科摩罗、刚果、科特迪瓦、吉布提、厄立特里亚、埃塞俄比亚、加蓬、加纳、冈比亚、几内亚、几内亚比绍、赤道几内亚、肯尼亚、利比里亚、马达加斯加、马里、毛里塔尼亚、莫桑比克、纳米比亚、尼日尔、尼日利亚、乌干达、刚果民主共和国、卢旺达、圣多美和普林西比、塞内加尔、塞拉利昂、苏丹、坦桑尼亚、乍得、多哥、津巴布韦。见驻法国使馆经商处王维娜：《法国对外援助国别政策及可供借鉴的经验》，http：//ccn. mofcom. gov. cn/spbg/show. php? id = 2934。

系代替单纯援助关系；发展多种形式的合作，鼓励法国志愿者参与开发援助行动，强化援助监督机制，等等。① 希拉克推进法非关系跳出传统框架，改变密特朗"人权外交"的强硬做法、回归实用主义，改善了法国与非洲大陆固有的政治、军事交往形式与渠道，加强了法国与整个非洲大陆的全面合作关系，无疑为法国稳定能够为其带来发展空间的"后院"，对抗美国势力的渗透有着重要意义。

萨科齐的对非政策主张经历了从竞选到当选执政后的较大变化。从选前表态看，萨科齐对非政策的人权色彩比较浓重，他在竞选过程中曾表示将在达尔富尔问题上更加强调人权，要求非洲地区政治更加透明化，等等。但法国不可能割舍与非洲之间的传统关系，保持在非洲的影响力是法国保持大国地位的关键，上述表态恐怕仅是为吸引选票的需要。入主爱丽舍宫后，萨科齐的对非政策回到了"实用主义政治"轨道，力求建立"共同发展的新型法非关系"，淡化意识形态色彩，积极更新对非合作模式，谋求恢复并加强其在非洲传统影响力。萨任命了北非裔的拉齐达·达蒂为司法部长；2007 年 12 月，萨科齐展开了 3 天的阿尔及利亚之行，希望修复因 2005 年法国议会通过的美化法国在阿殖民统治的决议而受到影响的两国关系。2007 年 8 月，萨科齐在驻外使节会议上阐述其外交政策构想称："非洲是法国外交政策的优先目标，也是欧盟对外合作政策的轴心。非洲不是今日世界的病夫，非洲不需要我们的施舍。非洲拥有在全球化进程中成功的一切潜质，法国愿意帮助其取得成功。最近几年，非洲的平均增长率达 5%，如果诸如棉花一类的初级产品可以卖出更公道的价钱，非洲的增长率还会更高。当然，非洲仍被排斥在世界繁荣之外，它未从自己丰富的资源中获得最好的收益，其资源还面临被掠夺的危险，而且非洲受气候变化的影响更大。我希望倾听非洲人民，特别是非洲青年的声音，希望了解他们想从法国得到什么。"②

---

① 见 Gordon Cumming，"Modemisation without 'banalisation': towards a new era in French African aid relations?"，*Modem & Contemporary France*，Issue 8，No. 3，2000，pp. 359 – 370。

② 2007 年 8 月 27 日，法国总统萨科齐在法国驻外使节会议上发表的演说，见法国总统府网站：http://www. elysee. fr/president/international/politique – etrangere – de – la – france. 6. html。

　　萨科齐 2008 年 1 月 18 日向法国驻外代表团发表的讲话和 2 月 28 日在南非国民议会上的演讲进一步全面阐述了他的外交思想，其中谈到对非关系时，萨科齐强调法国应与非洲建立"新型关系"。他称法非关系模式虽然已不再被新一代非洲人和法国舆论所理解，但法国与非洲之间纽带的力量"不仅属于过去，也属于今天"。他说，"10% 的法国人能够溯源其非洲血统。法国和非洲还有法语这一语言纽带。但法国同非洲，尤其是同撒哈拉以南非洲的关系在疏远。今天非洲舆论界存在着某种反常现象：法国与世界其他地区之间被认为正常的事情，只要一涉及非洲，人们就会怀疑法国政府的意图"。萨科齐称法国与南非的关系应确立为法非关系的示范。南非现在已成为法国在非洲的第一大经济合作伙伴，160 家法国企业在南非开展业务，创造就业岗位。南非已显露出复兴信号，并做出了榜样。复兴不应是财富的复兴，而应是精神复兴。为实现这一复兴，法国愿与南非和非洲重建关系。萨科齐提出了重建法非关系的四项建议。首先，法国应就防务协议问题与相关非洲国家进行协调，以使现有协议适应现实，最大程度考虑非洲国家的愿望。其次，法国将在透明原则的基础上重建与非洲的关系，法国与非洲国家签署的所有防务协议都将公布于众。再次，驻非法军的重点是帮助非洲建立自己的集体安全体系。法国没有在非洲永久驻军的使命，非洲的安全问题应该由非洲自己解决。最后，欧盟是非洲和平与安全问题的最重要合作伙伴。非洲大陆上发生的战争、流行病、毒品与武器贩运及恐怖主义会对欧洲和法国造成直接后果。如果非洲今天失败，欧洲明天可能就会发生悲剧。这是欧非共同的利益，因为一个强大的欧洲需要一个强大的非洲。萨科齐在南非许诺，法国将加大援非力度。其一，法国将设立一个 2.5 亿欧元的发展援助基金会，并将参与其他基金或专项基金会，以帮助非洲企业发展。其二，设立 2.5 亿欧元的保障基金，以方便非洲的中小企业获得贷款或资金。其三，法国发展署（Agence Française de Développement，AFD）将在 5 年内投入 20 亿欧元发展援助资金。上述计划涉及的资金总额达 25 亿欧元，分 5 年直接或间接资助 2000 个非洲企业，创造 30 万个就业岗位。连同原先的项目，法国对撒哈拉以南非洲的双边援助资金总额未来 5 年将提高到 100 亿欧元。此外，他还呼吁法国与非洲应在移民领域建立合作伙伴关系。相关各方应鼓励移民为原籍国家的发展尽力，以实现共同发展。

2008 年法国通过"公共发展援助计划（APD）"渠道用于对外援助的资金共计达 75.62 亿欧元，是世界第四大对外援助国家，其中 53% 用于援助非洲，撒哈拉以南非洲更是占到了 43%，达 32.5166 亿欧元（参见图 3 - 3）。

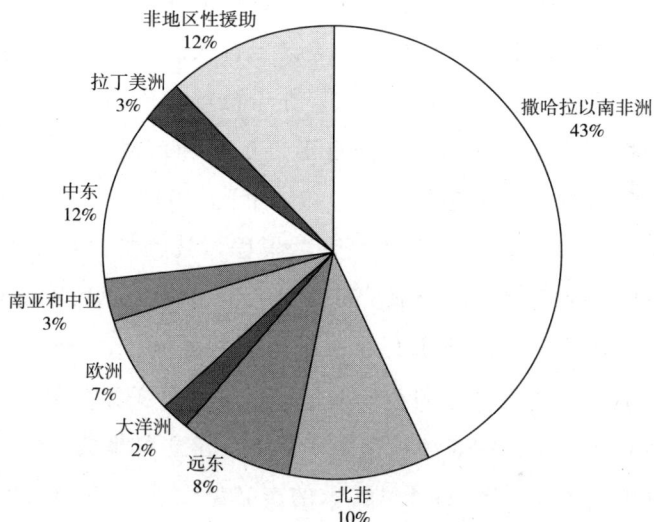

图 3 - 3　2008 年法国对外援助按地区分配图

资料来源：法国外交部公共发展援助官网，http://www.
diplomatie.gouv.fr/fr/actions - france＿830/aide - au - developpement＿
1060/aide - publique - au - developpement - apd＿19762/index。

无论是密特朗政府的"人权外交"、希拉克的"实用主义"，还是萨科齐的"以欧盟为轴心的新型法非关系"，都以法国国家战略目标的根本需求为基本出发点。首先，都是致力于保持和扩大法国在世界上的影响力。同时，政治上的变相控制、经济上千丝万缕的联系、文化上的教师与学生的角色都是法国继续在非洲实行新殖民主义的体现。无论萨科齐如何辩解，法国对非新殖民主义的实质不会得到改变。"简氏信息集团"（Jane's Information Group）2010 年 7 月最新发布的《简氏安全评估报告——法国》中就明确指出，冷战结束后，法国努力巩固和加强对非洲法语区的影响，尤其加强了在科特迪瓦、刚果民主共和国、卢旺达、科摩罗和中非共和国的干预（法国在联合国维和行动、欧盟共同防务政策军事和民事计划等框架下作为主要派兵国家向上述国家派出了维和部队）。①

三 冷战后法美对非洲的争夺

冷战后法国在非洲遇到的首要难题和威胁，恐怕要算是美国对非洲野心勃勃、咄咄逼人的进攻态势。如前文所述，早在冷战结束后不久，美国便积极利用密特朗政府对非洲政策的失误，打入法在非洲的势力范围，很快美国公司便遍布于原法属非洲国家。在希拉克时代，美国进一步调整其对非政策，声称"从现在起，美国将不再把非洲市场拱手让给那些前殖民强国"，"法国在非洲的独家牧场应该结束"。1996 年 2 月，克林顿向国会提交《美对非贸易和发展援助政策》报告，鼓励美国内企业界开展对非贸易和投资。随后美前商业部长布朗在一年多的时间里先后 6 次出访非洲，为扩大美在非洲的商业机会和市场份额四处奔忙。1997 年 4 月，克林顿政府又提出了《促进非洲经济增长和机会伙伴关系计划》，决定设立两项总额达 6.5 亿美元的非洲投资保证基金，建立美非贸易合作论坛和美非自由贸易区，给予 1783 种非洲国家的产品免税进入美国的待遇，等等。在政府的大力鼓励和政策支持下，美非间的贸易发展很快。1996 年，美对非出口增加到 60 亿美元，从非进口则增加到 151 亿美元。美在非建立的各种企业也由 1992 年的 180 家增长到 500 多家。为争夺非洲的石油战略资源，美国石油公司还在安哥拉、喀麦隆、刚果、几内亚湾和尼日利亚等地到处挖法国埃勒夫—阿基坦石油公司的墙脚，与法国公司争抢石油开采合同，打破了法国埃勒夫公司多年来对几内亚湾石油市场的独家垄断。"9·11"事件后，美国对非洲政策可以概括为两手抓，即一手抓反恐，一手抓能源。美国在非洲开展反恐行动，是为了配合国家安全和战略利益需要，防止该地区成为恐怖主义组织藏匿和滋生地，确保石油等重要资源来源的多样化事关美国维持世界超强地位的长远战略利益。美国布什政府明确将非洲定位为："攸关美经济、政治和军事利益"的优先考虑地区，

---

① 2010 年 7 月《简氏防务安全评论》，http：//sentinel. janes. com/subscribe/sentinel/country_report_ doc. jsp。

布什任内先后于 2003 年、2008 年两度出访非洲。布什总统在 2003 年 7 月访问非洲 5 国，做出增加资金用于反恐及艾滋病防治等许诺。此外，美国还在非洲之角建立反恐军事基地，与北非阿拉伯国家和西非国家也加强了反恐领域的合作。2008 年奥巴马政府上台后，总统奥巴马和国务卿克林顿均已出访非洲，其对非援助力度不断加大，从 2001 年的 14 亿美元增至 2009 年的 56.49 亿美元，奥巴马总统还承诺，2013 年将对非援助在 2009 年基础上翻番。

在经济上不断向非洲挺进的同时，美国也积极插手非洲政治军事事务、在安全防务领域向法国提出了严峻挑战。1996 年 10 月美国务卿克里斯托弗访非，其第一站是西非法语国家马里，这被认为是美国明确向法国的势力范围进行挑战。法国讥讽此行是为克林顿 "捞取美国黑人的选票"，美国 "并不真心关注非洲发展"。美国则反击说，"法国把它过去的殖民地看成是它自己的领地"，"法国应该允许这些非洲国家有更多的独立性"，等等。在 1997 年的前扎伊尔内战中，美法最初在是否派驻多国部队的问题上意见不一，其后又因美国支持的卡比拉上台、法国支持的蒙博托垮台而使法国丧失了其在中部非洲的重要基地，美国则乘势推进了其势力范围，建立起从厄立特里亚、埃塞俄比亚、乌干达、卢旺达、布隆迪、刚果到坦桑尼亚、赞比亚、安哥拉及南非的一个巨大的亲美弧形地带。为巩固中部非洲这一新阵地，美国务卿奥尔布赖特 1997 年 12 月先后访问了非洲七国，向这些国家许以巨额赠款，并提供资金用于促进大湖地区的民主和司法建设。美国矿业公司也捷足先登，早在卡比拉攻占首都前就与其签署了一项价值 10 亿美元的矿业合同。2007 年，美国成立 "美军非洲司令部"，据报道，2010 年美国财政对非洲司令部的投入达 8 亿美元。

此外，美法在非洲的角逐还体现在争夺对非洲事务的控制和主导权上。面对非洲频仍的地区冲突和危机，美、法吸取各自在索马里和卢旺达维和行动失败的教训，虽然都不愿再单独军事卷入非洲的内部冲突，主张由非洲国家自主解决问题，但在非洲维和机制的具体组建和以谁为主的问题上则争夺激烈。美国曾于 1996 年 10 月抛出一个由美国等西方国家出钱、由非洲国家出人的所谓组建 "非洲危机反应部队" 的计划，在遭到冷遇后又于 2007 年提出了具体的"对付非洲危机计划",并投入 2000 万美元加以实施。同时实行的还有"国际军事教育与训练"计划以及代号为"J7"的培训计划,目的都是训练非洲国家军队,提高其作战能力。而法国长期以来一直充当着非洲"宪兵"的角色,在非洲 6 个国家驻有约 8000 人的兵力。虽然由于财政困难,法国政府不断缩减驻非军队,弱化法国在非洲的军事存在,但在争夺非洲维和主导权的问题上却毫不示弱,也舍得花钱。1997 年 3 月,法国同贝宁、多哥和布基纳法索 3 国举行了从海上到陆地的联合军事演习。为扩大影响,法国还特意邀请了邻近国家加纳、尼日尔、尼日利亚和科特迪瓦的国防部长和三军参谋长赴现场观看,并计划在上半年再与塞内加尔等西非国家举行多国、多兵种大规模军事演习。

面对美国上述扩张行为,法国采取了两手并举的应对措施。一方面在经贸等领域针锋相对地加强竞争手段,试图继续控制原法属非洲的经济,另一方面在军事安全领域则同时向非、美伸出橄榄枝,试图通过合作方式延续其在非洲的传统权力。

首先,面对美非贸易的大幅增长和美国公司咄咄逼人的进攻态势,法国在非洲长期享有的贸易垄断地位感受到了从未有过的巨大威胁。法国舆论认为,美国是法国外交的"天敌",如果法国在非洲这片长期经营的领地上被美国挤走,那将是法国所"不能忍受的"。为巩固和维护在非洲的传统利益和阵地,法国总统希拉克自 1995 年 5 月上台后的一年多时间内 3 访非洲,增加了对非援助,取消了 10 个最不发达国家所欠 66 亿法郎的全部债务,一次性减免 4 个中等收入国家的一半债务,总额为 184 亿法郎。在通过增加发展援助、减免债务等措施巩固与法语非洲国家原有关系的同时,法国还与英国合作,将触角伸向非洲英语国家,积极与非洲英语国家发展经贸关系。比如对南非,法国从希拉克时代起就着重加强了投入。南非进入了法国的"优先援助地区"(ZSP)计划名单(参见上文),在《法国-南非发展援助战略文件》中法国明确表示,"法国在南非发展合作的战略目标是:让一个法国在历史上几乎从未涉足的国家更好地了解法国;与一个地区政治领袖和地区经济强国发展伙伴关系;使援助在文化、经济和政治上产生重要影响"。仅 1998~2000 年,法国对南非的发展援助净支出共计达 8290 万美元。①

其次，面对美国在安全防务领域在非洲的攻势，尽管法国不甘心美国在非洲日益扩大的影响，但美国毕竟是一超独大，作为一个二流的世界大国，法国的外交政策无论在目标选择和实现方式上都必须面对现实。法国政府明确意识到，要想在新的国际环境中最大程度地实现自己的利益，就必须重新确定自己的外交政策目标，减少与美国外交政策的直接冲突。因此，法国在非洲巩固扩大影响的同时，也非常清醒地认识冷战后美国在非洲事务上参与程度日益加深的事实。法国对自己的行动，尤其是军事行动的范围和程度进行了限制，以便和其他大国，特别是美国保持一致。法国为此所做的最重要的政策调整，就是 1997 年决定大量减少法国在非洲的驻军人数。法国不但关闭了在中非共和国的军事基地，还把在其他五个非洲国家的驻军人数从 8000 人减少到 5000 人。不过法国国防部长强调，法国军队减少的人数主要是后勤部分，将不会影响法国完成在非洲承诺的防务协议的能力。② 在减少军队的同时，法国还致力于建立当地国家的维持和平部队。法国大大减少了永久性军事基地的数量，转而根据形势需要启动临时性军事基地，并根据任务灵活调整驻军人数。此外，法国还积极依托这些军事基地同非洲开展多边军事合作，使非洲军队更加依赖法国，也

---

① 驻法国使馆经商处王维娜：《法国对外援助国别政策及可供借鉴的经验》，http://ccn. mofcom. gov. cn/spbg/show. php？id = 2934。

② 二战后，法国先后在北非、西非、中非和南印度洋设立了 4 个战区，建立了数十个军事基地，部署了 90 多个军团，总兵力约 6 万人。1960～1994 年，法国同 27 个非洲国家签订了军事合作协定，将非洲近 40% 的地区置于自己的军事影响之下。通过长年经营，法国有计划地建立起了与本土军事基地相连，以乍得首都恩贾梅纳为中心，包括一系列陆、海、空军事基地的 "十字形" 基地体系。这个 "十字形" 的横轴是塞内加尔首都达喀尔—乍得首都恩贾梅纳—吉布提首都吉布提市一线；纵轴是阿尔及利亚首都阿尔及尔—乍得首都恩贾梅纳—刚果（布）首都布拉柴维尔一线。虽然后来个别基地有所调整，但 "十字形" 军事基地总体布局未发生根本变化。这些基地的存在，使法军能够在危机爆发 24 小时内向非洲任何地点投送兵力。进入 21 世纪，非洲国家政局总体稳定，法国在非洲军事基地的功能也从干预非洲政局转变为应对各类非传统威胁，如打击恐怖主义等。2013 年 1 月法国出兵马里前后，据国际观察家统计，法国在非洲地区的驻军包括科特迪瓦 500 人、乍得 825 人、吉布提 3200 人、加蓬 680 人、塞内加尔 1170 人，总兵力超过 6000 人。参见原颖：《透视法国驻非军事基地》；陶短房：《法军在非洲部署意外曝光》。http://military. people. com. cn/n/2013/0115/c172467 - 20198394. html；http://military. china. com/news2/569/20130117/17637732. html。

使法军在非洲更容易得到当地军事力量的支持。同时，法国还转变观念，将这些基地视为西方世界推广民主和价值观、打击恐怖主义、推动全球治理的"公共产品"，欢迎美国和日本等国介入非洲事务，分担安全责任。从长远的观点来看，法国加强非洲国家管理自身事务能力的做法将使得法国可以和美国进一步合作。实际上，法国、英国和美国进行共同合作的目的，就是要增强非洲国家在其自身国家范围内维持和平甚至强制和平的能力。这个过程目前虽然进展缓慢，但这种趋势在克服了最初的困难之后，将显示出重大的现实意义，其中之一就是为法国和美国处理大湖等地区的危机进行合作提供一条重要途径。

四 语言文化软权力的使用和法国在非洲利益的巩固

在世界上除了中国之外，恐怕没有哪个国家、哪个民族会像法国人那样珍视自己的语言、视之为本民族的荣耀和瑰宝。而将本国本民族语言作为对外政策重要工具的，恐怕只有法国。严谨、绚丽、优雅的语言，是法兰西人民的宝贵的精神财富，也是法国"软实力"独具魅力的一张牌。法语曾辉煌过几个世纪，在国际上独领风骚，风靡欧洲各国的宫廷和上流社会。直到今天，由于其语法和句法、词法的严谨性，法语依然是国际条约、协议、法律文本的规定语文，是联合国、国际奥委会、国际展览局等国际组织的首选工作语言。很长一段时间里，在俄罗斯、德国、东欧各国，甚至包括美国和英国，[①] 会说法语、能够用法语写诗，成为一种时尚、成为一种上流社会身份的象征。正因为这样，从过去到现在，法国政府一直把法国的文化、语言作为向全世界扩展影响和保持大国地位的重要手段，在非洲更是如此。直到今天，在很多非洲国家，政界、商界精英依然以能说一口流利的法语为荣，文化界则更是如此，不少非洲著名作家只用法语写作。

根据法语国家国际组织（OIF）公布的数据，非洲是法语人口最多的

---

① 诺曼征服后，威廉一世国王和法国贵族将法语带到英国，法语成为英国上流社会的日常语言。国际语言学界公认，进入英语的法语不仅数量多，而且涉及面广，成为英语中最主要的外来语。中古时期，约有一万多个法语词汇进入英语，其中70%沿用至今。有人估计来自法语的词汇约占英语词汇的一半以上。

大陆，超过 10% 的非洲人讲法语。以法语为官方语言的非洲国家有 22 个。有 31 个非洲国家是法语国家国际组织的正式成员国。在非洲国家，可以很容易收到 RFI（法国国际广播电台）、TV5（总部设在巴黎的法语国家电视台）、CANAL HORISON（法国"地平线台"）等法语广播、电视台。当地电视台的节目实际上许多也是来自法国，只不过播出时间晚一些。打开收音机，不用短波就可以在调频波段收听法国国际广播电台（RFI）24 小时连续播送的即时新闻和其他节目。在书刊报亭，可以买到当天从巴黎空运来的法国《世界报》《解放报》《费加罗报》《队报》，以及各类时事、文化、影视、电脑、体育、园艺甚至成人杂志，法国的杂志在那里应有尽有。在法语非洲国家，每周四早上都有一本叫《青年非洲》的杂志上市，卖得很火。《青年非洲》说的是非洲的人和事，但在巴黎编辑出版，空运到非洲各国出售。

　　维系法国与法语非洲国家关系的法非首脑会议，其影响已扩大到非洲的一些英语、西班牙语和葡萄牙语国家，在法国对非战略中占据着显要地位。如 1996 年底参加第 19 届法非首脑会议的就有 47 个国家，基本上包括了非洲所有国家。2003 年第 22 届法非首脑会议更是非同小可、规模空前，除索马里，所有非洲国家都派团参加，其中 42 个国家的代表团由国家元首或政府首脑率领。联合国秘书长安南、非洲联盟秘书长阿马拉·埃西也应邀与会。这届法非首脑会议的主题是"法非共建新型伙伴关系"。希拉克总统在会议上宣布，非洲是"法国外交优先的中心"。希拉克指出，法非关系已经从单纯的援助机制进入了一种全新的合作机制。法非合作的方式将从以往的国对国的方式，逐渐转变为对区域性组织的方式，以适应非洲日益明显的区域化趋势。希拉克表示，非洲国家只有积极参与地区性事务才能真正促进本国经济水平的发展。这表明在对非政策上，法国态度已经更加务实，开始更加注重发挥非洲国家自身的能力。法非关系已经从当初的"援助体制（assistance）"转变到今天的"伙伴体制（parteneriat）"。与此同时，非洲法语区国家始终是法国"借重"的重心，会议期间正值国际社会在伊拉克问题上反战与主战两种立场较劲的关键时刻，法国亟需国际支持。非洲国家也果然没有令法国失望：与会的 50 多个非洲国家与法国就伊拉克问题发表了一份共同声明，认为动武只能作为最后的解决办法，目前还有取代战争的另一种选择，主张继续在联合国安理会 1441 号决议框架内对伊拉克进行武器核查。这对法国的反战立场无疑是强有力的声援。通过与非洲新型伙伴关系的建立，法国维护了在非洲法语区的政治影响，更扩大了其在世界其他地区的影响力。

进入 21 世纪，和平与发展已经成为非洲的主旋律，大多数非洲国家政局保持稳定，一些严重影响地区安全形势的战乱和热点问题趋于缓和。截止到 2010 年，曾有十几个国家卷入，被称为非洲世界大战的刚果（金）战乱基本平息，塞拉利昂、安哥拉、利比里亚、科特迪瓦等的大规模内战先后结束，津巴布韦政治危机得到缓解。随着老一代非洲领导人退出历史舞台，非洲政治生态日益多元化。据初步统计，撒哈拉以南非洲国家领导人中，有 41.3% 曾在西方国家接受教育。2000～2008 年非洲经济年均增长率为 5%，2009 年受金融危机冲击下降为 2%，据非洲发展银行预测，2010 年非洲地区经济增长可望达到 5.5%。世界各大国和新兴国家都对非洲的发展潜力和本国在非洲的利益充满期待，英、德、日、印、俄等国均逐步加大对非投入，拓展在非洲影响力。法国未来如何与非洲相处绝不是一厢情愿的事，其对非政策如何加强并收到实效值得法国的政治家们深思。

五 法兰西战略文化的影响与作用

在萨科齐政府于 2008 年先后推出的新版法国《国防与安全白皮书》、《外交与欧洲政策白皮书》这两份重要文件中，都延续了自拿破仑、戴高乐以及冷战后历届法国政府以来对非洲的特别重视。《外交与欧洲政策白皮书》称："地中海和撒哈拉以南的非洲值得法国特别关注"，认为"撒哈拉以南非洲是一个充满了矛盾、不平等与多样性的地区，将带来各种机会、挑战与威胁"。《国防与安全白皮书》则将萨科齐当局的对非洲战略表述得极为露骨：

　　法国将保持在非洲大陆东西沿海地区以及撒哈拉以南地区的预防危机能力和行动能力，特别是在打击贩毒和恐怖主义方面。法国将从根本上改变目前的防务和军事合作协议制度，转变为欧盟—非洲防务伙伴和防务与安全合作，支持非洲维和力量发展强大。

非洲大陆战争冲突局面更为复杂，非洲之角、大湖地区以南撒哈拉非洲地区对欧洲构成威胁的问题包括非法移民、宗教激进化、恐怖主义组织扎根、毒品与武器走私、武器扩散、洗黑钱以及传染病扩散，以及从大西洋到索马里地区的战争等。此外，该地区的战略原材料及能源可能造成远东和亚洲国家特别是中国的争相觊觎。

（法军的）干预能力应集中在几个优先地区：大西洋到波斯湾和印度洋并可能扩展到亚洲；地中海、西非、安的列斯群岛；非洲。

要加强对非洲的情报搜集工作；非洲是未来 15 年法国预防战略的首要地区①

值得注意的是，冷战后，随着法国在非洲军事上的收缩、对非洲国家经济上控制力的减弱，其在文化上的投入则是不断加强，且其运用文化软实力以长期控制非洲的意愿和能力得到了同步快速增长。

法国对非洲文化外交的延续性、稳定性及其潜移默化的长效性是法兰西战略文化中注重"文化软实力"的显著成果。从戴高乐到冷战后历届法国政府，对文化软权力的运用在对非外交上体现得淋漓尽致。法国文化外交的核心在于法语的全球影响力。虽然法国殖民帝国已经崩溃，但是多年来法语在世界上的影响并未因此缩小。法国在海外殖民统治时期，对非洲殖民地实行文化同化政策，在当地开办学校，派遣法语教员，大力开展法语教育，非洲孩子甚至在课堂上说"我们是高卢人"。为了维护殖民统治，戴高乐曾经在 20 世纪 60 年代提出了"法语共同体"的设想，而密特朗、希拉克、萨科齐都是坚定的"法语至上主义者"。希拉克总统在任期内多次提倡文化多元化，反对文化单一化，针对美国文化向非洲渗透的事实，法提出必须尊重世界上文化、语言和民族的多样性，保持各民族的文化特色。法国将致力于以法语国家共同体为工具，向文化单极化挑战。事实证明，这一战略较为适应当今世界的发展情况，更加符合法国的国家

---

① Livre blanc sur la défense et sécurité nationale de la France, 2008.

利益。① 法国政府在非洲和世界各地设立法国文化中心、法语学校时从来不吝惜金钱的投入。1999 年，法国外交部国际合作与发展总司正式成立，成为法国对外文化交流的总部。该部门的年预算占外交部整体预算的40%！2002 年，法国用于对外文化交流的总经费高达 13.5 亿欧元，其中80% 来自于外交部。将对非文化外交作为保持法国在非洲地区的影响力的重要渠道，法国有着沿袭性的绝对优势。从 1989 年到现在，法语国家组织的正式成员国和观察员国不断扩大，这是法国扩大其影响力的通道与桥梁，尤其是法国与国际政治舞台上众多第三世界国家沟通的平台。应该说，众多非洲国家的精英阶层以说法语为荣、在思想上以法国文化为归依、视法语文明为其精神家园。工作做到如此的程度，使得文化成为了非洲大陆与法国间绝对难以斩断的血脉联系，为法国实现其对非洲的长期战略起到了难以替代的关键性作用。这实在是包括中国在内的各大国应该注意并借鉴的重要经验。

法国对非洲政策一直有着强烈的排他性，这正是以谋求大国地位为首要战略目标的法兰西战略文化的体现。巴黎的大国雄心与法国的实力之间存在着相当大的差距，而"幸亏有了（与非洲）这一关系，法国才因此永远不会沦为列支敦士登，甚至不会沦落为德国"。② 法国一直把非洲视为其维护世界性大国地位的重要舞台，而维护大国地位又是其外交政策的根基。正如戴高乐将军所说："如果法国不再是世界性大国，它也就不再是法国了。"无论是密特朗推出的"第三世界主义"，还是希拉克总统对非洲政策的大幅度调整及其"新戴高乐主义"，或是萨科齐目前正在进行的继续调整，目的都是要继承戴高乐的遗志——"保持法国世界性大国的地位"。法国面对美国在非洲的进攻态势，毫不退缩，而是以开放的心态走出法语非洲，面向整个非洲大陆。法国前国际合作部长贝尔纳·德勃雷在论述非洲对法国的重要意义时说："法国与这个辽阔的大陆有广泛的联系，……正是这个大陆使得法国成了一个大国，使得法国能让人们听到它的声音。"③

---

① 王朝晖：《新时期的法国外交政策及对华关系》，载《现代国际关系》1999 年第 10 期，第 23 页。

② News Week, 30 Mar, 1989.

③ Le Figaro, 9 Feb, 1998.

　　独立自主是法兰西战略文化的核心内容之一。法国要想在军事、经济、政治上实现完全的独立自主，必须倚重非洲的战略资源。法国独立自主核战略的重要原料依赖于非洲的相关资源。仅以制造核武器所必需的铀为例，目前法国的铀100%来自非洲的加蓬和尼日尔。法国的经济发展也需要非洲这一广阔的市场。法国近年来的经济增长率在欧盟国家中居于中后。因此，为了独立自主发展本国经济，迫切需要解决的问题就是拓宽市场。非洲国家作为未来市场的潜力巨大，近十年来，有20个非洲国家国内生产总值增长率超过5%，有些国家例如加纳和多哥等国经济增长率超过8%～10%。非洲还是一个世界资源宝库，矿产和战略资源得天独厚。冷战后，法国在对非洲援助方面采取收缩阵地，确保重点，继续维护法国在法语非洲的经济特权。在自身经济实力每况愈下的情况下，为了保证法国不受到援助非洲的拖累，法国1995年下决心甩掉非洲法郎区这个愈来愈沉重的包袱，将援助重点转向这些国家的中小企业、资助与改善人民生活直接相关的工程项目，既巩固了在这些国家的影响力，又保证了其独立发展空间不受到非洲国家援助需要的牵制。

第四章

法兰西战略文化与冷战后法国核安全战略

　　核战略作为国家安全战略的重要组成部分，是大国立足于国际社会，独立自主地维护大国权力，保持对其他大国的均势所不可或缺的。国家安全战略是安全政策制定的指导，具有主体性与时代性特征，并具体表现在安全利益与目标、安全威胁与挑战、安全手段与途径三大要素的确定上。在核时代，国家实现国家安全利益，应对全球化与核扩散带来的挑战的方式之一就是保证足够的核威慑。结构现实主义理论认为，在无政府状态的国际社会中，国家利益的核心是安全，在自助系统中，对安全的考虑是首要问题，而实现安全的基础是权力。① 相当多的现实主义学者认为，这种权力主要是以军事力量为代表的物质力量。② 国际社会中，国家之间的利益是矛盾和冲突的，国家在国际社会中的主要目的是维护自身的生存和安全。为了达到目的，国家就必须拥有至少与别国相当的力量，必要时采用武力强制性地维护自己的安全。"在国际政治中，武力不仅是终极手段，而且是首选和常用的手段。"③ 一毁俱毁的核战争不可取，但是常规军事力量有核武器作为后盾，却增强了国际社会行为体的安全感。战略文化学者的视角有所不同，他们更多的是从理念性和社会化的角度出发，考察核国家在拥有、保持和使用核威慑时所持有的态度和观念，经典的学术案例就是战略文化概念的始作俑者斯奈德的研究，他认为，将苏联人的战略思

---

① 这里指国际社会的无政府状态。因为没有统一管理的政府或者领导机构，所以安全的保障、政治的稳定、经济的发展都处于一种模式的自我选择与调整状态。

② 参见保罗·肯尼迪《大国的兴衰》，王保存等译，北京求实出版社，1988。

③ 肯尼思·华尔兹：《国际政治理论》，信强译，上海人民出版社，2003，第150页。

维方式视为一种独特的"战略文化"可以解释苏联为什么倾向于单边而不是合作式的摧毁限制战略，美苏两国战略文化的差异导致了他们对待有限核战争的不同态度。①

法国独立自主的核威慑战略凸显了法兰西战略文化的现实主义（realpolitik）特征。本章首先考察法国核战略起源及其传统，分析核武器对法国实现独立自主大国地位的重要性，其次研究法国冷战后的核战略调整，最后阐述法兰西战略文化与法国核战略的互动关系。与常规武装力量相比，核力量发展周期更长、建设维护成本更高、使用可能性更小，法国在自身物质实力相对下降的情况下依然竭力维护其"足够有效"的核战略，不仅是针对可能对法国安全构成现实威胁的国际恐怖组织和"流氓国家"，根本的原因在于其认为独立自主的核威慑力量是大国力量的重要表征，在大国关系中依然发挥着重要作用。

第一节　法国核战略起源及其传统

不夸张地说，从有核武器的那天起，戴高乐就认识到核战略及核武器的极端重要性，尤其是对法国大国地位和战略安全的重要性。他认为，"美国人是不会给一个没有核武器的国家以大国地位的，我们必须依靠自己的努力"。② 法国的核战略思想形成、完善于戴高乐执政时期并得到了长期认同和稳定传承，法国的核战略一直延续着戴高乐的思想。戴高乐的核战略思想是他外交战略、国家安全战略的具体化，而他的外交和安全战略则在最大程度上体现了法兰西战略文化，服务于法国成为世界一流大国、保持独立自主和强大这一最高原则。

戴高乐在其回忆录中如是说：

我的计划在于把法国从北大西洋公约组织在美国指挥下所奉行的欧洲一体化中摆脱出来，但不是脱离我认为应该保持的可以作为最后

---

① Jack Snyder, *The Soviet Strategic Culture：Implications for Limited Nuclear Operations*, Santa Monica：RAND, 1977.

② 布赖恩·克罗泽：《戴高乐传》，商务印书馆，1978，第 626 页。

预防手段的大西洋联盟；在于同每个东方集团的国家——首先同俄国（苏联）——建立缓和国际局势的关系，然后建立谅解和合作的关系，一旦时机到来，对中国也是如此；最后在于建立这样一支核力量，使任何国家要是攻击我们的话，它自己就会受到可怕的打击。①

　　法国的防御应该是法国人自己的事。像法兰西这样一个国家，假使她进行战争，那应当是她自己的战争，做出的努力应该是它自身的努力。无疑，一旦发生战争，……法国必须使用自己的力量，为了自卫，用自己的方式进行抵抗。……因此，在近几年里，我们必须具有一种可以为我们自己使用的力量，具有一般称之为"打击力量"的东西。它能够在任何时候，对任何地方进行攻击。当然，这力量主要的部分就是核武器。

　　……美国其实只是想和苏联人在国际协议的招牌下直接订立协定，正式承认超级大国的核垄断，以协约的形式限制他们自己疯狂地增加开支并阻止任何一个还没有核武器的国家制造或取得核武器。但是这种巩固两国分享世界霸权的企图，不符合我们的目的，而且丝毫也不能促进全面裁军。在这个问题上，我们是与美国人不同的。②

　　从上述言论，可以看到戴高乐核战略思想的三个基本出发点。这三个基本出发点与法兰西战略文化的三大要素是完全一致的：其一，法国核战略服务于法国的大国理想和追求，作为世界性大国，法国必须建立和发展自己的核战略力量，而非依附于美国；其二，法国核战略服务于法国的独立自主政策，核战略力量是法国"自己的战争武器"，因此法国的核力量不参与一体化，无论是与北约或欧盟或与任何盟国一体化；其三，法国反对美苏两国分享世界霸权的企图，法国核战略力量是争取建立和维护有利于法国的均势的重要手段，拥有核武器的法国不会听命于任何一个超级大国集团，法国反对美苏核垄断。

---

① 戴高乐：《希望回忆录》，陈焕章译，中国人民大学出版社，2005，第206页。
② 戴高乐：《希望回忆录》，陈焕章译，中国人民大学出版社，2005，第208～210页。

一 法国核武器的诞生及核战略的起源

从普法战争以来的多次失败造就的惨痛教训，尤其是第二次世界大战期间法国被纳粹德国占领的可怕经历，使得许多法国人认为，在常规战争中法国可能战败并被入侵，没有哪种防御手段能提供绝对安全，即使马其诺防线也不行。而发展核武器将是使这些记忆犹新的历史不再重演的一个有效办法。当然许多法国人也不相信美国的"延伸威慑"战略与核保护伞。戴高乐就说过："应当知道，美国人不会冒着自身的生存危险来保卫欧洲。他们从来没有这样做过，也决不愿这样做。"[1] 戴高乐把迅速发展核武器放在绝对优先的地位，这基于他"法国在世界上理所当然发挥重要作用"的信念。戴高乐认为，如果没有原子弹，法国就无从谈起发挥世界性影响，它"将不再是一个欧洲的强国，不再是一个主权国家，而只是一个被一体化了的卫星国"。[2] 基于这种信念，戴高乐果断地拒绝了美国人与其分享美国核保护的要求。[3] 1945 年 5 月德国投降。就在这个月，刚刚收复了国土的法国临时政府就指示约里奥·居里（法国科学院院长，居里夫人的女婿，法共党员）制订一项在法国发展原子能的计划。战后的法国，处于遍体鳞伤、经济上极度困难的处境，但第二次世界大战中沦为亡国奴的痛苦遭遇，激励着法兰西民族奋发图强的热忱。戴高乐在勾画振兴法国的蓝图时，以很大的精力关注原子能工业的建设，1945 年 10 月 18 日，法国成立了原子能委员会（CEA），由戴高乐直接领导。1948 年 12 月 15 日，法国第一座重水反应堆 ZOE 达到临界。1949 年，CEA 开始建造后处理试验设施，并于同年 11 月 20 日从 ZOE 的燃料棒提取出 1 毫克钚。随后又建造了基于 Purex 流程的后处理设施，并于 1954 年提取出 1 克钚。第一座工业规模的钚生产堆 G－1 于 1956 年达到临界，年生产能力为 12 kg 钚。两座更大的钚生产堆于 1959 年达到临界。1954 年 5 月，法国在奠边府战役中失败，印支半岛的军事失败更进一步刺激了法国政府对核武器的兴趣。同年 12 月 26 日，

---

[1] 戴高乐：《战争回忆录》第三卷《拯救》，陈焕章译，中国人民大学出版社，2005，第 82 页。

[2] 吴国庆：《战后法国政治史》，社会科学文献出版社，1990，第 245 页。

[3] 参见戴高乐《希望回忆录》。

法国政府正式批准研制核武器。美国在 1956 年苏伊士运河危机中的态度使法国进一步认识到美国不可能为了法国的国家利益而做出牺牲，因此不能相信美国的核保护承诺。1956 年 11 月 30 日，法国国防部和 CEA 开始准备核试验。1958 年 4 月，法兰西第四共和国最后一任总理费利克斯·加亚尔（Felix Gaillard）正式下令开始制造第一个核试验装置。

当 1960 年 2 月 13 日法国第一颗原子弹在撒哈拉沙漠试爆成功、法国从而成为世界上第四个核国家时，戴高乐在给他的国防部长发去的贺电中喊道："为法国欢呼吧！从今天早晨开始，法国变得更加强大，更加自豪。衷心感谢您和那些为法国带来辉煌成就的人！"1964 年，法国第一支"幻影 IV"核轰炸机中队服役，法国开始拥有核打击力量。1967 年期间，法国与比利时合作，利用美国的压水堆专利，在法国境内建立了一座小型的民用压水堆核电站。压水堆核电站的建造，为法国核潜艇的研制准备了技术条件。1967 年法国第一艘导弹核潜艇"可畏"号下水，1968 年 4 月 24 日，法国第一颗氢弹试爆成功。

除了一定要有自己的核武器外，戴高乐核战略的另一重要方面体现在对美苏限制别国发展核武器企图的坚决抵制。1963 年 7 月 25 日，美国、苏联和英国三个拥有核武器的国家签订了《莫斯科禁止核武器条约》，即部分核禁试条约，企图维护核大国的垄断地位；而戴高乐在 7 月 29 日召开的记者招待会上针锋相对地声明法国在任何情况下都决不签署这个条约。他就是要打破这个垄断，保障自己的外交独立和防务独立，扩大在世界事务中的发言权，并以核武器来牵制日益强大的德国。

1969 年戴高乐辞职。此后，无论走进爱丽舍宫的新任总统在国内政治主张或社会理想上与戴高乐是否一致，无论他们是否戴派传人，戴高乐的核战略主张得到了稳定的延续和传承，第五共和国历任总统均坚持了戴高乐主义的核战略路线。

蓬皮杜（1969~1974 年任总统）1969 年给戴高乐的信中说："我可以向您保证，您制定的大政方针的任何方面，特别是对外政策和国防方面，我决不会放弃。"[1] 被称为"后戴高乐总统"的蓬皮杜担心美、苏主

① 乔治·蓬皮杜：《恢复事实真相——蓬皮杜回忆录》，世界知识出版社，1984，第 284 页。

导的国际军备控制会危及法国独立核力量，会成为美苏交易牺牲他国的借口和导致德国中立化。为了增强用"核"来发言的权利，把德国继续拴在欧洲防务之内，他继续采取了戴高乐时期对军控谈判的抵制和保留态度，尤其是保留"放手发展核力量的完全自由"。[①] 1971～1972 年，法国部署完成 18 枚射程为 3000 公里的 S－2 型陆基中程导弹；1973～1974 年，"冥王星"式短程导弹和"美洲豹"式飞机携带的战术核炸弹投入使用；1974 年，3 艘各携带 16 枚 M20 潜艇核导弹（射程为 3000 公里）的核潜艇也正式服役投入使用。在戴高乐的基础上，蓬皮杜政府建立了陆基中程导弹、核潜艇、战术核武器三者互相结合而成的第二代核打击力量。

继蓬皮杜之后，德斯坦总统（1974～1981 年任总统）认为，每个国家都有权保卫它的安全，他多次重申法国的核威慑力量对保持国际政治力量平衡的作用。德斯坦是一位有着技术官僚背景的技术专家治国论者，在国家财政金融等国内问题上与戴高乐派拉开了较大的差距，但在外交上却延续了戴高乐的政策。他认为独立不意味着孤行寡居和闭关自守，但也不应该因此就把超级大国的统治视为历史的必然，独立的防务是实现国家独立的最坚强保障，法国能够依靠自己的力量和风险来努力发展防务，保证自己的安全，而国家建立和拥有独立的核威慑手段是这一努力的核心，也是独立防务中的最后保障。[②] 1975～1981 年，在财政相当困难的情况下，法国军事预算持续增长，平均每年增长 4.4%，而核武器处于优先地位，总当量也由 1975 年的 2000 万吨提高到 1980 年的 7500 万吨。[③] 法国致力于保持世界第三核大国的地位。

1981 年密特朗（1995 年卸任）当选法国总统。密特朗虽然是战后第一位社会党总统，是坚定的反戴派分子，一贯主张法国式的社会主义，可是在核问题等事关法国国家安全的领域却完全继承了戴高乐的政策。虽然

---

① 乔治·蓬皮杜：《恢复事实真相——蓬皮杜回忆录》，世界知识出版社，1984，第 260 页。

② 参见德斯坦《法兰西民主》，商务印书馆，1980，第 112～122 页。

③ 密特朗：《此时此地——同居伊·克莱斯的谈话》，商务印书馆，1982，第 212～213 页、第 398 页。

竞选时期反对中子弹的研制，但密特朗当选为总统后的第二年就批准继续研制这种武器，他对此的解释是"任何武器，只要别人有，法国就不会禁止自己去拥有"。① "我不想再提出核选择的问题；万一有人使核威慑发生问题，我们的国家就不会有防务了。我不是干这种事的人。"② 密特朗延续了以核威慑力量为中心的国家安全战略，把核武器作为法国外交王牌。③ 正是在这张王牌的诱使下，密特朗把军事装备拨款的30%用在了战略和前战略威慑上，进一步完善和发展了以战略核潜艇为主体的法国核力量，同时在一些重大军事战略上重新做了调整。在绝对优先发展海洋核力量的基础上，密特朗着手建立包括核武器常规力量和太空防御手段在内的多梯次防务体系，完善了法国的核威慑系统。80年代以来，随着冷战形势的缓和，核谈判和核裁军成为世界"潮流"。密特朗如同他的前任们一样，顶住巨大压力，坚决反对将法国的核力量纳入美苏核谈判之中，甚至不参加美苏日内瓦谈判。在他眼里，法国独立自主的有效核威慑力量才是法国的最高利益。④

二 法国核战略与对外关系

从法国决定自主研制发展核力量的那一天起，法国核战略就紧紧地与法国的对外战略联系在一起，成为法国对外战略的重要王牌。独立自主是法国核战略的核心内容，实现法国的世界大国地位是法国核战略的终极目标。为独立发展自己的核威慑力量，戴高乐的法国不顾美国、苏联的多次反对，强硬地实施自己的核战略计划，为此不惜与美、英盟国翻脸，不惜与美国、苏联领导人直面对驳。

戴高乐认为，如果法国没有核武器，那么法国就不能阻止美、苏两大霸权主宰世界，法国不可能成为世界大国，不可能真正做到独立自主，法

---

① 米歇尔·马丹-罗朗、皮埃尔·法威埃：《密特朗掌权十年》，世界知识出版社，1992，第396页。
② 米歇尔·马丹-罗朗、皮埃尔·法威埃：《密特朗掌权十年》，第417页。
③ 张小明：《回归无核世界：理想与现实》，见《国际论坛》杂志第1期，第11页。
④ 在本书回顾法兰西第五共和国历任总统的核政策时，张寅先生的《法兰西第五共和国核政策试述》（原载《国际论坛》2000年第二卷第1期）给予了很大帮助，作者多有引用，在此一并表示感谢。

国也就再无可能使得全球均势向着有利于法国的方面发展。而且，法国将处于十分危险的境地。他在回忆录里说：

> 虽然目前的法国已经摆脱经常处在危险中的特殊命运，但是全世界现在却为一种大规模的冲突所苦恼。美苏两大帝国，和以前的强国相比，显得异常庞大，但他们的力量、他们的霸权和他们的意识形态又互相对抗。这两个国家都拥有核武器，这种武器随时可以毁灭整个世界，可以使美苏两国成为自己那个集团的具有不可抗御力量的保护者。这是危险的平衡，如果不向着普遍的缓和方向发展，终有一天平衡会被打破，因而变成一场规模巨大的战争！两个世纪以来，法国卷入的冲突使它在物质方面和力量方面受到很大损失，她是旧世界伸向新世界的海岬，这个地理位置使她很容易受到攻击。……总之，如果说为了要建立一种新秩序来代替冷战，有一种声音可以听到、有一种行动可以产生实效的话，那么，这显然是法国的声音和行动。不过要有一个条件：要真正是法国自己的声音和行动，而且她所伸出来的手是自由的。①

显然，为了打破美、苏核恐怖平衡，使得法国拥有与美、苏平起平坐于世界舞台中央的资格，戴高乐决心伸出法国的"自由的手"，放手发展核武器及其运载力量。

二战后，美国对法国核武器研制的态度成为法美关系的重要晴雨表。1959 年 9 月，美国艾森豪威尔总统应戴高乐邀请访问法国，戴高乐在他的回忆录里详细描述了这一重要峰会中两位总统就有关法国独立发展核武器的争论细节：

> 特别让美国总统担心的是我们决定自己制造原子武器。提到不久前福斯特·杜勒斯的建议时，他答应供给我们原子武器，条件是必须交由美国人监督，也就是说钥匙必须留在美国人手里，没有北大西洋

---

① 戴高乐：《希望回忆录》，陈焕章译，中国人民大学出版社，2005，第 168 页。

公约组织的联军总司令的命令，谁也不能使用原子弹。我回答说，这正是我们所反对的。除非我们能够自由使用原子弹，否则我们就不愿有原子弹在我们的国土上。我说："……我们要把自己的命运掌握在自己的手里，而我们的命运特别要取决于我们是不是核武器的牺牲品这个事实。因此我们应当拥有阻止每个侵略者到我们国家里来打击我们的武器，这就要求我们拥有到他们国家里去打击他们的手段，并且让他们知道我们不需要等外国许可就能攻击他们……究竟谁能禁止俄国（苏联）和美国不去毁灭夹在两国中间的要害地区——主要就是欧洲战场呢？法国基于地理、政治、战略种种原因必然首当其冲，两次世界大战已充分证明这点。因此，法国决心争取自己生存的机会，不管威胁着法国的是什么样的和来自哪一方面的危险。……法国不会忘记美国对她的帮助，但法国也不会忘记，在第一次世界大战的时候，是在她受了三年漫长的痛苦考验几乎濒临灭亡之后美国才来帮助。而在第二次世界大战中，在你们干预之前，她已经崩溃了。……因此我虽然忠于我们的联盟，但是我不同意法国和北大西洋公约组织一体化。在使用原子弹问题上，我们像你们一样，保留全部的自由权利。"①

在法国第一次核武器试验成功后，戴高乐为法国终于拥有了这一保证其独立自主地位，并为法国重回世界舞台中心重要位置提供保障的重要王牌武器而兴奋莫名。他在回忆录中的有关回顾让我们清晰地看到这位卓越的法国民族英雄对保持法国独立自主的坚定决心，以及其内心深处对美英盟国深切的不信任：

1960年2月13日，法国第一颗原子弹在雷冈试验成功了。事前，由于盎格鲁撒克逊人的示意，全世界纷纷指责，说什么原子爆炸有引起空气污染的危险，因此联合国责令我们停止试验。好几个非洲国家抗议利用撒哈拉进行试验，尼日利亚甚至和我们断绝关

① 戴高乐：《希望回忆录》，陈焕章译，中国人民大学出版社，2005，第217～219页。

系。我们有点嘲讽地看着这么多国家组成的恐惧大同盟，这些国家曾经看到美国、英国、苏联进行了两百次原子爆炸，从来都没有表示过愤怒。事实上，我们的试验是在最谨慎的情况下进行的，没有造成任何伤亡，因此，激动的舆论不久也就平息了。法国的经验证明，法国具备了能够——而且也不得不如此——用她自己的力量，在没有任何外国援助的情况下，进行这次成功的试验，显示了这所需要的一系列的科学技术和工业的成就，它还证明我国确实又重新独立自主了！

　　我们的国家在武装力量方面达到了尖端水平这一事实，打乱了华盛顿的布局，也必然引起伦敦的极大注意——如果谈不上是感到满意的话。①

　　从美国视角来看法国核战略，美国维护霸主地位和对西欧盟国的绝对控制是反对法国发展独立核力量的出发点。1945～1968年，美国对法国发展核武器一直采取反对态度。防止核扩散、担心法国核选择对西德的影响、反感法国外交的独立性是采取这种政策的基本原因。法国被德国占领后，曾有数名法国科学家参与了盟国的核弹研制计划。二战结束后，为垄断核秘密，美国在1946年8月通过了"原子能发展和管制法"，禁止把用于工业目的的原子武器情报传递给任何其他国家。② 保密政策推行后，美、法两国在核道路上分道扬镳，法国开始了独立探索原子能的计划，1945年10月成立原子能委员会，1948年12月建立了西欧大陆第一座反应堆。③ 从当时美苏冷战的角度来说，防止苏联获取核技术是关乎美国国家安全的头等大事；而从另一角度来说，法国的情形也不乐观，法国的核发展会增强其对美外交的独立性。1951年3月29日，美国驻法国使馆官员特里尔向国务院发回急电，明确表示了对这些前景的担忧，并提出四条建议：维持现状，保持"警惕中立"；军事联盟，让法国与美国形成更紧

---

① 戴高乐：《希望回忆录》，陈焕章译，中国人民大学出版社，2005，第219～220页。

② Raymond Dennett & Robert K. Turner, *Documents on American Foreign Relations*, V. 8 [Z]. Boston: World Peace Foundations, 1948, pp. 431 –453.

③ 贝特朗·戈尔德施密特：《原子竞争1939～1966》，原子能出版社，1984，第168页。

密的军事关系，同时说服法国降低其原子能发展目标；在研究和原材料方面的有限合作政策；负面行动，以阻止或者延缓法国的核计划。① 事实上，美国采纳了特里尔的建议，多次试图阻止法国独立拥有核武器，美国政府在 1958 年戴高乐重新上台后不久就明确地表态：法国没有必要发展核力量，美国也不会支持和援助法国的核研究。此后，美国又先后派出国务卿杜勒斯等访法，企图说服戴高乐，乃至后来艾森豪威尔总统亲自出马，但都遭到法国明确拒绝。

总的看来，在美国对法国的核选择表示反对时，尤其是在艾森豪威尔、肯尼迪和约翰逊政府期间，美法关系处于最低谷。而到尼克松时期，由于美国改变了对法核政策，美法关系迅速好转。

法国成为核俱乐部成员后，随着国际环境的变化，美国逐步修正对法国核计划的态度。这一过程是缓慢的。早在 1959 年 6 月 8 日，美国国家安全委员会出台《基本国家安全政策》，即 NSC5906 号文件。该文件规定："美国不鼓励其他的国家发展国家核武器生产能力，但是如果在符合美国国家安全利益的情况下，例如影响核武器发展的国际控制谈判失败，或者有明显证据表明苏联正在允许或者帮助其集团国家发展核能力，那么在核武器控制权已经得到适当安排时，美国应该与挑选出的盟国交换信息或向其提供适当的信息、物质或者核武器，以提高它们的核能力。"② 到尼克松总统执政时期，面对法国核打击力量已经建立起来的事实，出于想要改善美法关系的迫切愿望，也出于平衡苏联核力量的战略考虑，美国正式认可法国的核事业，并且给予了适当援助。尼克松总统上台后，面对美苏均势的形成以及欧洲实力的不断上升，提出了以收缩实力为特征的"尼克松主义"，推行多极均势外交。尼克松的外交助手、国家安全顾问基辛格在回忆录中写道："一个想要在国际上起作用的欧洲，即使偶尔固执己见，也比一个以追随美国领导为名，而实际上推卸责任、无所作为的

---

① U. S. Department of State, *Foreign Relations of the United States*（*FRUS*）, 1951, V. 1, National Security Affairs; Foreign Economic Policy［Z］, Washington D. C.：USGPO, 1980, pp. 704 – 709.

② Paul Kesaris, *Documents of the National Security Council*, *Seventh supplement*（*Microfim*）, Reel 1［Z］. Bethesda, MD：University Publications of America, 1995.

欧洲对我们更为有利。"① 基辛格的看法是:"法国拥有自己的核力量并不是坏主意……美国独自拥有核武器的状况并不完全是健康的。"② 1969 年 2 月 28 日至 3 月 2 日,尼克松访问法国并与戴高乐进行会晤。根据戴高乐副官的说法,这次访问标志着美法关系新时代的来临:"尼克松不仅接受了法国的政策,而且他对法国要用独立核力量装备自己的行动表示理解。"③ 美国也对法国进行了实质意义上的核援助。1973 年 5 月 31 日至 6 月 1 日,尼克松总统与法国总统蓬皮杜在雷克雅未克举行会晤,就两国交换核信息达成初步共识。尼克松之后的福特、卡特、里根政府都延续了这一秘密援助形式。此后在核武器方面,美国在核弹小型化、防止核试验辐射、地下核试验等方面对法国提供了帮助;在运载手段方面,美国给法国的导弹设计提供了重要意见,包括导航和动力系统、多弹头分导技术、火箭工程固体燃料化学,等等。④

核武器对英法关系也产生了相当重要的影响。英法两国在国家核理论上存在着难以弥合的巨大差距。法国坚持它的核力量首先是捍卫本国领土。而英国的核武器全部来自美国,其核部署则完全纳入北约。在冷战时期,法国核战略的主要特点之一是威胁对进攻者实行大规模核报复,打击的对象将是人口密集的大城市、工业经济中心和军政首脑机关,以此慑止敌方发动战争。英国和法国在其核武器与美国的关系上走了两条完全不同的道路。英国核武器的研制、部署、使用以及核战略都在相当程度上依赖美国。英国强调其核力量对北约的贡献,它的核政策必须服从于北约的要求,而北约核威慑力量使用原则是以美国核政策为基础制定的。但法国核力量并未对北约承担义务。英国在 20 世纪 50 年代初就成功试验原子武器,并与美国在核武器方面进行比较紧密的合作,因此英国从 20 世纪 60 年代初起就积极参加国际防止核扩散进程,当时其目的之一是维护美、

---

① Henry Kissinger, *White House Years*, Boston: Little, Brown and Co., 1979, p. 106.

② Charles Cogan, *Oldest Allies, Guarded Friends: the United States and France since* 1940, Westport, Conn.: Praeger, 1994, p. 164.

③ Charles Cogan, *Oldest Allies, Guarded Friends: the United States and France since* 1940, Westport, Conn.: Praeger, 1994, p. 152.

④ Richard H. Ullman, The Covert French Connection. *Foreign Policy*, no. 75 (Summer 1989): 3–33, pp. 9–16.

苏、英的核垄断。而法国靠自己的努力 1960 年才试验成功核武器，法国实行独立的核战略与核政策，并对美国曾试图阻挠法国发展核力量耿耿于怀，因此法国从 20 世纪 60 年代至 80 年代对国际防止核扩散持消极甚至反对态度：

> 艾森豪威尔和麦克米伦（时任英国首相）一唱一和，希望在未来的四国首脑会议上签订正在酝酿中的美苏协定，这个协定禁止核试验，禁止没有原子弹的国家制造和获得这种武器。总而言之，就是确定两个超级大国的特权。对这个问题，我完全保留法国的行动自由。①

冷战结束后，英法两国在国际防止核扩散方面的利益趋于一致，因此它们采取了相似或相同的立场。1992 年以来，英法核合作联合委员会经常就两国之间的核合作问题进行研究。1995 年 10 月，英法两国首脑在伦敦举行会晤后发表的《英法核合作共同声明》中宣称："我们决定追求和深化两国间的核合作。我们的目标是在各自保持独立核力量的同时，共同加强威慑力量。"

在阻止法国拥有核武器问题上，企图与美国分享世界霸权的苏联与美国如出一辙。戴高乐在他的回忆录里对此也有详尽的回顾，并且展示了他独立自主原则高于一切的决心：

> 自从我重新执政以后，赫鲁晓夫通过给我的许多信件和备忘录里的流水似的论证宣扬的也是这种课题，总之，他建议销毁一切原子武器，但他反对监督。很明显，这样就不能达到禁止的目的。我的看法是，他虽然从不错过大声谴责恐怖武器的机会，但是又不肯放弃这种武器。这也是美国人所以采取那种态度的理由。我指出，法国从不对这个问题抱有任何幻想。不过，对于拒绝使用这些可怕的武器方面，如果这两个敌对的国家（指美苏——笔者注）之间真有一点诚意的

---

① 戴高乐：《希望回忆录》，陈焕章译，中国人民大学出版社，2005，第 228 页。

话，我请部长会议主席注意法国已经表示过的立场。我们认为需要无保留地禁止制造和储存核武器，并且组织严格的国际监督。但在未作出全面决定之前，至少应该毁掉——这是可以就地检查的——任何运载和发射原子弹的工具。

俄国人和美国人同样坚决保持导弹和原子弹给他们提供的压倒一切的霸权的论据，并且一唱一和，禁止别的国家拥有这种武器。

像最近通知艾森豪威尔一样，我通知赫鲁晓夫，坚决要独立自主的法国，不参加他们的阴谋，法国将靠自己的方法，拥有一套完整的核装备。[①]

拥有被戴高乐视为"可以提供给美苏压倒一切的霸权"的原子弹，使得法国的大国自信心和安全感大大增加。法国著名学者雷蒙·阿隆就认为，"在可预见的时间里，我国的核打击力量已成为应付未来外交上意外事件的初步保证"。而且，这显然增加了戴高乐以及战后法国政府在世界上面对美、苏、英等大国时的自信，增加了二战后的法国在美苏两大阵营间纵横捭阖的回旋余地。核武器成为法国"持二等船票坐头等舱"的最重要砝码。法国初期的核打击战略是"打击人口战略"，70 年代起改为"扩大化打击城市战略"，戴高乐认为，"即使敌人拥有相当于我们十倍的核武器，能够毁灭我们十次，但我们只要毁灭敌人一次就够了"。这种玉石俱焚、同归于尽的威慑政策，或曰"弱对强威慑"政策，就是作为世界二流强国推行自我意志和谋求与超级大国战略平衡的资本，因为"恐怖的威慑"和法国能够逃避任何一个国家的第一次核袭击并及时进行反击的状况就足以阻止任何一个国家向法国发起不明智的攻击。

与此同时，拥有核武器也成为法国在对德和解、推动欧洲一体化进程中成为领头羊的重要外交工具。法国在战后以最坚决的态度禁止德国不得拥有任何形式的核武器及其运载工具，从而使核武器成为法国与德国打交道过程中的最后威慑力量。冷战后，戴高乐在会见来访的艾森豪威尔、赫鲁晓夫等时一再重申"不许德国掌握任何原子武器"。在欧洲一体化的过

---

① 戴高乐：《希望回忆录》，陈焕章译，中国人民大学出版社，2005，第 235～236 页。

程中，法国首先推动欧洲原子能一体化，把德国进行原子能研究和核能利用的一切细节放置于法国和整个欧盟的监督之下，从而把德国拥有核武器的危险降低到最低程度。"几十年来，法国依赖的就是这种双轨制的做法，即同德国保持平等关系的同时，采取具有鲜明独立性的军事战略，尤其是独立的极有威慑力的核战略，以自己的原子弹来平衡德国的马克。这种核战略是奏效的：它的核潜力是从来无法予以忽视的，而它的对外政策也是从来无法不予以重视的。"①

第二节　冷战后法国核战略的发展和调整

冷战结束后，法国的核战略一方面继续延续着戴高乐的独立自主原则，一方面在目标、手段以及使用战略上有了重大调整。对戴高乐的坚持和适应新形势的调整都体现了追求大国地位和坚持独立自主的法兰西战略文化。

一　核威慑依然是冷战后法国国家安全战略的核心内容和最后保障，在核战略上作出的一系列重大调整是法国适应形势作出的战略选择

密特朗执政后期适逢冷战结束。在他的任期内，密特朗总统进一步完善和发展了法国以战略核潜艇为主体的核力量，在绝对优先发展海洋核力量的基础上，着手建立包括核武器常规力量和太空防御手段在内的多梯次防务体系。同时，在一些重大军事战略上做出调整。

80 年代中后期，随着国际形势的缓和，核谈判和核裁军成为世界潮流，1987 年，美苏签订了一个历史性的核裁军协定，同意销毁两国的中程和中短程导弹；1991 年，签订 START – 1（第一阶段削减战略武器条约），规定双方各自削减 1/3 的战略核武器；1992 年，签订 START – 2（削减战略武器谅解协议），使得双方实际部署的核弹头削减了 2/3。在这种背景下，密特朗虽然不得不宣布暂停在南太平洋的核试验，赞成实现东

---

① 王绳祖主编《国际关系史》第八卷，世界知识出版社，1995，第 427 页。

西方之间低水平的平衡，① 但坚持不同意消除全部核武器，主张保持核威慑，认为建立在恐怖平衡基础上的核威慑有助于制止战争。他甚至为参加核裁军谈判规定了三项极为严格的条件：第一，两个超级大国与其他核国家拥有的武器在质和量方面的根本性差异应予以消除；为谋取实力地位而可能使用核武器的国家与因为继续生存而可能被迫使用的国家之间的区别也应该分清；第二，消除欧洲常规力量的不平衡和缔结禁止生产和储存化学和生物武器的议定书；第三，停止在反导弹、反潜艇和反卫星武器方面的竞争，主张首先应裁减美苏的超级核军备。他坚决反对将法国的核力量纳入美苏核谈判之中，甚至不参加美苏日内瓦谈判。

1994 年 2 月，法国公布冷战结束后的第一份《国防白皮书》，反映了法国自 1989 年冷战结束后到当时的安全和对外战略思想。白皮书认为，有史以来法国首次在其边界附近不再有直接的军事威胁，但在新的国际格局尚未形成之时，国际安全环境具有很大的不确定性和不稳定性，法国潜在的对手由单一的、明确的、强大的转化为多样的、分散的、难以预料的。"我们从未感到如此的不安全。"法国政府认为在可预见的将来，领土不存在受常规入侵的危险，法国的安全风险最有可能是来自国际恐怖主义的非对称威胁、大规模杀伤性武器扩散等威胁。《国防白皮书》根据对形势发展的判断，确立了"预防、保卫、投送、威慑"的国防和军事战略，并设想今后 20 年法国必须动用军队应付危机的六种情况：①未涉及国家根本利益的地区冲突。法军将参加国际范围内的干涉行动；②危及法国根本利益的地区冲突。在中期内，欧洲大陆或中东、地中海地区爆发牵涉一个核国家的武装冲突，使欧洲安全面临着严重威胁，从而危及法国根本利益，法必须在北约或西欧联盟范围内从一开始便进行干涉和控制，防止其演变成长久的常规战争或核战争；③海外领土完整受到损害。一旦

---

① 1991 年 6 月，时任法国总统密特朗在联合国的发言中宣布，法国决定作为核国家加入《不扩散核武器条约》（法国 1992 年 8 月签署该条约）。1993 年 7 月 4 日，法国宣布参加《全面禁止核试验条约》（CTBT）谈判。1992 年 4 月，法国宣布暂停当年的核试验，此后又将暂停核试验的时间延长到 1995 年。虽然法国抢在 CTBT 谈判完成前在 1995 ~ 1996 年进行了 6 次核试验，但法国在 1995 年 8 月率先在核武器国家中第一个支持"零当量"标准（即禁止任何当量的核爆炸），成为 CTBT 谈判的一个重要突破。在核裁军领域，1991 ~ 1995 年，法国单方面削减了 15% 的核武库。

发生，法必须具备快速投送兵力，独立处理的能力；④履行双边防务协定。⑤参加与维持和平和维护国际法的行动。⑥重新出现对西欧的严重威胁，即再现拥有强大核和常规力量的一国或多国联盟为谋求霸权向西欧发动侵略的威胁。发生这种威胁的可能性很小，但不能完全排除。对此应采取有效的预防措施。一旦失效，法必须动用核威慑力量，并同盟国一道制止战争。在六种情况下两次提到核威胁，并在上述第六种情况下坚决主张使用核武器，充分表明法国冷战后依然对核武器非常倚重。

《白皮书》还认为，以前针对大国的"以弱制强"的威慑战略已经过时，核力量应用于确保法国大国地位及威慑那些无核国家上来，核威慑的目标也应由城市转为军事目标，因而提出了"严格足够"的威慑理论。在新时期下，法国核威慑战略的主要原则是（一）要使具有敌意并准备以各种手段将敌意付诸行动的重要军事大国不能危及法国的生存；（二）要应付拥有大规模杀伤性武器的地区大国对法国最根本的利益可能带来的威胁；（三）要使那些对法国海外领土抱有幻想的地区性大国彻底死心。核威慑依托的基础，就是让任何潜在之敌认识到：侵略法国、侵犯法国的某些利益可能会给他们带来难以承受的损失。法国政府在白皮书中透露出的上述信息表明，法国核力量依然是独立自主安全战略的核心，是"法国最后生存的根本保障"。

1995 年 5 月希拉克一上台，就声称其"第一责任"就是保证法国拥有"可靠、足够的核威慑力量"，强调核威慑是保持法国独立和维护其大国地位的可靠保障，因为"其他大陆已经拥有核武器和非核大规模杀伤武器，我们不能排除这样一种事实，即终究有一天他们会对我们重要利益产生影响。在这种条件下，核威慑仍然是迫切的、必要的"。在希拉克于 1995 年 5 月 17 日发表的《告法国军队书》中，他重申了法国核武器威慑力量是法国国防的基础，在遵守法国承担的国家义务的情况下，法国核威慑力量将保持足够的必要水平，因为"（戴高乐）建立的我国核威慑是我国主权的保障"。① 在希拉克的整个任期内，法国继续主张独立的核威慑。作为一个坚定的戴高乐主义者，希拉克关于坚持核威慑的一系列表态和行

---

① 法新社巴黎 1995 年 5 月 18 日报道："希拉克发表'告法国军队书'。"

动，包括其重启核试验的行动，都被认为是"扭转国际地位下降趋势、提醒世人法国在全球事务中的影响力、谋求法国世界大国地位的表现"。

在希拉克即将结束第一个任期（1995～2002）前夕，他于2001年6月8日在法国国防高等研究院发表了具有里程碑意义的重要演讲。希拉克表示，法国在核威慑方面有三大任务：在面临重大威胁时保全国家的生存；使法国免受拥有大规模杀伤性武器的较弱小国家的讹诈；为保护欧洲和大西洋联盟的安全做出贡献。法国国防部长进一步阐明，每个拥有大规模杀伤性武器的独裁者必须认识到，如果他胆敢侵犯法国的重大利益，其全部力量中心必将即刻遭受灭顶之灾。法国政府认为这种"更有针对性的"核威慑对于"威慑那些准备牺牲其国家利益的亡命独裁者是必需的"。

希拉克的上述讲话表明法国的核战略在三个方面发生了重大变化和调整。第一个方面，法国传统核战略的假想打击目标一向是敌对大国——主要是苏联，其打击目标开始是敌国人口，后来转变为敌国城市，法国试图用较小规模的核武库保留第二次打击的实力，从而对敌国达到"玉石俱焚"的核威慑效果。随着冷战后国际形势的发展变化，法国对假想敌的认识发生了转变，从原来的敌对阵营大国，转变为虽然较弱小，但拥有大规模杀伤性武器的"失败国家""流氓国家"，以及可能对法国及其海外领地发动恐怖袭击的恐怖组织、极端组织。正如1994年版国防白皮书所描述的："法国潜在的对手由单一的、明确的、强大的转化为多样的、分散的、难以预料的。""法国的安全风险最有可能是来自国际恐怖主义的非对称威胁、大规模杀伤性武器扩散等威胁。"安全威胁和假想敌的改变使得法国动用核武器的假想目标随之发生变化。

另一方面的变化是希拉克政府放弃了冷战时期的逐步升级的核大战战略，认为只需保留"可靠的、足够的"核武器。这是法国针对国际安全局势的判断而做出的又一战略选择，很重要的另一原因是由于法国国力的制约：要同时建设强大的核威慑力量和强大的常规力量，法国财政显得捉襟见肘。希拉克政府认为，法国核威慑的足够原则包括两个方面，即行动战略和资源战略。就行动战略而言，足够原则就是控制核军力使用到最小必要限度就可以达到所追求的目标，当然也要具备最低限度的"第二次打击能力";就资产战略而言,足够原则是使核力量尽可能把整个军队规模控制在最少必要的范围内。

第三个方面的变化是法国核武器的保护对象从法国本身扩展到"为保护欧洲和大西洋联盟的安全做出贡献",谋求用自己的核力量在欧洲防务与安全方面发挥领头羊作用。1992 年以前,法国拒绝用其核武器保护欧洲安全,"非一体化"原则是戴高乐核战略思想的重要组成。① 希拉克宣布将重新加入北约军事委员会,"同北约讨论核问题"。这种改变被认为是"法国在核武器理论方面的战略出现了一个具有历史意义的转折"。1995 年 10 月,希拉克和英国首相梅杰发表"法英核合作共同声明",探讨在安全领域共同加强核威慑力量,"不能设想当法国和英国两国中的任何一国的重大利益受到威胁时,另一个国家的重大利益却不受到威胁,并决定促进两国之间的核合作"。对法国核力量的保护对象进行重大调整,一方面是"希拉克决心建立由法国领导的独立于美国之外的欧洲独立防务的一种努力",谋求核威慑的"欧洲化"取代美国的核保护伞,希望欧盟成员国不要谋求自己的核力量建设,而是把更多的资金用于欧盟快速反应力量的建设,实现欧洲共同安全与防务政策。另一方面则是希望用核威慑来促进、平衡与统一后的德国的关系。

为了实现上述打击目标和核武库规模的双重转变,同时为今后有效应对国际核禁试压力、提高计算机模拟水平,希拉克一上台就着手准备核试验,为计算机模拟核试验提供必要数据,减少核武器的储备。为此希拉克突破了密特朗于 1992 年 4 月作出的暂停核试验的承诺,从 1995 年 9 月到 1996 年 2 月,法国在南太平洋核试验场一共进行了 6 次核试验,获取了必要的数据,为今后的计算机模拟核试验提供了充足条件。同时,法国将核力量结构由过去的"三位一体"改为"二位一体",撤销所有陆基核弹运载系统,重点发展空基和海基运载系统,尤其是核潜艇的潜射发射系统,法国海军通过弹道导弹核潜艇及航母舰载核力量掌握着 80% 的法国核武库。当然,为适应核打击目标转向可能使用恐怖手段或大规模杀伤性

---

① 1972 年的法国《国防白皮书》称:"核威慑纯粹是国家问题。目前,这个风险不能(为其他国家)分担。"

武器的"失败国家"或国际恐怖组织，法国加强了核武器运载工具精确打击能力的研发，强调核打击的精确性和战术性。希拉克总统在 2006 年 1 月 19 日的讲话中宣称，法国的核力量已进行重新设计，其精准度和先进程度都得到了本质性的提高，使之能摧毁任何帮助恐怖分子袭击法国的国家的权力中心。[①]

冷战结束后，法国在核禁试、核裁军方面的政策也发生了改变。笔者认为这方面的变化并不构成法国核战略的重大调整。1996 年前，法国一直是强硬反对核禁试、核裁军的国家，从戴高乐开始，法国政府一向认为核禁试、核裁军是美苏企图垄断核武器的阴谋，拒不参加相关条约和有关核裁军会议，甚至密特朗已经承诺暂停核试后希拉克仍然高调开禁搞了六次核试。1996 年后，法国政府转而支持核禁试、核裁军，宣布关闭南太平洋核试验基地，关闭里昂南部皮埃尔拉特（Pierrelatte）能生产钚和武器级铀的工厂，签署了《全面核禁试条约》。这里的全部奥秘就在于，法国已经通过太平洋上的 6 次核试验全面掌握了有关核试数据，今后法国可以完全用计算机模拟的手段开展核试验。事实上，法国核武研制基地中的"特拉 100"（Tera 100）是世界上最强大的超级计算机之一，会聚了法国最优秀的数学家、物理学家等各类人才，法国现在通过计算机就可以再现一种核武器设计的各个阶段，而不必再到撒哈拉沙漠或波利尼西亚检测其可能性。2009 年朝鲜进行核试验后仅仅 19 分钟，这里就测到了朝鲜的实验。2009 年安装在法国 ASMPA 中程空对地导弹上的机载核弹头的良好性能，就是模拟检测方式得到验证的。法国是世界上唯一完全掌握此项技术的国家，就连美国的模拟器也难以达到法国的水平。拥有了这种高科技手段的法国也可以像之前的美苏一样理直气壮地去阻止别的国家搞核试验了。至于核裁军政策的变化，如前所述，既然不再有苏联那样的核大国作为敌国，法国也就没有必要去持有那么多的核武器了，既然如此，将那些过时的、精准度并不高的核武器裁除掉，又能博得国际舆论上的"支持核裁军"美名，则法国何乐而不为呢？

2007 年 5 月，萨科齐当选为法兰西第五共和国第六任总统。2008 年

---

① *Le Monde*, 20 Jan, 2006.

3 月 21 日，在法国新一代战略核潜艇"可畏号（Le Terrible）"的下水仪式上，萨科齐首次全面阐述了法国未来的核威慑政策。萨科齐指出，法国将继续奉行核威慑政策，核威慑是国家的"人寿保险"，是保持法国独立性和"自主决策"的"最终保证"。所有侵犯法国重要利益的人将遭到沉重的核打击。"可畏"号的下水以及未来在其他 3 艘"凯旋"级潜艇上加装 M51.1 型弹道导弹，仅是法国核力量现代化的一部分。将取代"幻影"2000 N 和"超级军旗"遂行核打击任务的"阵风"战机将在年内开始携带升级版的 ASMP－A 核巡航导弹。萨科齐进一步说，尽管法国将削减核武器，核武器对法国的重要性丝毫没有降低，法国的核武器对保卫国家安全和遏制一系列新的威胁至关重要。此外，法国核武器还是"保证欧洲安全的重要因素"。①

2008 年 8 月，萨科齐政府颁布了法国冷战后第二部《防务与国家安全白皮书》，详尽阐述了新时期法国的防务安全战略。这部白皮书的颁布标志着法国对自己在冷战后所面临的主要威胁和应对战略上的认识比 1994 年颁布冷战后首部《国防白皮书》时有了进一步的全新发展。在白皮书中，法国依然以大国自居，称法国作为联合国安理会常任理事国和西方大国，在维护世界和平和国际安全中负有特殊责任。白皮书坚持了法国一贯的独立自主原则，称法国新确立的"国家安全战略"包括五项战略职能，即"认知和预测、预防、威慑、保护、干预"，其中的"威慑"职能主要依靠核力量来实现。新国家安全战略强调核威慑的重要作用："核威慑仍是法国国家安全的核心概念，是法国国家安全和独立的根本保障。"法国将继续依靠"独立""足够"和"有效"的核力量，继续使战略导弹核潜艇和空基核力量现代化，保护法国的关键利益免受任何国家、任何方式的威胁。继续保持由总统直接指挥、具备相应能力、完全独立的核威慑力量。② 同以往一样，法国仍然拒不承担不首先使用核武器的义务，以保持"模糊威慑"。引起人们广泛注意的是，白皮书加入了国防工业欧洲化的内容，也提到法国核战略

---

① 《国外核新闻》2008 年 4 月刊，第 17 页。
② 2008 版法国防务与国家安全白皮书。

力量为欧洲服务，可是，法国仍然保留涉及主权的关键领域不容他国染指，比如核武器和核技术。

考虑到白皮书的重要性，兹将其中有关法国核战略的原文内容摘译如下：

> 核威慑仍然是国家战略的主要基石。它是法国国家安全和独立的最后保障，核威慑的唯一作用是阻止来自他国的关系到国家生死利益的侵略，而不论其来自何方，以任何形式。面对我们在全球化状况下会遇到的多种形势，核威慑的可信度取决于国家元首独立拥有足够宽的选择余地和足够多的手段。这就需要两个方面的现代化，弹道导弹和巡航导弹。即便今天不存在任何直接侵略威胁到法国的安危，面对危及国家利益的各种变幻局势，我们国家保持行动自由的能力应该得到保证。在核武器对国家安全还是必须的期限内，法国将拥有足够的手段，以长期保持这样的能力。然而，法国已经，并将继续在裁减核武器方面采取主动。法国在反扩散方面将尤为积极，比如对核武器、生物武器、化学武器以及装载这些武器的导弹。
>
> 国防工业欧洲化绝对必要。欧洲国家想要独自掌握所有国防技术已经不再可能。但法国必须保留涉及主权的领域，主要集中在维护国家政治与战略自主的必要能力上：核威慑、弹道导弹、进攻型核潜艇、信息系统安全是必须保留的核心组成部分。在其他领域，法国认为欧盟国家有优先权，如战斗机、无人驾驶飞机、巡航导弹、卫星、电子元件等，此外，采购政策应该包含全世界市场。
>
> ［有关威慑］：
>
> 核威慑仍是法国国家战略的主要基石，法国的核威慑是防御性的，核武器的使用只有在极端情况下、在合法防卫的前提下使用。在威慑的框架内，法国拥有实行核警告的能力。法国的核力量将继续调整。核威慑战略还要考虑到盟国和欧洲建设的变化，在北约内法、英共同为全球的威慑做出贡献，法国的核威慑还将对欧洲安全做出贡献。
>
> 两个相互补充的、革新的组成部分：核威慑包括海洋和空间两个

因素，它们拥有的武器都是战略性的，并非都用于普通战场。核力量的能力特别包括投放能够打击敌手的政治、经济、军事权力中心或能使之行动能力瘫痪的能力。这两个方面的能力都应实现现代化，海洋力量将在 2010 年配备 M51 洲际导弹，空中力量将从 2009 年起由幻影 M2000 - NK3 和阵风战斗机组成，能从法国本土或航空母舰起飞，携带 ASMPA 导弹。战略海基核力量应能继续保证遂行第二次打击的能力，而空中打击力量要具备多种功能。但法国在核力量方面保持"足量"原则。

保持技术上的可靠性：首先要继续模拟核试验，今后主要目标是根据核武器的老化现象、防务的变革以及科技的革新保持调整能力。其次是保持导弹特别是弹道导弹领域内技术的专业化和先进性。

保持能将命令传达到核力量的能力：这一能力要求提高安全性，随时都可使用，能够抵抗任何形式的侵犯。它要求有固定的基础设施网络，有将命令发送到每个组成部分的基站，还有最后的求助系统。

海基核力量安全的必要手段：海洋核力量的自主性和安全性要求加强对外国核力量的部署和行动有更好的了解，同时拥有持续的支持手段，可根据局势动员 2 艘核打击潜艇，甚至 4 艘反潜艇护卫舰，以及拥有进行水雷战的手段、海上巡逻飞机等。

空基核力量应具有的必要支持手段：根据优先使命，空基核力量应拥有战斗机及空中加油机，并使之处在经常作战状态，更新这些手段是未来 15 年的优先目标。

萨科齐任总统期间，在法国总统府官方网站上设有"核威慑"专页，萨向全世界公开了法国核威慑的政策和原则。戴高乐的大幅照片和萨科齐巡视法国战略核潜艇基地的照片并排而立，萨科齐的讲话高悬其间："我作为国家元首和军队统帅的首要任务，就是保障法国的领土、人民和共和国机构在任何情况下的安全，以及我们国家在任何情况下独立自主的权利。"①

---

① http：//www. elysee. fr/president/les - dossiers/defense/dissuasion - nucleaire/dissuasion - nucleaire. 7069. html.

将这样的誓言放在"核威慑"专页，不言而喻，萨科齐是在向全世界宣示其继续坚持法国独立自主核威慑战略的决心。

2009 年 4 月 4 日，在北约法德峰会上，法国全面重返北约。萨科齐为此提前提出了重返北约的四个原则，首要的第一条原则就是法国政府坚持戴高乐总统的独立核威慑原则，法国的核力量不接受其他任何国家的指令。

二　冷战后法国战略核力量及分布

持有"独立""足够"和"有效"的核武器并实行"威慑与遏制"战略是法国核军事学说的基础，这个战略以国家军队编成中必须拥有海基和空中"二位一体"战略核力量原则为基础。

2008 年，法国海上战略核力量配置有第三弹道导弹核潜艇分队（驻泊点是土伦，位于布雷斯特军事基地附近的比斯开湾沿岸），战斗编成由 4 艘弹道导弹核潜艇组成，分别为 1 艘老式"不屈"级潜艇（原来的"可畏"级）和 3 艘"凯旋"级新型潜艇。每艘潜艇携带 16 枚安装 6 枚 TN75 弹头的 M－45 潜射弹道导弹。目前部署到 4 艘弹道导弹核潜艇上的法国海上战略核力量作战储备共计 48 枚潜射弹道导弹和 288 个核弹头，与英国的情况一样，其中一艘潜艇一直位于大修和改装点，平时在指定巡逻区担负战斗值勤的为 1 艘或者 2 艘弹道导弹核潜艇。法国海上战略核力量的升级改造计划规定，在 2010 年将用 1 艘"凯旋"级新一代潜艇替换老式的"不屈"级核潜艇。之后，第三弹道导弹核潜艇分舰队编成中将装备 4 艘 1996～2010 年间建造的现代化潜艇。从 2010 年底开始他们将装载新型 M－51 潜射弹道导弹（射程达 8000 千米，比 M－45 潜射弹道导弹远 2000 千米）。2015 年之后，携带 TNO 新型核弹头的升级版，M51－2 潜射弹道导弹有望列装服役。

法国空中战略核力量由 2 种型号的飞机构成：60 架"幻影－2000"战机，编为 3 个中队；24 架"超军旗"舰载机，编成 2 个中队，部署在法国唯一一艘核动力航母"夏尔·戴高乐"号上。这些飞机装备有 ASMP 空对地核巡航导弹，高空飞行活动半径达 300 千米，低空飞行活动半径达 80 千米。目前共有 60 枚 ASMP 核巡航导弹用于作战部署，50 枚装备"幻影－2000H"，10 枚装备"超军旗"。为了完善法国的空中战略核力量，法国军方拟在 2010 年前用新型舰阵"阵风"战机替换所有的"超军旗"载机和 20 架"幻影－2000H"战机。"阵风"装备有升级版 ASMP－A 核巡航导弹（发射距离提高到 500 千米）。这样一来，2015 年前法国空中战略核力量将共拥有 84 架核武器载机（40 架"幻影－2000H"，44 架"阵风"），84 枚 ASMP 和 ASMP－A 核巡航导弹。①

　　法国核弹头的数量一直是个秘密。法国总统府官网明确表示说："法兰西实际部署的核弹头的数量是法国国防机密，但是，共和国总统 2008年以一种出乎人们意料之外的方法给予了这一数据的透明度：他宣称法国将拥有不超过 300 枚核弹头。"②（据英国广播公司 BBC 的报道，萨科齐2008 年 3 月 21 日在法国新核潜艇"可畏"号的下水仪式上表示，法国将削减其空基核武器数量的三分之一，这将使法国拥有的核弹头数量不超过300 枚，主要部署在核潜艇上。）法国核弹头的数量一直在引起人们的猜测。根据 2008 年美国科学家联盟透露的数据，法国共拥有 348 枚核弹头，其中 288 枚为海基核弹，50 枚为空基核巡航导弹，10 枚为核炸弹。③而英国《简氏防务评论》则认为法国拥有 350 枚核弹头。④

　　法国是世界上唯一仍在航母上部署核武器的国家。2000 年"福煦"号航母退役后，法国只有一艘核动力航母"戴高乐"号。该艘航母是一艘中型航母，能搭载 30～40 架飞机，其中的一个"超级军旗"中队携带着 10 枚 ASMP 核导弹。法国深感一艘航母不够用，一旦在"戴高乐"号航母处于维修或保养期间出现危机，法国将没有航母可用。为与"戴高乐"号相互配合，使法国的军事力量"永久地存在于公海上"，法国在长时间考虑后，计划开支 20 亿欧元，再建造一艘常规动力航母，由两艘航母分别携带部分核武器巡弋大洋，这艘航母已经于 2005 年开工建造。法

---

① 以上数据均采自《现代军事》2008 年第 3 期。

② Le nombre exact de têtes nucléaires dont dispose la France est "secret défense"，néanmoins le Président de la République a décidé en 2008 d'une mesure de transparence exceptionnelle：il a annoncé que la France avait moins de 300 armes en tout. 见 http：//www. elysee. fr/president/les－dossiers/defense/dissuasion－nucleaire/dissuasion－nucleaire. 7069. html.

③ 转引自《国外核新闻》2008 年 4 月刊，第 17 页。

④ http：//sentinel. janes. com/subscribe/sentinel/country_ report_ doc. jsp.

国海军"阵风"舰载机中队曾于 2001 年 12 月~2002 年 6 月间参加了美国在阿富汗进行的反恐战争，海军计划再装备 2 个"阵风"中队，使海军的"阵风"飞机数量在 2020 年达到 60 架，使之具备核打击能力，从而全部取代"超级军旗"。

第三节　法兰西战略文化的影响与作用

威慑其实是一种古老的理论。18 世纪末，康德曾经思考武器的稳定效应，即武器如果足够可怕，反而会促使其持有者不予使用。20 世纪下半期，这位科尼斯堡（konigsberg）哲学家的思考成为真正的预言。20 世纪法国著名的战略家博富尔将军称，"间接战略是一种艺术，即了解如何最好地利用核威慑之外有限的行动自由，赢得决定性胜利，即便可用的军事手段有时极少"。①

卡莱维·J. 霍尔斯蒂（Kalevi J. Holsti）把威慑的前提概括为：①双方能够以成本与收益为基础，做出决策，并且准确地评估形势与相对能力；②威胁程度越高，阻止侵略性行为相对更加容易；③无论防御者或进攻者，他们的价值观是相似的，至少都认为避免大规模武力冲突是最佳选择；④双方的关注点相同，这样他们就更容易准确地理解认识相互确保的信息；⑤国内政治压力对对外决策的影响较小，或者说，国家是一个完整的理性决策行为体（unitary rational actor），国内利益集团与政治力量对威慑策略的影响是非决定性的；⑥双方能够对战略武器的应用保持高度集中控制。②

蒙布里亚尔（Thierry de Monbrial）认为，威慑是一种特殊的禁止模式，威慑战略旨在通过清晰表述的威胁，引导对手理性地认识到，不选择某个或某些行动方向符合自身的利益，以此来预防对手采取某些预期的行动，而不需对其施加有形的压力。威慑在核时代才上升至战略层面。蒙布

---

① General Andre Beaufre, *Introduction a la strategie*, coll. ＜ Pluriel ＞, Hachette litterature, 1ere ed. 1963, reed. en 1998. chap. IV.

② K. J. Holsti, *International Politics*：*A Framework for Analysis*, New Jersey：Prentice Hall, 1988, p. 279.

里亚尔把法国的威慑模型称为继"恐怖平衡""毫无疑问的相互毁灭"之后的第三种模型,即"存在型威慑"或"弱对强威慑"。他认为,戴高乐将军时代,法国核打击力量的部署有两大目标,一方面,加强法国的安全,向潜在入侵者(无论是谁)表明,入侵可能招致与其目标完全不相称的惩罚;另一方面,恢复外交方面的回旋余地,特别是针对苏联和第三世界。蒙氏称,"冷战结束后,西方国家对来自'第三世界'国家的核威胁已经非常重视。21 世纪初,美国试图综合禁止战略(针对伊拉克或伊朗)和积极防御战略(部署导弹防御系统),双管齐下应对这一风险。大规模核威胁的暂时或彻底消失会带来另一个后果,即核威胁被纳入更大的类别,即涉及'大规模杀伤性武器'的风险。面对这个风险,如果禁止无法奏效,威慑依然能发挥重要作用"。①

核武器因其威慑效力强大而被认为能够满足不同国家的各种需求,从基本的军事安全、国家独立直至实施某种强制意志的权力。法国战略学家蒙布里亚尔等很多战略理论家认为,核威慑确保了冷战期间的"核恐怖和平"。② 虽然冷战后和平问题的地位从某种意义上有所"跌落",但是以核武器为支撑的核战略仍是处理国家之间关系的有效手段,只要世界没有实现"无核化",这种传统的观念就不会消失。面对"核战争没有胜利者"的现实,核战略究竟多大程度上能够实现国家的战略目标,仍取决于人们的心理因素——核武器产生威胁效力的大小。法国作为核大国,国家战略文化的传统不可避免地影响并塑造着法国核战略,使之不断适应时代的变化而进行变革。核武器仍然是法国实现其大国地位战略目标的重要依托,核战略的威慑效果大大增加了法国自信心及与其他国家进行较量的心理筹码。为了遏制美国自恃拥有最大核武库而认为霸主地位理所当然的情况,法国坚持独立自主地升级本国拥有的核武器及核战略。这不仅仅是法兰西战略文化传统的塑造性结果,而且是影响法国今后战略文化演进的重要环节。

---

① 〔法〕蒙布里亚尔:《行动与世界体系》,庄晨燕译,北京大学出版社,2007,第 110 页。

② "没有核武器,世界可能会经历第三次世界大战。威慑避免了一次新的大战。"同上引文。

一　争取世界性大国地位是法国核战略的最重要目标

"三十年战争"后的三百多年间，法国是欧洲和世界上起主导作用的大国，它希望能继续保持这种地位，并且认为获取核武器对实现这一目标至关重要。许多法国人认为，在美苏英三个大国拥有核武器之后，为了保持法国的欧洲和世界大国地位，法国必须拥有最现代化的武器。冷战结束后，欧洲格局发生了变化，法国的政治与经济地位明显下降。实际上已经处于西方二流国家的地位，法国若想争取其大国地位、与美国争夺欧洲事务的主导权，唯一的办法就是保持核大国地位，以弥补其政治与经济地位的不足，因此作为法国右翼派总统，希拉克上台后理所当然地坚持戴高乐的独立自主的核威慑理论，实现法国核武器现代化。他不愿在防务方面依赖盟友，听命于美国，因此上台后立即决定恢复核试验。"9·11"事件后，面对恐怖主义直击美国心脏的"切肤之痛"，在向全球展示经济体制优势与推广传播美国的民主价值观念的同时，美国不得不将更多注意力回归到军事安全与防务领域。为了遏制美国一超独霸的野心，维护法国大国地位，确保战略和政治自主性，法国必须在有限的领域掌握自己的技术，包括核武器、弹道导弹、核攻击潜艇和信息安全系统。

法国所制定的核战略一直是与其追求大国地位的目标联系在一起的。冷战后，法国的"大国雄心"面临着诸多不利因素的制约，法国在欧洲的"盟主"地位已越来越受到德国的挑战，"核武器与马克之争"愈演愈烈。核战略及其威慑成为保障法国以"争取大国地位"为目标的安全战略的必要选择。"全球化时代，法国不仅要面对对法国陆地边界的种种不明确的威胁，尤其是要预防和制止各种危机的发生，它们会直接或间接地影响法国，或只是因为它是联合国安理会常任理事国或西方大国而受到牵连。它的安全空间的边界已不限于其地理边界，法国的内部安全和外部安全今后是联系在一起的。法国愈是增强对外干预的能力，就能愈有效地确保国内的安全。"① 正是出于这种认识，法国不愿对不首先使用核武器作出承诺，是增强核威慑、强化核武器遏制战争能力的重要保障，进而彰显

---

① 原颖译：《法国军事战略》，2003。

了法国的大国地位及对其他国家行为的影响力。

拥有独立的核武器和核技术也是法国保持大国地位的关键之一。法国在核力量建设上一直遵循"足够"和"有效"的原则。虽然在数量上不与美国比高低，但是在法国国力与财政所能支撑的基础上满足国家安全的基本需求；在质量上不断提高核武器的生存能力和打击精确度，确保第二次打击的能力。鉴于美俄大规模削减战略核武器进程加快，今后对法安全的威胁更多将是来自欧洲、中东和地中海等方向上的中低强度危机；法国认为要确保其大国地位和根本安全利益，必须拥有最起码的威慑力量，但其规模应以"严格足够"为原则，并强调防务"优先目标多样化"。所谓"严格足够"，就是意味着保持相当多的手段，能给可能的敌人造成严重损失，使其想通过侵略获得的利益化为乌有。所谓"优先目标多样化"，就是要合理安排装备发展费用，以适应防止危机和远距离干涉的作战需要。

二 独立自主是法国核战略的核心，核武器是法国实现独立自主的保障

冷战最激烈时期，法国奉行的是"有限核威慑战略"，即依靠本国独立的，具有足够威慑作用的有限核力量，遏制敌人可能对法国发动的进攻，其主要对象是苏联，因此其核战略也被概括为"以弱对强"的核威慑。1958年，戴高乐将军表示为确保国家独立，法国必须研制本国原子弹，1960年2月13日，法国在阿尔及利亚境内的撒哈拉大沙漠爆炸了第一颗原子弹，在此基础上，戴高乐建立并发展了法国的核威慑力量，使法国成为在世界上举足轻重的核大国之一。在冷战时期，法国核威慑力量成为保障其独立自主的最有效手段，法国在1992年宣布暂停核试验之前连续进行了204次核试验，据称建立了拥有五百枚核弹头的威慑力量，成为仅次于美俄的第三大核大国。冷战后，法国逐渐改变这种威慑形式，代之以"全方位的威慑"。1990年后法国多次声明其核威慑不直接针对特定的任何一国，法国没有假想敌，威慑是为法国的独立服务。

作为中等核武器国家，法国长期以来执行独立自主的核政策与核战略，其核威慑力量完全独立。在冷战时期，法国独立的核力量在弱势情况下对付苏联等强敌，保卫法国的独立和安全，并进而取得在西欧的领导地

位。这有助于在美苏争霸的情况下维持国际战略平衡。冷战后，法国政府重申，"核威慑保证了我国的独立并保护了我国的根本利益"。确保核武器的可靠性是"法国防务政策的重点"。希拉克历来坚持保持法国独立可靠的核威慑力量作为法国安全的基础，早就表示法国停止核试验必将削弱法国以及欧洲的防务。法国认为，冷战虽已结束，但是和平与稳定在欧洲及世界上进展不大，法国前总理朱佩曾指出，"冷战秩序至今未被任何国际新秩序取代，新威胁即将或已经取代旧威胁，面对新威胁，国际安全与和平的基础依然是核威慑"。因此，法国独立的核力量，在国际上是法国主权与独立的最后保障。

全球化的今天，法国深知其与美国的国力相差太远，甚至与日益强大逐渐崛起的中国以及俄罗斯比，在很多领域法国也已不再具有任何优势。要想与上述大国平起平坐成为世界性大国，法国必须依靠欧盟的整体力量。为此，一贯坚持独立性的法国不惜让渡部分国家主权，推动欧盟一体化快速发展。然而，法国虽然能把很多东西拿出来与欧盟各国共享，包括共同货币、共同边界、共同农业政策、司法政策等，可是有一样东西法国是绝对不与任何国家共享的，那就是法国的核武器。虽然希拉克、萨科齐都声称法国的核武器可以为整个西欧、欧洲提供安全保护，实现"共享威慑"，可是其核武器按钮和密码会牢牢掌握在法国自己的手里，这是不言而喻的事实，也是法国必将牢守的底线。在 2009 年全面重返北约前后，萨科齐反复向法国全体国民说明重返北约的种种益处，但有一点是他最需要说、必须说，也是法国国民最想听到的，那就是法国重返北约有重大保留条件：法国核武器不受北约制约，法国保持完全独立、自主的核战略力量。对法国人来说，这已经成为一条心理和文化底线，不会有丝毫的让步。戴高乐 60 年前"核武器不一体化"的原则，今天依然是法国政府的原则。当然，这也成为欧洲国家对法国"共享威慑"战略心存疑虑的理由。

三　维持核均势是法国传统均势理念的要求

从全球角度看，冷战结束后，美国成为唯一超级大国，国际战略力量严重失衡。法国独立的核力量有助于减少这种失衡，推动世界多极化趋势的发展。第一，法国表示将其核威慑用于欧洲共同防务，成为欧盟推动共同防务的积极因素，而欧盟的发展是世界多极化趋势的重要表现之一。第二，在法国拥有完全独立核威慑力量的情况下，两个拥有最大核武库的国家难以实行核垄断。第三，法国独立核威慑力量有助于重组和维持国际战略平衡。冷战后，全球性的安全威胁已经从两大军事集团战略对峙而构成的大规模战争威胁演变成为常规战争和地区性安全危机，给欧洲大陆向新的战略均势转移造成困难。因此，法国必须以独立的核威慑能力来应对多样性威胁的出现。法国外交部长贝尔纳·库什内在回答议员有关法国如何因应美国新核战略时称，法国不是一个好战的国家，因此法国的核力量仅起威慑作用。这就说明，法国核战略的目标之一是打破美国核力量一家独大的局面，维持对美核均势。

保证自身独立核力量的先进性，是未来世界性核裁军谈判中讨价还价的筹码。欧洲安全依然严酷，俄罗斯庞大的核武库依旧存在，进一步削减核武器的努力受制于种种自然的、经济的和政治的考虑，核扩散阴云四布。核爆炸危害分布的不确定和广泛性有助于增进关于国家安全切身利益的共同观念，核打击可能性存在之处，切身利益随即产生。当希拉克的顾问皮尔·莱洛奇用言语表达出法国人的“伟大”使命感：“只有法国才有愿望、志向以及能力在重建欧洲安全秩序方面发挥决定性领导作用”①时，核武器资本的拥有无疑给他了巨大的信心。法国希望维持核均势，但这一战略受到了美国国家导弹防御计划的挑战。法国的“刚好够用”的威慑战略是建立在相互威慑的前提下，在美、苏（俄）削减有关弹道导弹和战略核武器的基础上确立的。但随着美国单方面退出《反导条约》，研制、部署导弹防御体系，法国的核威慑将失去效果。即使美国的导弹防御网存在漏洞，一些导弹或飞机能借此突破防御，但是法国需要多少枚核弹才算“刚好够用”，这一数字很难估算。为给其核威慑增加一些可靠性，法国强调也需要“战术”导弹防御，而这实际上与该国目前所主张的核裁军政策相矛盾，同时也反映了法国对美国的导弹防御建设持“谨慎反对”的态度。所谓“谨慎反对”表示法国既认可美国建立导弹防御

① Pierre Lellouche, "France in Search of Security", *Foreign Affairs*, No. 2, 1993, p. 128.

的正当性，但同时认为此举破坏了国际战略稳定，使法国的核威慑失效。因此，法国政府不惜一切代价保持足够的核武器，升级核武器、更新核战略，就是尽量防止因为要制衡的对方实力过于强大，而使自身威慑效果大打折扣。

从欧洲角度看，法国独立的核力量在西欧是提高法国地位、制衡德国、获取欧洲联盟防务主导权的资本。两德统一后，德国综合国力显著提升；海湾战争等一系列局部冲突中，英国海外军事行动能力明显强于法国。这些变化，使法国感觉到自身在欧洲力量格局中的地位正在面临挑战。同时，核国家逐步增多并且核扩散的威胁并没有降低，地区冲突、局部战争有增无减，出现侵略性的地区强国可能性没有排除，核威慑对法国保护其根本安全利益至关重要。法国核战略的均势目标就是：平衡统一后的德国在欧洲日益增强的政治和经济影响；加强法国在欧洲防务联合中的地位。当然，其长远的战略目标则是推动西欧减少对美"延伸核威慑"的依赖，逐步摆脱美对欧洲防务的控制，削弱美俄核武器对欧洲安全的影响。

威慑是核时代影响人类生存的重要思维逻辑。威慑产生作用的载体是对方的心理活动。威慑中使用的威胁并没有实际兑现，实施者只是通过使对方想象这种威胁可能引起的后果而在对方心理上造成否定性效果，比如恐惧等，从而促使对方放弃原先计划的行动。[①] 冷战结束后，法国核战略力量的独立自主原则没有改变，但其打击目标和使用战略等经历了重大调整，从以苏联为主要假想敌的"以弱制强"战略，调整为以失败国家和国际恐怖集团为主要假想敌的"足够、有效"战略，同时还联合英国向欧洲盟国提出"共享威慑"战略，试图以此领导欧洲独立防务建设。从某种意义上说，法国的核战略已经回到了戴高乐时代的全方位威慑而不针对某一特定的假想敌，且更具主动进攻性，其打击的目标是"圆规上的所有点〔all points of the compass（tous azimuts）〕"。这些调整凸显出，核武库不仅是法国核心安全利益的最后保障，也是全球化时代维护法国大国地位的有效"杀手锏"。

---

① 吴莼思：《威慑理论与导弹防御》，长征出版社，2001，第 1~6 页。

法国的目标是发展独立于美国之外的"欧洲防务特性",而欧洲自己的防务实体必须以核威慑为强固支柱,因此它强调核威慑重返欧洲舞台中心的可能性。对于法国在"协调威慑"范围内将其核威慑力量用于欧洲的建议,英德两国表示支持,可是也有相当多的欧洲国家对此表示了消极态度,这些国家显然并不考虑由其他国家取代美国核保护伞。法国谋求以核威慑力量主导欧洲防务体系的努力前路尚远。

第五章

法兰西战略文化与冷战后法国的文化外交

重视发挥文化的影响，以文化带动外交，是法兰西战略文化的重要内容。冷战后法国文化外交更为活跃，积极扩大法国文化的影响力、争夺国际话语权，以法兰西人文文化为核心的软实力得到了淋漓尽致的运用和发挥，为实现法国自身大国战略和世界文化多样性发挥了重要作用，成为法国大国目标的重要支柱。本章共分四部分内容。首先分析文化与软实力的概念、特性，以及文化权力化在对外关系中的运用。其次从战略文化角度阐述法国的软实力和法国文化外交的传统。再次剖析和总结冷战后法国政府的对外文化战略。最后总结法兰西战略文化对法国文化外交的影响。

第一节　文化特征与软实力

如果人们广义地把文化解读为"包括全部的知识、信仰、艺术、道德、法律、风俗以及作为社会成员的人所掌握和接受的任何其他的才能和习惯的复合体"，① 那么一个国家的文化可谓是该国软实力的重要源泉。同时，文化软实力也成为国家软实力的核心。约瑟夫·奈认为，"文化是为社会创造意义的一系列价值观和实践的总和"。② 英国"人类学之父"爱德华·泰勒认为，"政治、外交、意识形态、价值体系是文化，语言、

---

① 爱德华·泰勒：《原始文化：神话、哲学、宗教、语言、艺术和习俗之研究（重译本）》，连树声译，广西师范大学出版社，2005，第1页。

② Joseph S. Nye Jr., *Soft Power*, p. 11.

宗教、艺术、哲学、风俗、服饰、饮食等同样是文化。"① 文化无所不包，渗透在人类行为的方方面面、点点滴滴。所有这些东西所产生的综合影响力，就构成了国家的"文化软实力"。自古以来，文化交流、文化渗透乃至文化侵略、文化征服是各国、各民族间的普遍现象。中国著名学者季羡林认为："一个民族的文化发展约略可分为三个步骤：第一，以本民族的共同的心理素质为基础，根据逐渐形成的文化特点，独立发展。第二，接受外来影响，在一个大的文化体系内进行文化交流；大的文化体系以外的影响有时也会渗入。第三，形成一个以本民族的文化为基础、外来文化为补充的文化混合体或者汇合体。"② 正因为人们意识到文化之于国家实力和国际交流、对外关系的重要作用，致力本国文化建设、对外开展文化外交就显得格外重要。法国作为文化大国，在利用其优越的文化资源实现对外战略目标方面有相对于其他许多国家的巨大优势，法国本身有着充分挖掘其文化潜力用于对外战略的历史传统。冷战后的法国对外文化政策则是在继承历史经验基础上的一种适应时代和形势变化的创新。

一　文化特性和文化的传播

根据《现代汉语词典》的解释，文化是"人类在社会历史发展过程中所创造的物质财富和精神财富的总和，特指精神财富，如文学、艺术、教育、科学等"。③《辞海》对文化的阐释是："从广义上来说，指人类社会历史实践过程中所创造的物质财富和精神财富的总和。从狭义上来说，指社会的意识形态，以及与之相适应的制度和组织机构。"④

西文的文化 culture 词源来自拉丁语 cultura，其原意为种植、耕作、培养等（Action ou manière de cultiver la terre ou certaines plantes, d'exploiter certaines productions naturelles）。法国久负盛名的百科全书式大

---

① 爱德华·泰勒：《原始文化：神话、哲学、宗教、语言、艺术和习俗之研究（重译本）》，第 1 页。
② 季羡林：《比较文学与民间文学》，北京大学出版社，2001，第 298～299 页。
③ 《现代汉语词典》，商务印书馆，2004，第 1318 页。
④ 《辞海》，上海辞书出版社，1980，第 1533 页。

辞典拉鲁兹（Larousse）对作为文化的 culture 一词有如下五条释义：①

1. 知识活动所产生精神财富的集合（Enrichissement de l'esprit par des exercices intellectuels）。

2. 对特定领域的认识（Connaissances dans un domaine particulier）。

3. 作为一种文明，以区分不同种族或民族的物质和意识形态现象的集合，如西方文化（Ensemble des phénomènes matériels et idéologiques qui caractérisent un groupe ethnique ou une nation，une civilisation，par opposition à un autre groupe ou à une autre nation：La culture occidentale）。

4. 某一社会集团之行为举止特性的集合，包括其语言、行为、衣饰等，以此与其他社会集团区分，如布尔乔亚文化、工人文化［Dans un groupe social，ensemble de signes caractéristiques du comportement de quelqu'un（langage，gestes，vêtements，etc.）qui le différencient de quelqu'un appartenant à une autre couche sociale que lui：Culture bourgeoise，ouvrière］。

5. 描述某种现有或史前阶段科技和艺术传统的集合（Ensemble de traditions technologiques et artistiques caractérisant tel ou tel stade de la préhistoire）。

文化具有流动性，能在不同地域、民族、国家间传播、渗透。文化产生于一定的社会环境，与一定的社会意识形态相适应，具有意识形态的属性，它对人的世界观和价值观等具有一种潜移默化的影响作用。文化渗透力，简单地说，就是传播自身文化的能力，强调的是吸引他人欣赏自身文化的能力。② 文化的传播能同化他人的观念和思维方式；他人观念的同化有助于本国战略目标的实现；在通过文化同化实现本国目标的过程中，国家的控制力得以增强。陈玉聃则认为，文化的渗透力、作用力是双向的，"文化上的同化可能会促进他国的发展，从而威胁原属国的地位。也就是说，对他国进行文化同化，在吸引对方并使自己的目标更易于实现的同时，也可能会增强他国的实力，弱化自身的相对力量，从而导致对他国控

---

① *Larousse en couleur* 1995，p. 298；larousse online：http：//www. larousse. fr/dictionnaires/francais/culture/21072.

② 刘大和：《百科全书的文化意识》，《认识欧洲》2001 年第 9 期，第 107～110 页。

制力的下降"。①

文化具有一定的共性，也有其特殊性和地域性。文化是人类创造的，人类具有共性，所以文化必然具有共性。主流文化是一个民族、时代或地域顺应历史发展和社会心理而形成的文化精神主流。世界上的"主流文化"并没有绝对标准，但"强势文化"的存在是客观现实。文化，本来就是覆盖了生活的各个层面，既有极少数人才能欣赏的"阳春白雪"，也包含符合大部分人口味的"下里巴人"。威廉斯认为："文化是对一种特殊生活方式的描绘，这种生活方式表达某些意义和价值，但不只是经由艺术和学问，而且也通过体制和日常行为。依据这样一个定义，文化分析就是对暗含和显现于一种特殊生活方式即一种特殊文化之意义和价值的澄清。"②

文化的实用性在于文化产品的可选择性与可组构性。文化产品要进入社会，就必须依据一定社会历史时期政治的、法律的、道德的、文化的标准，进行比较、鉴别、筛选和优化，然后按照一定的传播渠道和传播方式传播出去；同时，由于文化产品消费者的出身、社会阅历、价值观念和文化层次的不同，他们面对数量极为庞大、质量参差不齐的文化产品时，不是"照单全收"，而是会有所选择。人类个别的、分散的、无序的、独特的文化产品需要按照一定的社会需要和社会标准，使用特定的符号系统，进行收集整理、分类编排，缔结构造到整体的有序的社会文化大厦中去。

文化在传播流动中的最大特点是其柔韧性。在和平环境下，一个国家或民族的文化对其他国家或民族的影响是缓慢、柔性的，它在潜移默化中流布、传扬，在大多数情况下还可能被拒之门外。不能想象一夜之间一种文化取代或征服另一种文化。即便是在战争环境下以暴力强制手段企图将一种文化强行移植到另一个民族中去，其后果也往往适得其反。中国历史上，元朝的蒙古族征服者以弓马得天下后企图将草原游牧文化强行植入中原，但百年努力最终还是付诸东流，值得讽刺的是，很多蒙古贵族反而被

① 陈玉聃：《论文化软权力的边界》，《现代国际关系》2006 年第 1 期，第 62 页。

② Raymond Williams, *The Long Revolution*, London：Chatto & Windus, 1961, p. 41.

汉族文化所吸引、同化，除了喜好汉族的宫室丝绸华服美器之外，有的人还能用汉语写出很优秀的诗词。文化不具备强制性。

文化上述特点决定了文化权利化、政治化过程所发挥的作用是无形的、缓慢的、潜移默化的，不能以急功近利的态度看待软权力的效用。因此，文化的运用要着眼于长远利益。民族文化想要保持生命力和影响力，首先要得到人们的认可，走向世界就必须要有世界性的参照体系。在英国有托尼·本内特的"文化政策"专项研究，他将文化政策置入文化研究之中，关心文化的"政府性"而非"抵抗性"，本内特是以被称为文化研究的"修正主义者"。

国际关系学界对"文化"概念的研究和重视是20世纪后半期，尤其是八九十年代以来的事情，塞缪尔·亨廷顿把人类学的文化概念引入国际关系研究，在亨氏主编的《文化的重要作用——价值观如何影响人类进步》一书前言中指出，"我们是从纯主观的角度界定文化的含义，指一个社会中的价值观、态度、信仰、取向以及人们普遍持有的见解"。① 1990年代，随着建构主义学派的兴起，文化受到国际关系学界的日益重视，成为西方国际关系三大主流理论之一的建构主义学派所重点研究的一个核心变量。建构主义对"文化"的定义，简单说就是共有观念或者共有知识（shared ideas or shared knowledge）。亚历山大·温特在他的代表作《国际政治的社会理论》中认为，"共有观念构成了社会结构的次结构，即'文化'"。② 他指出，"文化不仅仅是个体成员大脑中共有观念的聚合，而且也是群体支撑的现象，因此从本质上来说也是公共现象"。正因为如此，文化形态才具有多元实现性质。以温特为代表的建构主义者认为文化具有建构作用，尤其特别重视"文化"对国际关系施动者"身份和利益"产生的作用。③

---

① 塞缪尔·亨廷顿、劳伦斯·哈里森主编《文化的重要作用——价值观如何影响人类进步》，程克雄译，新华出版社，2002，前言第3页。
② 亚历山大·温特：《国际政治的社会理论》，秦亚青译，上海人民出版社，2000，第317页。
③ 亚历山大·温特：《国际政治的社会理论》，秦亚青译，上海人民出版社，2000，第208页。

二 软实力的组成及特性

"软权力"概念由约瑟夫·奈在 20 世纪 90 年代初提出之后，引起了各国学术界乃至普罗大众的普遍关注。1990 年，奈在《注定领导》中提出"同化权力或称为软权力往往与无形的权力资源相联系，如文化、意识形态和制度"。① 其中，文化是"一种相对廉价和有用的软权力资源"。② 奈在他的专著《软权力》一书中对软权力的表述是"一个国家在世界政治中获得想要的结果可以是由于其他国家——羡慕其价值观、模仿其榜样、渴望达到其繁荣和开放的水平——愿意追随之。这种软权力——使其他国家想要你所想要的结果——同化他人而不是胁迫他人"，也就是"通过吸引而非强制以达到目标的能力"。③

2006 年奈在美国《外交政策》杂志上发表《软权力再思考》一文，用简单清晰的方式再次澄清了与软权力概念相关的一系列问题。奈认为，"权力是使其他行为者调整自身行为以满足你所需的能力。实现这一目标主要可以通过三个途径：强制（大棒政策）、援助（胡萝卜政策）和吸引力（软权力）"。"一个国家的软权力资源由三部分组成：对他国有吸引力的文化、在国内和国际上都能得到遵循的政治价值观、被视为合法和享有道德权威的外交政策。"④

"软实力"的提出意义非凡，它的最大价值在于认为世界的发展和人类的和平可以通过自己的文化和价值体系来规范世界秩序而得以实现，而不需要诉诸武力和经济制裁。也就是奈所说的"希望追随他、羡慕其价值观、以其为榜样，渴望达到其繁荣和开放的水平"。软权力吸引民众甚至国家，而不是迫使他们改变。确立预期的能力往往与无形的权力资源相关，例如具有吸引力的文化。在全球化时代，媒体介质的多样化使各类信息流动成为现实。"信息交流和通信手段的进步，降低了包括文化、价值

---

① Joseph S. Nye Jr. , *Bound to Lead* pp. 31 – 33.
② 参见詹姆斯·多尔蒂、小罗伯特·普法尔茨格拉夫著《争论中的国际关系理论》，阎学通、陈寒溪等译，世界知识出版社，2003，第 72～74 页；倪世雄等：《当代西方国际关系理论》，复旦大学出版社，2001，第 263～265 页。
③ Joseph S. Nye Jr. , *Soft Power*, p. 5.
④ Joseph S. Nye Jr. , "Think again: Soft Power", *Foreign Policy*, February, 2006.

观、政策和制度等在内的无形要素流动的成本，使其传播的范围更广、传播对象更具体，从而为‘软实力’提供了重要的载体和手段。"①

上海社会科学院信息研究所郭洁敏研究员认为，软权力的构成基础是文化，包括物质文化、精神文化和制度文化，文化的核心是价值观念。文化软权力化的主要条件是：文化的先进性、国内有效运用的资本，以及强大的传播和辐射能力。每个国家的文化都有先进之处，因此都有某种程度软权力化的可能。现代传播媒介的迅猛发展给各种文化的软权力化创造了有利条件，因而世界上将出现软权力竞争的新局面。软权力的运用必须遵循以下准则：重在"感化"，而非"同化"；着眼于长远利益，而不是短期利益。另外，软权力的运用必须官民并举。②

文化权力化后形成软实力是文化本身的属性所决定的，也是软权力的政治属性所决定的。如上文所引述的法国 Larousse 辞典的观点，文化是人类的精神产品及其相应载体（Enrichissement de l'esprit par des exercices intellectuels），它同物质活动及其产品相对应。文化和物质产品一样，并不必然包含着权力。权力意味着控制，是使他者按照自己意愿行事的能力。软权力不是强国的专利，文化软权力化的关键取决于这一文化的先进性。摩根索曾经谈道："如果一个政府的外交政策对它的人民的知识信念和道德价值观念有吸引力，而其对手却没有成功地选定具有这种吸引力的目标，或者没能成功使其选择的目标显得具有这种吸引力，那么这个政府便会对其他对手取得一种无法估量的优势。意识形态是一种武器，它可以提高国民士气，并随之增强国家的实力，且正是在这样做的过程中，它会瓦解对手的士气。"③ 法国著名学者、法国国际关系研究院的创始人和院长蒙布里亚尔（Thierry de Montbrial）认为，"一种文化或意识形态组成的体系回应的是某种个体和集体层面的现实必要性"。④ 文化在具有同化能

---

① 张晖明、张亮亮：《'软实力'的经济效应分析》，《复旦大学学报》2008 年 4 月，第 83 页。
② 郭洁敏：《论软权力的基础、条件及其运用准则——兼与陈玉聃先生商榷》，《现代国际关系》2006 年第 3 期。
③ 汉斯·摩根索：《国家间政治——寻求权力与和平的斗争》，徐昕等译，中国人民公安大学出版社，1990，第 138 页。
④ 蒙布里亚尔：《行动与世界体系》，庄晨燕译，北京大学出版社，2007，第 232 页。

力的同时，还必须同所属国的对外目标联系起来，这样才有可能成为软权力。

关于文化与软权力的关系，中国学者王沪宁认为："文化不仅是一个国家政策的背景，而且是一种权力，或者是一种实力，可以影响他国的行为。"他以"政治系统和政治领导""民族士气和民族精神""社会的国际形象""国家的对外战略""确定国际体制的能力"以及"科学技术的发展"等六个方面说明了国家软实力的基础。①

具有政治主权和文化主权属性的软权力，其内含的意识形态与政治原则是民族精神与国家主权一体化的表现。它承载着民族传统，凝聚着民族利益，所以政治属性中的国家特性决定了软实力非但不能与他国分享，还要加以保护。这种国家特性不但指社会制度，而且特别指国际关系中的国家情结、国家使命与国家关怀。② 中国学者甘阳认为："真正有效的软实力总是具有某种普世意义的，不仅仅只是某一特定国家的价值取向，而是其他国家的人也能承认的。"③ "民族国家"作为国际社会的行为主体，对外要维护自身利益，扩大国际影响力；对内要管理社会事务，维护社会稳定，强化社会民众的国民意识。因此，在和平年代，巧妙应用软实力相对于硬实力更加能够达到"不战而屈人之兵，不战而赢人之心"的战略目的。

三 文化权力化在对外关系中的应用

文化软实力的应用是国家实现对外战略目标的重要一环。法国作家、地缘战略家、"非常规战争"专家热拉尔·沙利昂（Gérard Chaliand）认为，"影响力外交"是一种间接的策略，当今时代，工业化民主国家采取直接行动的余地日渐缩小，这进一步凸显了"影响力外交"战略的重要。④ "影响力外交"具有间接性、长期性和隐蔽性特点，即通过间接的手段寻求长期的影响。文化，凭借其"细水长流""点滴渗透"可至"石

---

① 王沪宁：《作为国家实力的文化：软实力》，载《复旦学报》1993 年第 3 期。
② 郭学堂：《国际关系学的理论与实践》，时事出版社，2004，第 94 页。
③ 甘阳：《关于中国的软实力》，《21 世纪经济报道》2005 年 12 月 26 日。
④ Gérard Chaliand, *Stratégie d'influence*, http://www.diploweb.com/france/postface.htm.

穿"的特点，成为"影响力外交"最合适的工具之选。1999 年，法国巴黎第八大学教授、传播学系主任阿尔芒·马特拉（Armand Mattelart）提出，"大国寻求影响的手段越来越少，因为帝国主义和军事占领日益罕见并且遭到国际社会的唾弃，而随着新兴经济国家的兴起，北方对南方的技术统治也变得越来越不可靠，因此文化就成为一国对外活动中少数可施加影响的手段之一，拥有文化影响力也就是拥有政治影响力。文化是在国际舞台上彰显实力的硕果仅存的因素之一"。① 当然，世界文化不会因为某国家行为体文化的极力扩张而导致"同质化"和"某国化"，因为扩张与反扩张、渗透与反渗透在文化传播的历史长河中总好像一对不太和谐的孪生兄弟，既共存又排斥，求同存异。例如，与亨廷顿"文明冲突论"相悖的，是中国"和而不同""以和为贵"的儒家传统理念，体现在中国疆土上无数民族文化冲突导致最终的大致融合这一历史事实。但是，文化扩张效果的稳定性与持久性，则无时无刻不显现在世界各个角落。

文化作为一种"软性"武器，在思想、认同和规范的社会化，在对外战略的运用中具有隐蔽而强大的蕴染力和传播力。1989 年苏东政权的变换和随后苏联的解体，让美国更深切地体会到运用文化外交战略去配合实现国家战略利益的有效性，由此得出的一条结论是：美国"赢得冷战胜利，不是因为军事强大或因为外交官的技艺高超，而是凭借美国制度赖以为基的民主思想的力量"。② 早在 1969 年，美国学者席勒在《大众传播与美利坚帝国》一书中明确地阐述了文化帝国主义的思想。他把文化帝国主义界定为"一个综合的过程，通过这个过程，把一个社会带入现代世界体系。这个过程具有一种社会机制，即通过吸引、压迫、强制，有时是贿赂手段使该社会主导的社会阶层形成符合现有世界体系统治中心的价值观，增强现有世界体系统治的结构"③。克林顿在 1997 年就职仪式上强调人文主义的普遍理想说："世界已经不再被分为两个敌对的阵营……现在我们正在与曾经是我们的敌手的国家建立纽带，日益频繁的商业和文化

---

① Armand Mattelart, *La communication Monde*, Paris：Edition La découverte, 1999.
② 李智：《文化外交：一种传播学的解读》，北京大学出版社，2005。
③ 关世杰：《国际传播学》，北京大学出版社，2004。

上的联系使得全世界的人都有机会来提高物质和精神财富。"①

大国政府无不试图通过文化的渗透力和软权力影响进行一场"没有硝烟的战争",以此达到其军事、政治乃至经济手段所无法达到的目的。法国也不例外,"虽然法国意识到文化渗透的作用时已经是到了20世纪40年代,但是法国充分利用其文化资源来实现国家战略目标是相对成熟的"。② 法国著名国际事务专家、专门研究国际文化关系的学者路易•多洛(Louis Dollot)认为,20世纪以来,文化从自由发展状态转而要求国家参与,这是文化发展的一次革命。1959年7月欧洲第一个中央级文化行政机构—法国文化部的成立正式明确了国家在文化政策领域的主体地位,标志着法国从此具备了正式的国家机构对文化生活进行安排和指导,从此制定了真正意义上的文化政策,为文化生活的安排和指导提供具体的形态与手段。文化部长安德烈•马尔罗成功地争取到将文化事务纳入国家发展计划之中,这一举动是具有双重意义的:不仅从战略上使文化政策成为了国家的一项重要国策,为文化的发展提供了连续的、持久的政策保障,而且由此以后,文化部在国家财政总预算中占有了一席之地,有了自己独立的收支预算,从经济上为文化部今后的各项实际操作提供了资金保障。

事实上,与黎塞留相似,法兰西第五共和国第一任总统戴高乐本人高度重视法国文化权力。他认为,国家实力不仅表现在物质方面,还必须超越物质基础,这不单纯取决于经济和军事实力,还包括政治、文化等精神性实力,因此他对内通过塑造法兰西民族的伟大来作为激励和团结法国人的凝聚剂,紧紧抓住本国文化的光荣传统,把它当作民主独立国家尊严和独特个性的最后一道防线,具有"神圣的地位"。对外则强化法国的"文化外交",突出强调法国的文化特性。面对着美国文化向全球渗透的事实,法国政界、文化界采取各种手段进行了抵制,同时在国家财政中对文化教育的预算连年增加。

有学者认为,能否促进本国语言的传播也是文化同化能力的一个重要

---

① *The New York Times*,1997年1月21日。

② Louis Dollot: *Les relations culturelles internationales*,Presses Universitaires de France,1981.

标志，因为语言直接与人的思维方式相关，而对于语言特别是当代语言的理解和掌握，又是深入了解并认同一国政策与思想的途径。文化有很多种形式，在戏剧、小说、电影等形式中，语言都占有重要地位。法国人对法语在全世界传播的重视是举世闻名的。在联合国秘书长的人选问题上，希拉克总统曾表示，如果新任秘书长不能流利使用法语，法国将会行使否决权。由此可见法国维护和扩展自己民族语言和文化的决心之大。

第二节　法国文化外交传统与法兰西战略文化

在以"上帝的选民"和"人类自由权利捍卫者"自命的自高自大上，法国人的"布道意识""天下意识"一点也不弱于试图从"山巅之城"出发"拯救人类"的美国人。法国人认为，他们与美国人的不同之处只是在于历史与传统更长远、文明与学理更精深。从高卢时代到中世纪，从文艺复兴到批判现实主义文艺的兴起，从巴洛克风格的建筑雕塑到印象主义绘画，直到当代存在主义和各种眼花缭乱的文艺思潮，法兰西民族创造了令欧洲和整个世界为之羡慕的璀璨光辉的灿烂文化。法国多维、多元的文化是浪漫主义与现实主义、追求理想与理性思考的融合。法兰西民族的个性也非常突出，她一方面享受舒适奢华，浪漫不羁；另一方面则追求光荣梦想，自负好斗。正是由于法兰西民族极为突出的个性、多元化的宽容，使得法国成为众多举世闻名的思想家、艺术家的摇篮，成为自由、平等、博爱箴言的发源地，成为"人权宣言""自由女神"、社会主义、欧洲一体化理想的故乡，对人类社会的进步做出了突出的贡献。法国有她值得骄傲的历史遗产：卢梭、孟德斯鸠、圣西门、傅立叶、莫里哀、司汤达、巴尔扎克、大仲马、雨果、罗丹，这些名字不仅属于法国，也属于全人类。法国人自己也醉心于自己的历史辉煌："历史上很少有哪个国家、哪个时期在各个领域中取得过像法兰西在18、19世纪那样的进步，法国人以前从未生活得像此时期那样美。"① 一百多年前，法国自由派政治家普雷沃斯特－帕拉多尔写道："法国在盎格鲁－撒克逊世界面前，就像当

---

① Jean Mathiex：*Histoire de France*，Hachette livre，1996.

初雅典在古罗马世界面前一样。它将永远成为欧洲最具魅力和令人神往的社会，在所有没落国家中，它闪耀着最耀眼的光辉，正如雅典在没落的希腊城邦中一样。"① 甚至连自己的语言，也令法国人充满自豪，直到今天，法语依然被公认为最美、最浪漫，同时也最严谨的人类语言之一。一种语言，"既最适用于诗歌，也最适用于法律文本"，② 这恐怕也确实值得这个民族去珍视。随着法国殖民帝国在全世界的扩张，法国文化外交传统逐步形成，并成为法兰西战略文化重要而独特的组成部分。

一 法国文化的发展和扩张有其自身的内在逻辑和递进过程

法国文化中既有崇尚传统和权威的古典主义，也有闪烁着理性光芒的现实主义，同时又有充满想象力的浪漫主义。几个世纪以来，各个流派相互碰撞、汇合、交融。古典主义大师安格尔曾有若干浪漫主义的追求；学院派雕塑家乌东以深刻观察与生动表现反映现实；德拉克洛瓦解释自己是浪漫主义者时自称应理解为自由地表达自己的印象；而印象主义画家们的风景画同时也丰富地表现着现实——多元发展一直是法兰西文化的特征，这种多元化和包容性也为法兰西文化向外传播并在各地被认同和社会化打造了基础。

法国人内心深处根深蒂固地自认为，他们"对人类命运有重要使命"，这使得法国文化有较强的扩张性。自从法国大革命产生《人权宣言》后，无论世界上任何国家和地区发生他们所认为的"违反人权"的现象，法国都会站出来予以谴责。对法国而言，传播文明意味着宣传启蒙思想。1789 年后，自由、平等、博爱的声音响彻整个欧洲大陆。拿破仑征服欧洲的同时把法兰西文化带到了欧洲，从而实现了一个"启蒙运动时代的法语欧洲"。③ 法兰西文化的对外传播伴随着枪炮和火药，然而这种文化在枪炮过后为法国国家利益所起到的作用却是枪炮所比不上的。戴高乐在《战争回忆录》一书曾经这样说过："即使所有国家都是冷冰冰的

---

① Jean Mathiex：*Histoire de France*，Hachette livre，1996.
② Jean Mathiex：*Histoire de France*，Hachette livre，1996.
③ 皮埃尔·热尔贝：《欧洲统一的历史与现实》，丁一凡、程小林、沈雁南译，中国社会科学出版社，1989，第 9 页。

怪物，法国却依然受到别人的热爱。因此法国便享有特殊的地位。她强大起来自然更好。她越是强大，她将越加成为名副其实的法兰西。即使不强大，她在世界上也受到人们的热爱；任何国家都无法受到这种热爱，因为任何其他国家都不是法国。"① 二战后，法国再也不是一流强国，但法国毕竟有着战争所无法摧毁的一些精神上的沉淀，"法国手中还有几张好牌：首先是法国多少世纪以来就拥有的威望，由于它奇迹般地摆脱了深渊而部分地得到了恢复；其次是在人类失去平衡的动荡年代，谁也不能忽视法国的力量；最后是由法国的领土、人民以及海外领地所形成的牢固的基础"。②

二　法国对外文化政策有着久远的历史痕迹

1986 年，英国退休外交官米切尔在其专著《国际文化关系》中将文化外交定义为："文化外交是文化在国际协议中的介入，是文化运用于对国家政治外交和经济外交的直接支持。"按照米切尔的定义，文化外交有两层含义："一是政府为许可、促进或者限制文化交流而与其他国家签订的多边或双边协定，例如政府间的文化合作协定、文化交流项目等；二是国家文化机构实施文化协定及其所从事的与他国建立、维持、强化或断绝文化关系方面的活动。"③

在法国，国家对文化事务的参与由来已久，法兰西艺术和文化一直被看作国家强势和民族凝聚力的保障和象征。历史证明，在树立法国的威望方面，法兰西帝王和当政者们对文化的扶持、对文化扩张的努力比他们发动的战争更加有效。16 世纪初，瓦罗亚王朝的弗朗索瓦一世颁发了著名的《维雷－科特莱敕令》，法语从此被确定为官方语言；17 世纪，波旁王朝的路易十三下令兴建了法兰西科学院。而后的"太阳王"路易十四兴建凡尔赛宫，成立法兰西喜剧院，鼓励、资助艺术家和作家进行创作，更

① 阿尔弗雷德·格鲁塞：《法国对外政策（1944~1984）》，陆伯源、穆文等译，世界知识出版社，1989，第 192 页。

② 唐永胜、郭新宁：《大国雄心困扰下的法国对外战略》，载《欧洲研究》1996 年第 4 期，第 32 页。

③ J. M. Mitchell, *International Culture Relations*, Allen&Unwin Publishers Ltd., 1986, p. 81.

是责无旁贷地承担起艺术保护者的职责。"太阳王"路易十四还曾用重金奖励文人，使他们致力于"使国王崇高，使王国荣耀"的活动。到拿破仑帝国时期，文化依然是君王与贵族展现艺术品位的象征。法兰西第五共和国于 1959 年首次设立文化部，法国第一任文化部长马尔罗的文化政策为法国人恢复民族文化自信和重塑文化大国形象作出了应有的贡献，为后来的对外文化政策奠定了基础，文化政策从此也成为法国政治生活不可缺少的组成部分，在关乎总统选举的政治辩论时文化政策也是必然要提到的一项内容，可谓是法国政坛风云中的一个亮点。① 当然，文化政策不是孤立存在的，它同国家的政治、经济、外交总体目标相一致，是国家文化意志的集中表现，其直接目标是国家利益和民族文化利益的统一。

拿破仑曾经讲过："一支笔等于一千杆毛瑟枪。"这句话足以证明法国对文化的重视。19 世纪末，法国的对外文化活动拉开了序幕：宗教团体首先登场，四处办学，教授法语。到 1939 年，已在全球建立千余所法语学校。民间机构紧随其后：1883 年，法国诞生了一所非营利的私人文化宣传机构——法语联盟（Alliance Française），其成立有着非常明确的目的，即在宗教和官方机构出于政治原因而无法进入的地区传播法国语言文化。到目前为止，法语联盟已经分布在全球 133 个国家。② 二战后成立的文化关系总司司长雅克·德布邦 - 比塞一上台就宣称，要不惜一切代价在全球推广法语，哪怕牺牲其他文化活动的开展。③

在法国对外征服和殖民的过程中，文化渗透和文化征服处处可见。以我们的近邻越南为例，法国人进入越南后，在文化教育和科举考试方面作了较大的改革。一方面，逐步减少中国历史文化内容，降低汉字的使用率，如北圻于 1910 年、中圻于 1912 年停罢诗赋，到最后一场考试已经没有了北史；另一方面，不断扩大法语、越南语的普及，增加越南历史地

---

① 陈丽娟：《马尔罗文化政策简评》，《文化研究》2009 年 2 月上旬刊。

② 该组织的核心机构是法语联盟基金会，在其中文官网上自称："作为一个公益组织，它继续履行着创建于 1883 年的巴黎法语联盟将法语和法国文化发扬光大的历史使命，并使之现代化。它是分布在 133 个国家的一千多所法语联盟世界网络的核心，每年接收超过 50 万学员学习语言，并吸引超过 600 万人参与文化活动。" http://www.afchine.org.

③ François Roche, *Histoire de diplomatie culturelle dès origines à 1995*, p. 82.

理、人物、西欧历史地理、时务以及近代科技等方面的内容，其目的很明显，无非是不断削弱中国文化对越南的影响，使得以法国文化为核心的西方文化不断渗入越南，企图通过文化殖民令越南更加臣服于法国的殖民统治。①

三　法国的政治家们历来重视通过文化传播扩大法国的影响力

极富张力的法国文化伴随法国的海外殖民和对外扩张形成了法国文化外交的传统，并在几世纪的岁月积淀中逐步成为法兰西战略文化中最具特色的重要组成部分。与此同时，法国政治家们对于对外文化政策也有着深刻的认知、关注，并积极投入实施。

对文化的重视和投入可以追溯到法兰西民族的遥远祖先。法国文化部的官方网站不无骄傲地对此进行了充分的描述：

我们可以将法兰西文化政策的先声追溯到卡佩王朝的最初时代，比如在法王圣路易支持下，1257 年罗伯特·索邦建立了索邦神学院（索邦大学，巴黎大学的前身）。

法兰西王室的文化政策首先体现在对文学艺术的资助上，这造就了自文艺复兴时代开始法兰西文化的飞跃发展和光辉成就。在文艺复兴时期法王弗朗索瓦一世的时代，法国出现了首个国家文化机构：法兰西学院。

这一政策一直得到了延续，尤其体现在王室建筑的营造上。路易十二成立了"国王宫室造办处"。② 到了路易十四的时代，他对宫殿、城堡、花园等的建筑给予了特别的保护和支持。

大革命之后，尤其从第三共和国起，国家文化政策得到了新的扩展。在不断对知识创造提供支持、对国家遗产进行精心守护的同时，国家加强了对艺术教育的支持，并尽心投入于使法兰西文化财富更易

---

① 陈文：《科举在越南的移植与本土化》，暨南大学出版社，2006。
② 路易十二时代设立，路易十四极为重视。由这个机构牵头建造了大量举世闻名的建筑，比较有代表性的有：卢浮宫、凡尔赛宫、枫丹白露、杜伊勒里花园、大王宫、卢森堡宫及其花园，等等。

接近、更加发扬光大的事业。①

谈到法兰西历史上的君主对文化的重视和贡献，路易十四（Louis-Dieudonné，意为上帝赐予的路易，1638 年 9 月 5 日～1715 年 9 月 1 日）是绕不开的人物。正是他通过军事征服奠定了现代法兰西的版图，也奠定了法国作为欧洲甚至是世界性大国的基础，同时也是他拓展了法兰西作为世界文化艺术大国的光荣。路易十四推行重商主义的经济政策，奖励工农业生产，开拓国内市场，使法国经济很快繁荣起来，而海外的殖民掠夺也给法国带来巨额收入，大大充实了国库。凭着强大的经济实力，路易十四建立了一支欧洲人数最多、最强大的常备军。这支军队所使用的武器装备是当时欧洲最先进的。历经意大利战争和宗教战争的洗礼，路易十四的专制统治在 1661 年奠定了基础。他宣称"君权神授"，把自己当作神的化身，甚至把自己说成上帝。当时路易十四下令建造的王宫——凡尔赛宫的壮观豪华为全欧洲所羡慕，也是路易十四追逐欧洲霸权和建立殖民帝国的运筹帷幄之地。由于他本人对文化艺术的特殊喜好，并意识到科学的力量，路易十四投入大量资金，发展法国文化艺术和科学事业。他亲自创办了法兰西舞蹈学院、音乐学院、喜剧院、建筑学院和科学院。他自己从七岁开始就每天坚持芭蕾训练，并亲自扮演太阳神，由此获得了"太阳王"（le Roi Soleil）的美名。这一时期的法国在建筑、绘画、戏剧、舞蹈等方

---

① On peut cependant dater les prémices d'une politique culturelle de la France aux premiers siècles de la monarchie capétienne. C'est par exemple Saint Louis qui appuya la fondation de la Sorbonne par Robert de Sorbon, en 1257. Cependant, la politique culturelle royale s'exprime d'abord sous l'aspect du mécénat, qui va connaître un essor particulièrement brillant à partir de la Renaissance (c'est aussi à cette époque, sous François 1er, que naît la première institution culturelle d'Etat: le collège de France). Cette politique prendra ensuite un aspect plus nettement patrimonial quand la monarchie va marquer, notamment avec Louis XIV, son souci de l'entretien et de la conservation de ses batiments (mais Louis XII, déjà, avait mis sur pied la "Maison des batiments du Roi"). Enfin, après la Révolution, et surtout à partir de la Troisième République, la politique culturelle de L'Etat va prendre une nouvelle dimension. Sans cesse de soutenir la création et de veiller à la conservation du patrimoine national, L'Etat va prendre en charge l'éducation artistique et se donner la mission de rendre les richesses de la culture accessibles au plus grand nombre. See: http: //www. culture. gouv. fr/culture/ historique/Les prémices.

面将古典主义艺术发展到了一个高峰，显示出极大的文化影响力。整个欧洲的宫廷王族、贵族和知识分子都以会说法语为荣，所有的外交条约都用法文来撰写。这一时期巴黎成为欧洲的政治、经济、文化中心，法国成为艺术家的乐园、文化和思想的交汇地，法国的宫廷制度和文化艺术为欧洲各国所羡慕和模仿。

从路易十四时代开始，著名的法国沙龙文化风潮渐起。贵族家中宽敞、舒适的客厅，追求时髦而多情的贵妇，给艺术家和思想家们提供了讲坛和听众，引发他们的灵感和激情。而此时刚在巴黎出现不久的咖啡馆则为市民们提供了各抒己见的场所。法国启蒙思想家们就在这样的背景中诞生了，主要代表人物正是人们熟知的伏尔泰、孟德斯鸠和卢梭。伏尔泰批判了宗教蒙昧主义，强调"自我思考"的重要意义，提出"天赋人权"的思想，认为人生来就是自由和平等的，一切人都有追求生存、追求幸福的权利，这种权利是天赋的，不能被剥夺。孟德斯鸠论述了"法治国家"的重大意义和现代法律的精神，首次提出了"三权分立"的政治思想。卢梭发展了英国哲学家霍布斯、洛克提出的"社会契约论"，进一步完善"天赋人权"的观点，尤其强调人民主权的思想。所有这些启蒙思想，为后来的法国大革命，甚至是社会主义理念的诞生提供了完整的精神基础。法兰西思想文化和人文艺术的繁荣，成为法国崛起为欧洲乃至世界大国的重要标志，其分量丝毫不输于路易十四、黎塞留和拿破仑的赫赫军功。

在多年来传统的影响下，法国当政者历来重视法语、法国文化的对外传播。继 1883 年成立致力于在海外进行法语教学的"法语联盟"（Alliance Française）后，法国于 1902 年成立了致力于海外非宗教教育的"世俗传教士"（Lay Mission），1910 年成立致力于学校包括高校交换项目的"海外办事处"（Office National）。① 1909 年，法国外交部建立了一个国外法语学校与著作办公室，用以协调头绪日渐增多的对外文化活动。一战的爆发凸显了宣传的重要性——"宣传"可以起到争取中立国或盟国的精英阶层的目的，为此，法国把许多民间文化团体纳入了它的外交战略。1920 年，外交部将国外法语学校与著作办公室升格为法语著作司，

---

① 　J. M. Mitchell, *International Cultural Relations*, London：Allen & Unwin, 1986, p. 23.

重新定义了其使命，即"法国的对外知识扩张"，并明确表述了成立该机构的目的："我们的文学、艺术、工业文明、思想在任何时候都强烈地吸引着其他民族；我们设在国外的大学和学校是法国真正的宣传阵地，它们是我国政府的一件武器，这就是为什么外交部及其驻外机构需要督导这些对外文化活动、不惜任何代价地启发和促进法国的知识渗透的原因，我们坚信知识渗透是我们的对外行动中最为有效的方式之一。"① 二战前夕，法语著作司的预算占到法国外交部总预算的近 20%。

二战后以来，法国认为，在世人眼里，德国、日本、美国等是"科技发达、工业先进、生机勃勃"的象征，而法国则停留在"文学和艺术的祖国"的传统形象上，这不利于扩大法国的影响，要改变这种僵死的看法，展现"现代的法国"比"古老的法国"更加迫切。② 正如法国外交官阿尔贝·萨隆（Albert Salon）所言："自二战以来，法国的所有政治家——无论党派——及文化政策的领导者都毫不含糊地确认，文化政策是对外政策的一个方面乃至一根支柱。"③ 参议员古泰龙的归纳也一语中的："法国的文化外交旨在通过弘扬法国语言和文化来强调法国在世界的角色，实现通过建立非正式的'朋友'俱乐部的方式来影响世界的目的。总之，一切都是为了使文化服务于外交，其所要达到的目的最终是政治的。"④ 法国资深外交官让－大卫·莱维特（Jean-David Levitte）则直截了当地指出，"文化外交是法国的一张王牌"。⑤

法国政治家们在具体对外文化政策方面给予大量财政支持。前外长休伯特·韦德里纳（Hubert Védrine）指出，"法国世界地位的核心体现是文化"，⑥ 在谋求影响力方面，"请别忘了我们的软实力，它是巴黎

---

① François Roche, *Histoire de diplomatie culturelle dès origines à 1995*, p. 38.

② Alain Lombard, *Politique culturelle internationale – le Modèle français face à la mondialisation*, p. 208.

③ Albert Salon, *L'Action culturelle de la France dans le monde*, Fernand Nathan, 1983，转引自 Francois Roche, *Histoire de diplomatie culturelle des origines à 1995*, p. 90。

④ Adrien Gouteyron, *rapport d'information fait au nom de la commission des Finances*, *du contrôle budgétaire et des comptes économiques de la Nation*（1）*sur l'action culturelle de la France à l'étranger*, p. 7.

⑤ François Roche, *Histoire de diplomatie culturelle dès origines à 1995*, p. 193.

⑥ 休伯特·韦德里纳于 1998 年 11 月 2 日在法国国民议会的讲话。

的魅力，是法国的时尚、奢侈品、烹调、葡萄酒、优美风光和法国文化的吸引力。"① 法国首任文化部长在任内提出"文化经费预算要占国家总预算的 1%"的目标，现在已大大超过。除各级政府的预算投入外，法国政府还在税收上开口子，如凡是在法境内进行地下施工的企业，法律规定按其合同的一定比例征税，该税收入全部用于文化保护工作。

法国政治家们不断完善对外文化战略的机构设置。一方面是成立并不断强化文化部建设。1959 年 7 月，欧洲第一个主管文化的部级机构——法国文化部成立之时，马尔罗（André Malraux）作为第一任文化部长亲手起草了文化部组织章程的第一条规定："负责文化事务的部门机关，其任务是使最大多数的法国人接触全人类的文化精华，尤其是法国的文化精华；使法国的文化遗产拥有最广泛的群众基础，促进文化艺术创作，繁荣艺术园地。"② 该条规定不仅明确了文化部门的使命所在，而且为文化政策的制定指明了方向。法国前外长菲利普·杜斯特·布拉齐（Philippe Douste-Blazy）认为法国文化部的成立是为了提高法国文化在国际社会的"可读性"（lisibilité）和"可见度"（visibilité），提高法国对外文化活动的效率。③ 文化部前高级官员雅克·里戈（Jacques Rigaud）则说："外交不能忽略文化，这涉及捍卫和弘扬法国的语言、民族的声誉，捍卫和提高法国的影响力，为在国外的经济活动保驾护航，促进人员和观点的交流……我们应该从最广泛的意义上来理解文化，从书籍和电影贸易直到我国科技成果的传播。"④ 另一方面则是加强外交部对外文化主管部门的指导协调功能，这是在全世界独一无二的。1945 年，法国外交部成立了"对外文化关系总司"，并将之作为全法外交工作的重点，其预算一度占

① Hubert Védrine, *La France est-elle encore un pays influent*, le Figaro, 10 avril, 2007.

② http://www.culture.gouv.fr/culture/historique/index.htm.

③ 杜斯特·布拉齐于 2006 年 5 月 15 日在外交部新闻发布会上的发言，发布会专题为"La France dans le monde: culturem langue française, éducation et développement"，详见 http://www.diplomatie.gouv.fr/fr/lettre – information – du – ministre_ 11166/telegramme – no24_ 14366/action – internationale – france_ 14368/point – sur_ 14373/france – dans – monde – culture – langue – francaise – education – developpement_ 35023.ht2ml。

④ Jacques Rigaud, *La Culture pour vivre*, Paris: Gallimard, 1980, 转引自 François Roche, *Histoire de diplomatie culturelle dès origines* 1995, p.120。

到外交部总预算的一半以上，首批司长都是有影响力的名人，如路易·约克斯（Louis Joxe）、雅克·德布邦－布塞（Jacques de Bourbon Busset）等，这表明它肩负着挽救法国国际形象的重任。文化关系总司的存在，使法国成为全球几乎唯一一个在外交部框架内组织对外文化活动的国家，也使得法国的文化外交比其他国家显得更加直截了当。①

第三节　冷战后法国文化外交

文化虽然很难定出优劣，但在一定历史条件下，某些国家和民族的文化往往会更适应社会的发展，其思想观念也因此可能扩大为普世性价值准则。从历史上看，通过学习和借鉴他国文化，从而促进自身极大发展的例子很多，有些国家的实力因此赶上甚至超过了文化原属国。文化传播也可能带来负效应，导致自身影响力和控制力降低。这主要有两种情况：其一，竞争性意识通过文化传播同化他国，会带来对自身的更大挑战；其二，本民族文化被他国接受和应用，可能削弱自己的相对实力。因此，有效的认知、转型、发展是法国冷战后保持其文化软实力的关键。数世纪来积淀的文化扩张力和软实力积淀"厚积薄发"，冷战后法国文化外交为法国保持大国地位发挥了重要作用。

一　冷战后法国政界、学界对法国文化现状的反思和再认知

软权力不是永恒的和绝对的，需要与时俱进地进行更新，以保持它的力度和强度。软权力在国内的实践可以起到"样本"作用。当一个国家经济持续发展、社会不断进步时，其背后"无形的力量"——软权力必然进一步得到强化，并受到国际社会的关注。作为国家软权力的重要组成部分，文化和制度建设也需要与时俱进，否则其软权力也必然会下降。冷战结束的20世纪80年代末期，法国相对实力下降，冷战时代的那种游刃于东西方两大集团之间的优势也已经不复存在。由于深受"大国雄心"

---

① "我国还是全世界唯一一个在外交部和总司框架内组织连贯的（对外文化）政策工具——海外法语教学、文化传播、科技合作、发展援助以及对外视听的国家"，Francois Roche, *Histoire de diplomatie culturelle dès origines à 1995*, p. 196。

的影响，法国历届政府一直不愿意在文化外交领域进行战略收缩，反而继续对外进行文化的扩张，在这种情况下，对外文化扩张所需的费用支出已经成为法国政府严重的财政负担。这些成为制约法国政府实施文化软实力战略的一个重要因素。

与此同时，法国的有识之士对法国文化自身的现状和发展也开始了反思。法国评论家阿兰·哥曼（Alain Quemin）称："上世纪四五十年代，法国毫无疑问是世界艺术之都，那些渴望出人头地的艺术青年全都慕名而来，而如今，他们纷纷涌向了纽约。"而当下"法国文化墙内开花、墙外不香的现状早已是国际文化舞台上心照不宣的共识"。① 法国当代哲学家吉尔·利伯维茨基（Gilles Lipovetsky）认为，20世纪70年代以后，法国进入了一个"空的时代"，即一个个人主义横扫一切，集体、社会和国家的意义被掏空，以往的社会模式、社会规范被蚀空，而新的具有生机和活力的社会模式和社会规范又尚未建立起来的时代。第五共和国第六任总统萨科齐把法国文化衰落的原因归结为个人主义取代了集体主义和爱国主义，无政府主义、极端自由主义、放任主义、散漫主义、享乐主义泛滥成灾，国家的地位和政府的权威受到极大挑战和严重削弱。法国当代哲学家、社会学家马歇尔·郭雪（Marchel Gauchet）也认为1968年的法国学生运动把法国推入了个人主义社会。他深入反思民主制度，认为当代法国民主以尊重和保障个人的"人权"（即个人的基本权利）作为民主的一个重要基础，然而对"人权"的过度重视和强调，反而促使个人对"人权"过于贪婪，永远得不到满足，最终使得民主制度陷于瘫痪，运转不灵。他把这种状况概括为"民主反对民主自身"。②

从20世纪90年代初开始的文化反思一直延续到21世纪的今天。2004年，法国思想界就民族文化的未来进行了一场声势浩大的媒体大辩论。当年夏季《费加罗报》发起了题为"成为法国人意味着什么"的大讨论。6月到8月间，有40多位哲学家、政治家、学者和作家陆

---

① 《法国文化已经死亡》，《美国时代周刊》2007年12月欧洲版。
② 马歇尔·郭雪：《民主反对民主自身》（*La démocratie contre elle-même*），法国Gail-limard出版社，2002。

续发表文章，表达对法国文化现状和前途的深重忧虑，列举了法国衰落的症状：在全球失去了原有的地位，在欧盟中的角色削弱，经济衰败，失业率高，难以整合移民族群等。这场讨论充满了对法国往昔伟大时代的怀旧情绪、对当前民族认同的危机感及深切的自我怀疑与批判精神。

法国著名学者阿兰·杜阿梅尔（Alain Duhamel）的观点则相对较为乐观。他认为当今的法国人应意识到法兰西就其"历史、文化、语言、自豪感和自负"等文化软实力而言，是一个形象十分突出、成熟的、典型的民族国家，有能力克服危机。

2013 年，法国外交部长法比乌斯和文化与新闻部长菲利佩蒂在《费加罗报》发表了题为"我们对于 21 世纪文化外交的雄心"的联合署名文章，称"唯有文化才能成就法国的伟大"，强调在欧美贸易谈判中要坚持"文化例外"的原则，还在外交领域不遗余力地推进文化外交，致力于在世界范围内保护和推广法国文化。①

二 从文化单边主义转向文化多边主义，鼓吹全球文化多样性

20 世纪，"由于缺乏强大的军事、经济支撑和现代技术的光芒，要维护法国的'世界地位'，只能通过向国外大量宣传和输出法国文化来实现"。② 根据法国经济研究和统计研究院的统计数据，法国国内自 20 世纪90 年代起，遇到二战以来最为严重的经济衰退，整个 90 年代的平均增长率不足 2%。③ 在此背景下，法国对其谋求大国地位的政策手段进行了战略性调整，将之放在了"建立多极世界"的旗号之下，通过推动单极世界秩序向多极化演变来谋求对国际事务的更大发言权。为实现"多极世界"的战略构想，在硬实力愈加不足的情况下，法国寄希望于软实力。

---

① 转引自蔡武《文化外交唱响国际舞台》，http：//news. 163. com/13/0815/16/96B6VI9700014JB5. html。

② Yves Daugé, Plaidoyer pour le réseau culturel français à l'étranger, Paris：Assemblée nationale, 2001.

③ INSEE, Evolution du PIB en France, http：//www. insee. fr/fr/themes/tableau. asp? reg_ id = 0&id = 159.

　　文化多边主义的政策始于密特朗主政后期。冷战的结束，特别是美国文化的全球风行突出了团结其他文化的重要性，如果还是继续以前的政策，即在对外文化交流中仅仅重视法国文化的输出而不承认各文化之间存在互相依赖关系和补充作用，那么"来自巴黎的声音将更加微弱"。在这种情况下，法国不得不放下架子，在本国推介其他国家的文化，如创办了外国文化季／年活动，使"对话""合作"成为 20 世纪 80年代法国对外文化政策的关键词。1982 年 7 月，在墨西哥举行的有关文化政策的联合国教科文组织国际会议上，法国前文化部长雅克·朗演讲时提出，"要真正发起反对知识与金融帝国主义控制的斗争"。也是在 1982 年，密特朗讲道，发达国家应采用一种"促使文化共同繁荣"的策略。①

　　到希拉克主政时代，通过推动世界多极化实现法国利益的政策目标更趋明确，希拉克不遗余力地推动世界多极化。其中鼓吹文化多样性、推动文化多边主义是其重要政策内容，文化外交手段也成为当时法国外交的重要方面。法国非常"艺术"地提出了"文化多样性"原则，指出这是通向多极世界的一条重要途径。这种宣传对法国当然是非常有利的。"在'文化多样性'旗帜下，法国既可以保护本国文化免遭美国文化的挤压，又可以打着推动建立多极世界的旗号进一步利用本国的文化优势，开动文化宣传机器，加强国际影响。"②

　　在 2003 年 10 月于巴黎举行的联合国教科文组织大会上，希拉克希望所有国家通过一个《非物质性文化遗产保护公约》来保护文化多元性，评论家们认为，这一公约是"人权普遍公约的延续"。2003 年 10 月17 日，总部设在巴黎的联合国教科文组织在第 32 届大会闭幕前通过了《保护非物质文化遗产国际公约》，对世界各国的语言、歌曲、手工技艺等非物质文化遗产的保护作出了必要规定。新当选的联合国教科文组织世界遗产委员会主席、中国教育部副部长章新胜认为："保护非物质文化遗产的必要性不言而喻，非物质文化遗产与物质文化遗产一样，反映

---

① 朱振明：《法国文化的突围》，新华社电子期刊：http://xhs. vip. qikan. com/article. aspx? titleid = sjzs20070119。

② 彭姝祎：《试论法国的文化外交》，《欧洲研究》2009 年第 4 期，第 107 页。

了一个民族和国家对自身特性的认同和自豪感以及被世界认可的程度。它不仅是一个国家和民族历史成就的标志，也是反映今天文明的标志。"①

文化多样性主张不但是一种政治原则，同时也是法国在国际舞台上的传播姿态。在欧盟内部，法国一直在致力于推动"文化多样性"。由于欧盟各国相互借重，相互制约，这也就为欧盟文化政策的实施提供了先天的便利。法语文化在欧盟内部并没有去制约其他文化的发展，而是期望与欧洲其他文化相互借鉴、相互融合，利益共享，法国的这种做法对维护欧洲的"文化多样性"起了很好的作用。

法国高度重视发挥法语国家组织（OIF）等讲法语国家（francofonie）国际多边组织的作用，利用其为法国文化外交搭建了很好的舞台。希拉克总统在1997年法语国家组织河内首脑会议上的讲话一语道破天机："从现在起，法语国家组织作为一个政治集团，在国际舞台上应该以一种声音说话，以一个面貌出现。"众多非法语国家的加入凸现了法国利用这一组织开展文化外交的成功。有西方英语媒体称OIF正在变为法国在"文化多样性"的外衣下"恢复昔日帝国时代的荣光"的工具。

面对如美国CNN那样的现代电视传媒的冲击，法国积极应对挑战，力图使用现代传媒继续向全世界传播、扩张法兰西文化。在密特朗的时代，除了他试图与蓬皮杜一较高低并企望传之长远的法国国家图书馆（又称密特朗图书馆）这一永久建筑外，他还支持创建了后来在世界上影响颇大的法国国家电视五台（TV5）。在其继任者希拉克的时代，法国又创立了崭新的法国电视24台（France 24）。希拉克在France 24开播之际接受采访时说："像法国这样的大国对世界发表自己的看法是必要的，这个任务今后将由France 24来切实完成。"2006年12月6日20点29分，

---

① 非物质文化遗产又称口头或无形遗产，是相对于有形遗产即可传承的物质遗产而言。根据联合国教科文组织的定义，它是指"来自某一文化社区的全部创作，这些创作以传统为根据，由某一群体或一些个体所表达，并被认为是符合社区期望的作为其文化和社会特性的表达形式，其准则和价值通过模仿或其他方式口头相传"，包括各种类型的民族传统和民间知识，各种语言，口头文学，风俗习惯，民族民间的音乐、舞蹈、礼仪、手工艺、传统医学、建筑术以及其他艺术。均据新华社网站：http：//news. xinhuanet. com/world/2003 - 10/18/content_ 1130217. htm。

该台在巴黎开始向全世界播出新闻电视节目，开播社论称："France 24 是一个了不起的工程，它的使命是激励人心的：用法国的眼光 24 小时不间断地看待国际时事，向世界传递法国的价值观。这些价值原则使 France 24 区别于竞争对手：突出世界的多元性，突出超出信息范畴的对抗和深层研究，以及这些多元性中的文化和生活艺术。"① France 24 的问世是法国的政治愿望和实际能力相结合的结果，它表明法国一方面在不断地寻找并坚持文化多元化的视听政策，另一方面寻求一个国际化的传播平台来向世界发出法国自己的声音

此外，为适应"互联网时代"的新形势，为传播法语互联网技术资源，法国政府专门建立了专项基金；为了恢复和提高法语在各个国际组织中的官方语言地位，法国为这些国际组织的员工免费进行法语培训，并为这些组织的法语翻译提供高额薪水。②

虽然被视为"亲美"总统，但萨科齐对法国文化的珍视、对文化多样性的鼓吹、对法兰西文化在全球传播的推动力度丝毫也不逊色于密特朗和希拉克。2008 年 10 月，萨科齐在魁北克的演讲中称：

> 我们不希望一个扁平化的世界，我们不希望一个单一的世界。我们期待多样化。我们为一个多彩的世界而欢呼！如果我们这些操同样语言、拥有同样文化的人不去共同捍卫我们共有星球的均衡权力的话，还有谁会去这样做呢？③
>
> 我们将推动使法国丰富多彩的文化和富有魅力的法语更好地在世界上得到传播，在世界各法语国家，我们将进一步加强法语的教育。我们将在巴黎建造一座"法语区大厦"（Maison de la Francophonie），以永久保存那些法语国家和地区所捍卫的价值。法国文化在世界上的发扬光大应该能够穿透任何边界。④

---

① 朱振明：《法国文化的突围》，新华社电子期刊：http://xhs.vip.qikan.com/article.aspx?titleid=sjzs2007011。

② http://www.francophonie.org.

③ Nicolas Sarkozy à Québec en octobre 2008，http://www.elysee.fr/president/les-dossiers/.

④ Nicolas Sarkozy à Québec en octobre 2008，http://www.elysee.fr/president/les-dossiers/.

三　冷战后法国在政治、经济、机制方面对文化外交的支持

冷战后的历届法国政府，无论是密特朗、希拉克还是萨科齐，都对法国文化外交提供了坚定的政治支持。萨科齐获选上台后，决心复兴法国文化，恢复法国的文化大国地位。为此他提出了新颖的"文化政治观"，可概括为：在国民中培养符合时代潮流发展的价值观念和思维方式，重新树立爱国思想和公民责任意识，重新确立民族身份，大力发展民族文化事业，通过国民观念的更新、文化素质的提高、文化事业的发展，来推动民族经济的发展和民族科研事业的进步，促进综合国力的提高，力图使法国在欧盟建设中发挥主导作用，恢复法国在国际上的大国地位和文化影响力。①

在当今世界，任何挑战文化霸权的文化举措不仅需要政治勇气，同时也需要在资金、人才、制作和技术等环节保持相应的竞争力。法国为文化外交可谓不惜重金。据法国文化部综合与财政司介绍，2007 年法国国家财政预算支出为 4950 亿欧元，其中文化预算支出为 61 亿欧元，占到了1.23%。这些支出按用途分配如下：文化遗产保护、文献、图书馆、博物馆等 17.5 亿欧元；艺术创作 8 亿欧元；艺术院校和艺术教育普及 8.5 亿欧元；公共媒体 27 亿欧元。同年，法国对外文化活动预算达 10 亿欧元，占到全国文化预算的六分之一，具体分配如下：文化网络 35%、对外视听 21%、科技与教育交流 21%、法语教学 14%、法语国家组织 5%、其他 4%。②

法国把文化外交工作纳入政府管理范围内，使得政府通过整合不同部门资源构筑的最具系统性和协调性的官方外交网络给予其更有力的指导和支持，从而保障它的活动更有效率，使其成为法国外交网络最富于活力和亮色的重要环节，充分反映了法国政府对文化外交的独特认识，即文化外

---

① 参见法国总统府网站相关内容。http：//www. elysee. fr/president/les – dossiers/culture/culture – et – communication. 67. html。

② *Rapport de controle sur la politique de rayonnement culturel*，Rapport d'information de M. Adrien Gouteyron，sénateur（UMP）de Haute-Loire，rapporteur spécial de la mission Action extérieure de l'Etat，http：//www. senat. fr/rap/r07 – 428/r07 – 428 – syn. pdf.

交是一项系统和综合性的工程，需要外交、文化、教育和财政等不同部门的协调和配合，而只有政府拥有这样的整合和调动资源的能力，政府因而对此责无旁贷。此外，法国政府还搭建了多样化的文化交流平台，支持非政府组织等民间机构的对外文化交流。"法语联盟"派出的语言教师，无疑充当着法国文化的使者和"代理人"，而他们又在世界各地培训当地人成为语言教师，这张文化传播的人际网络势必不断地扩充。

在世界各国的首都、普通城市乃至乡村，法国的文化外交可谓无孔不入。法国驻外使馆的文化处（文化中心）是法国使馆各处室中外交官编制人数、预算资金均名列前茅的，它们与 Alliance Française 一起，或联合，或分别在驻在国举办各种法国文化活动，如放映法国电影和音乐、邀请人们品尝法国美食和美酒、赠送法国报刊、举办文化沙龙、播放精心挑选的法国尤其是巴黎风光片，等等，比较长期固定的活动则是免费提供法语培训，这些活动从中国、美国这样的大国，到欧洲各个邻国，直到肯尼亚、巴基斯坦、阿根廷，受到了广泛欢迎。法国驻外使馆的文化官员、外交官乃至情报部门负有特殊使命的间谍们从而能够与各国各界人士，尤其是该国的法语学生和法国问题研究者保持紧密的联系，经常见面交流，推广法国文化的同时也了解了驻在国的人情民意。在这个基础上，法国使馆和 Alliance Française 还定期、不定期地邀请它们所举办的当地国家法语大赛的优胜者、法语歌曲大赛的优胜者[①]赴法国巴黎等地观光旅游，进一步培养他们对法国的好感。事实证明，这些举措都是非常有效果的，为宣扬和推广法国文化、为推动促进法国与各国的外交关系发挥了独特而重要的作用。

第四节　法兰西战略文化对文化外交的影响

法兰西深厚的文化传统给法国人带来了充分的自信，法国人对法兰西文化的自信深深注入了他们的血液，这种自信沁润千年使其本身也成为了

---

① 包括我国著名歌手刘欢，他在北京国际关系学院法语系读书期间获得法国驻华使馆文化中心举办的法语歌曲比赛的第一名，应邀赴法参观和比赛、唱歌，并由此开始了他的专业演艺生涯。

法国的一种特有文化。对法兰西文化的珍视、在全世界传播法兰西文化的热情，使得文化外交成为法兰西战略文化中最为夺目的亮点，成为法国对外战略中最吸引人的部分。

> 即使到了我们所有的信仰都动摇的那一天，我们的文化依然会支撑着我们共同去开辟通往均衡发展和可持续文明的道路。①

> 在我即将正式履行我作为法兰西共和国总统的职责之际，此刻，我思考着法国。这个古老的国家久经磨难，但总是能够重新屹立而为全人类代言。我思考着法国第五共和国以来的历届总统，戴高乐将军曾两次挽救了法国，并为法国挽回其主权、尊严和权威；蓬皮杜和德斯坦用他们各自的方式带领法国走进现代社会；密特朗，在历史的关键时刻护卫了我们的制度、代表了人民的政治选择；希拉克，在任的 12 年中致力于和平事业，并将法兰西的普世思想传播到全世界。

> 在这个庄严的时刻，我想到我们的人民。一个伟大的民族，一个拥有辉煌历史的民族，为了她的信念与民主制度，为了他们不再屈服而屹立；我们坚强的法国人民，他们满怀勇气去克服困难，并将这种力量传播到整个世界。②

秦亚青认为，"在国际社会中，某一民族国家的私有知识和观念可以通过各种传播渠道——文化外交是一种途径——不断上升为国际社会共享的公有知识和观念，成为世界主导文化的基本内容，最终在各种文化竞争和融合中形成世界各国普遍接受的规范性的国际文化或世界文化"。③ 战略文化与文化外交相互渗透、相互影响、水乳交融。战略文化本身包含的本民族的观念可以通过文化外交体现出来，而各种文化在对外交往中竞争和融合的过程中不断影响着战略文化的演进。

---

① Nicolas Sarkozy à Nîmes en janvier 2009，http：//www. elysee. fr/president/les – dossiers.
② 萨科齐就职演说，译自法国总统府官网。
③ 秦亚青：《世界政治的文化理论》，载《世界政治与经济》2003 年第 4 期，第 42 页。

一 维护文化软权力的持久性是法国追求其大国地位的重要途径

进入 20 世纪后半期后，美国的"文化霸权主义"严重威胁着法国文化软实力的权威。软权力的运用有其准则，即必须"吸引"，而非"强制"，否则就会陷入"文化霸权主义"而遭到反对和抵制。与法国、中国相比，美国几乎没有历史文化。法国人认为，"这个国家出现至今只有短短的 200 多年的时间，其文化来源还要归功于早期欧洲移民的带入"。可是，二战以后美国作为一个文化产业大国的地位冉冉升起。好莱坞、GRE/TOEFL、哈佛、迪士尼、纳斯达克、麦当劳、可口可乐、治理结构、CEO、MBA，这些眼花缭乱的具有美国象征意义的符号铺天盖地席卷而来，具有悠久民族传统的法国是美国"文化入侵"的主要"受害者"之一，法国历届政府采取了各种层次的抵制措施，法国国内民众大多也对美国文化嗤之以鼻。法国政府在艰难地、不遗余力地维护自己的文化影响力，对外利用经济文化援助努力维系自己在世界舞台上的文化大国地位。

法国文化软实力战略主要是以政府为主导的发展模式。法国政府把保护文化多样性，主要是保护法国文化、推广法国文化提高到了战略高度，其出发点和关键，是通过持久、强大的文化软权力维护法国大国地位。在法国外交政策、防务和安全白皮书中分别有如下相关表述：

> 全球化还引起了分裂。大家越来越重视自己的特性，一些国家和个人干脆走向自我封闭（体现在经济、社群或认同方面）。这有可能会导致国内或国际争端、宗教冲突和历史仇恨，因此应该引起我们的注意。但另一方面，这种趋势也表达了在全球化背景下大家对民族特性、地方特点、文化多样性的合理期待。

> 鉴于美国在战略、军事、经济、科技和文化上的优势，美国仍将保有强大实力，是国际舞台的主角……全球化意味着积极参与各种政治、安全、经济、社会和文化类的国际组织，并且积极投资各种跨国网络——这是 21 世纪新的国际机制。此外在观念上、技术上还要能

够发挥影响力。比如说要有文化影响力，要通过外国留学生、研究机构、媒体、进行观念上的争论等方式提高自己的影响力。在全球化时代，国家需要摆脱过去"独立"和"控制"的旧思维，而学会用"相互依存"和"网络"的观点去看问题。①

……运输手段的快捷增加了传染病散播的危险，因特网导致了信息病毒的传播，通信能力的增强使政治、经济和金融等危机的传播更为迅速，人口、财富以及思想的流动更难以控制。各种经济、政治和文化模式的传播更为明显，而以此名义出现的"拒绝同质化"的活动导致出现了各种各样追求特性的反应，导致在全球范围内出现了新的分裂。全球化还伴随着民族主义、宗教狂热、极权主义的上升，导致经济和社会不平等加剧。

国际危机的复杂性要求（法国）动用外交、金融、文化、民事和军事等所有的工具，无论在预防危机、管理危机的阶段还是在冲突之后的稳定和重建阶段都是如此。

（法军）在加强对潜在战场的了解能力时，应从政治和文化角度加强了解……②

这种政府主导发展模式在一定程度上有效抵制了英语文化的入侵，有效地保护了法语文化，并进而维护了法国的国家利益。法国参议员阿德里安·古泰龙（Adrien Gouteyron）在相关报告中提出："拥有文化活力的法国不必强调国家机器，只需用'软实力'和'影响力外交'的逻辑即可彰显其影响。"③

为加强国际文化交流，法国率先于 20 世纪 80 年代开始同外国开展互相举办文化年/季的活动，并以此作为推动文化多元性、抗衡美国文化霸权的重要手段（见表 5-1）。

---

① 《2009~2020 年法国外交和欧洲政策白皮书》。

② Livre blanc sur la défense et sécurité nationale de la France, 2008.

③ Adrien Gouteyron, *rapport d'information fait au nom de la commission des Finances, du contré le budgétaire et des comptes économiques de la Nation sur l'action culturelle de la France à l'étranger*, p. 7.

表 5 - 1　1994 ~ 2011 年法国的文化季/年活动

年份	文化季/年名称
1994 ~ 1995	突尼斯文化季
1996	爱尔兰印象、斯洛伐克文化季
1997	约旦文化季、巴勒斯坦之春
1997 ~ 1998	日法互办文化年、法国 – 埃及文化年
1998	艺术之镜中的以色列、越南之春、格鲁吉亚文化一瞥
1999	摩洛哥时代、魁北克之春、乌克兰文化一瞥
2001	匈牙利文化季、法国在魁北克
2002	捷克文化季
2003	阿尔及利亚文化季
2003 ~ 2004	中国文化年、波兰文化季
2004 ~ 2005	中国 – 法国文化年
2005	巴西文化季、拉脱维亚文化季
2006	韩国文化季、法语国家文化节、泰国文化季
2006 ~ 2007	亚美尼亚——我的朋友
2007	荷兰文化季、冰岛法国之春、拉脱维亚法国之春
2008	芬兰文化季、纪念魁北克建城 400 周年文化季、法日建交 150 周年文化季、欧洲文化季
2009	法国巴西文化年
2009 ~ 2010	土耳其文化季
2010	法国 – 俄罗斯文化年
2011	巴西文化年

资料来源：http://www.culturesfrance.com/cooperation – et – ingenierie – culturelle/saisons – culturelles/po15_4.html；转引自彭姝祎《试论法国的文化外交》，《欧洲研究》2009 年第 4 期，第 120 页。

　　文化软实力是法国掌控前殖民地、维持大国地位的长效办法。如前第三章所述，法国一直把非洲视为维护其世界性大国地位的重要舞台，其长期管理、控制、影响非洲前殖民地的重要手段就是通过法语、法国文化。法语是法国和非洲法语国家保持特殊关系的前提。后殖民时代的不少非洲国家仍是法语国家，而且不少非洲国家的官方语言虽然不是法语，但是法语仍然是绝大多数学生必须掌握的第一外语。非洲绝大多数大城市街头能买到法国发行的各大报纸和流行杂志，书店内阵列的大部分书籍和学校的许多教科书是法国出版的。许多非洲国家的药检标准也是完全模仿法国的标准，其高级科技人才和科研人才都是在法国进修获得学位。法国在非洲人心目中的特殊地位也显示出法国在后殖民时期依然在前殖民地保持的巨大的影响力。"法国文化作为一种代表文明与秩序的文化，绝不意味着一种强势的殖民文化，而是一种先进的人道主义文化。"① 当然，殖民地国家人民并非希望自己的同胞因为另外一个民族文化而失去灵魂，但是却毫无保留地显示出法国文化在原殖民地人民心目中的地位如此之重。

二　独立自主理念是法国维持其文化特性不被侵蚀的关键

独立自主理念是法国在全球化态势下保护其文化独立自主特性的原则性理念。在冷战后美国文化帝国主义扩张、中华文明影响力日益深厚、伊斯兰文化原教旨主义流布广泛的背景下，法国积极主张文化多样性、高度关注对本国文化的保护。

冷战刚刚结束后不久，塞缪尔·亨廷顿提出："文化的群体正在取代冷战的阵营，不同文明之间的地震带正在成为全球政治冲突中的主线。"② 20 世纪 80 年代中后期美国文化产品全面入侵欧洲，危及法国相关文化产业的生存，法国便在 1993 年正式提出"文化例外论"，以此为据对文化产业和产品实行强硬的国家保护。法国人认为"文化产品和其他的产品不一样，既有商品的属性，又有价值观和文化精神层面的属性"。随着全球化的发展，法国举起了保护"文化多样性"的旗帜，法国总统希拉克在 2001 年联合国教科文组织的会议上说：

> 每一种文化都有其巅峰期和低潮期，每一种文化都应该保留在人类的集体记忆中，当我们在进行文化推进的时候，应该扪心自问是否正在把一种强势文化强加于人。文化多样性与生物多样性一样，是人类社会的基本特征，对于一种文化的认同感和归属感，是一群人区别于另一群人的主要标志。

法国还团结加拿大和中国，提出了《文化多样性宣言》，而后又于

---

① 出自 20 世纪法国文坛巨星加缪的《客人》。文章客观地描述了殖民地知识分子对原始荒蛮文化和法国殖民者文化的矛盾感触与实际认知。

② Huntington, Samuel P., *the Clash of Civilizations and the Remaking of World Order*, New York：Simon& Schuster, 1997, pp. 28 – 29.

2005 年推动教科文组织通过了以这一宣言为基础的《世界文化多样性公约》。这是以退为进，以守为攻，维护独立自主的文化软实力的表现。

在法国的努力推动下，欧盟的多语文化和欧洲文化多样性政策近年来得到了广泛支持，逐步成为"全欧认同"。21 世纪的今天，不仅欧盟的领导层和社会精英，欧盟的普通公民都认识到保持语言多样性和文化多样性的重大意义。2007 年 9 月欧盟各成员国元首或政府首脑签署的《里斯本条约》规定，欧盟应尊重其丰富的文化及语言多样性并确保其文化传承得到捍卫和促进。欧洲各国公民也意识到，"未来的欧洲应该是一个寄托情感和灵魂的精神家园。欧洲的文化多样性和政治多元化现实，决定了欧洲应该建立一种基于多元文化主义之上的欧洲认同，只有这样才能保障欧洲政治一体化目标的顺利实现"。欧盟确定 2008 年是"欧洲跨文化对话年"，目标是通过促进相互尊重、确保生活在欧盟的每个公民都有机会在社会中充分发挥作用，从而帮助每一位欧洲公民来应对更开放、更多样化的环境。多元文化是欧洲的现实，"对话年"希望实现从多元文化社会（multicultural society）到跨文化社会（intercultural community）的转变，最终实现"多样性中的统一性"。这一切，无疑都打着深深的法国烙印。

文化软实力同时也是法国维持独立自主地位的精神根基。如果说经济物质可以依赖类似于马歇尔计划的外援项目，防务安全可以借助类似于北约的组织合作，那么独树一帜、别具一格的文化软实力则是法国实现独立自主的精神根基。自从法国大革命提出了"自由、平等、博爱"的口号以后，几百年来，这个三位一体的价值观已成为法国对外积极倡导的思想价值观，成为其文化软实力战略的基本立足点。里戈指出，"在我们充满冲突的历史上，对文化的看法自始至终都是一致的，即文化是我们民族认同的一个不可替代的组成部分，并负有对外宣传我国的使命"。① 莱维特认为："文化外交是法国对外政策的一个基本构成，在一定程度上构成了法国对外政策的一大特点，因为很少有国家开展货真价实的文化外交并为文化外交提供手段。在这为数不多的几个国家（美国、英国、德国和法

---

① Jacques Rigaud, *L'exception culturelle*?: *Cultrure et pouvoir sous la Ve république*, Grasset, 1995, p. 117.

国）里，法国由于其文化外交的资历和从法语学校、文化中心、科研机构、考古机构到法语联盟的对外文化网络的质量与密度而位列世界第一。"①

法国大革命及其催生的《人权与公民权利宣言》倡导了全人类的权利和自由，不仅成为法国历史的骄傲，也受到了全世界的普遍认同，尤其成为生活在独裁专制社会中的所有人们的精神希望和寄托。托克维尔说："宗教把人看作一般的、不以国家和时代为转移的人，法国革命与此相同，也抽象地看待公民，超脱一切具体的社会。它不仅仅研究什么是法国公民的特殊权利，而且研究什么是人类在政治上的一般义务和权利。""没有任何事情能比法国大革命史更能提醒哲学家、政治家们要谨慎，因为从没有比它更伟大、更源远流长、更酝酿成熟但更无法预料的历史事件了。这是青春、热情、自豪、慷慨、真诚的时代，尽管它有各种错误，人们将千秋万代纪念它。"② 列宁也曾表示："整个给予人类文明和文化的19 世纪都是在法国大革命的标志下度过的。" 即便在法国失去了往日的强盛地位后，法国以天下为己任、高扬民主自由人权的精神依然不灭。人权、自由理念作为法国传统人文精神和近现代启蒙思想相结合的精髓，可谓是法国文化最重要的精神组成部分。现代民族国家等概念与其相结合，构成了支撑法国文化软实力的重要支柱。冷战结束以来，各国在国际舞台上相互较量的重要因素之一就是软实力竞争。美国充斥着物质主义的好莱坞、摇滚乐虽风靡一时，却不能掩盖其时间洗礼痕迹的缺失；法国虽然被普法战争以来的大规模武装冲突摧残而致经济落后，其软实力却因深厚的文化积淀而独树一帜，不容忽视。

三 文化多边主义是法国传统均势战略思想在文化外交领域的体现

从法兰西战略文化角度考察，笔者以为提倡文化多元化、推行文化多边主义是法国传统均势思想在新形势下的产物，是推动世界多极化、实现

①　François Roche, *Histoire de diplomatie culturelle dès origines à* 1995, p. 196.
②　《1789 年前后法国社会政治状况》，托克维尔著《旧制度与大革命》，冯棠译，商务印书馆，1996。

于己有利新的全球均势的重要手段。有意思的是，在这一领域，中法两国领导人的战略思维不约而同。

文化是人类在实践中长期形成的用于体现价值观的精神性活动和精神性成果，由于价值观不同，人类形成了多种多样的精神性活动和精神性成果。由于民族价值观的多样性，文化多元化成为文化存在和发展的基本方式，也成为制约国际关系和外交行为的重要因素。① 多边主义的基本前提和动力就是文化多元化的存在和趋势。先进的文化都普遍具有较强的包容性，面对不同文化的碰撞和侵袭，自发性的、有选择的、排斥、剔除再到融合，都着重体现出求同存异的包容性。法国文化要在全球化时代维持其影响力，避免其他文化尤其是美国文化一家独大的现象，实现文化的"均势"，其唯一出路在于坚持多边主义原则。

均势理念指导下的文化多边主义是法国加强与他国文化交流的指针。不同国家之间的文化交流，实际上是促进不同合作伙伴之间价值观上的沟通，有助于相互间的深入理解，在自身的价值体系之外，能够承认和理解"他者"的文化个性，从而在更坚实的基础上寻求伙伴之间的共性，并在相互尊重和信任的基础上展开合作。文化外交是合作性的，在对他国进行文化活动时首先要了解对方的心理感受和需要，其结果是让传播受众自愿接受和选择信息；文化外交突出相互理解和平等互利。因此文化沟通的最终目标不只是要使一些政府官员之间达成理解和共识，而恰恰是要实现不同价值体系和利益共同体里的广大民众之间的相互理解。与此同时，文化交流活动立足于长远，寻求不同市民社会之间的深入沟通和理解，所以由从某种意义上说更适合于独立于政府的社会组织来承担这项工作。法国注重精英阶层与民众阶层两者兼顾，即培养更多知法、亲法的精英，在国际舞台上获得更多支持的声音，又让更多的普通人了解法国、向往法国，进而亲近法国。②

全球化时代，文化多边主义要求法国扩大文化内涵。法国文化部前高级官员雅克·里戈（Jacques Rigaud）说："外交不能忽略文化，这涉及捍

---

① 何星亮：《文化的民族性与世界性》，《云南社会科学》2002 年第 5 期。
② 法国对此的目标包括各国现在的政治、经济界领袖和作为未来潜在领导者的大学生精英。

卫和弘扬法国的语言、民族的声誉，捍卫和提高法国的影响力，为在国外的经济活动保驾护航、促进人员和观点的交流……我们应该从最广泛的意义上来理解文化，从书籍和电影贸易直到我国科技成果的传播"① 文化交流，崇尚"和而不同"，在存异的同时要求相互尊重对方。"和而不同"的"不同"体现了文化交流的特点；而"和"则表达了一种原则，一种尊重。作为多边主义内在规制的行为主体，参与各方无论是大国还是发展中弱小国家在平等的基础上，应当秉持相互尊重的原则，共同应对国际事务。"国家间不可避免的不平等性具有令人烦恼的特性，但这并不应使我们忽略其所具有的优点。"②

---

① Jacques Rigaud, *La Culture pourvivre*, Paris: Gallimard, 1980, 转引自 François Roche, *Histoire de diplomatie culturelle dès origines à 1995*, p. 120。

② 肯尼思·华尔兹：《国际政治理论》，信强译，上海人民出版社，2003，第 176~191 页。

第六章

历史远未终结

本章分以下部分对全书进行总结。既然前面的三章已经分别论述了以大国地位为指归的法兰西战略文化与冷战后法国对外政策、核安全战略、文化外交等的关系，那么，在法兰西战略文化的综合作用下，今天在冷战结束 20 多年后，法国到底在世界上是什么地位？发挥怎样的影响？本章第一节对此进行综合论述。第二节再次梳理全书的理论框架并对本书开始时提出的中心假设作出回答。第三节简单初步地批评法兰西战略文化带来的启示。

第一节　法国在今天世界舞台上的地位

从 2010 年末 2011 年初起，一场"突如其来"、影响巨大的"革命"风暴席卷中东北非地区，从突尼斯一个年轻小商贩以自焚来抗议社会不公开始，反对威权政府、呼唤政治变革、要求公平正义的呼声响彻阿拉伯世界。从突尼斯、埃及、阿尔及利亚，到也门、利比亚、叙利亚、巴林、约旦，从一开始的街头游行、抗议示威、广场革命，到部落武装割据、军事反对派公然"造反"、宗教政治势力粉墨登场，革命浪潮风起云涌、影响波及全球。短短的一年多时间内，先后造成一位元首政息人亡（利比亚领袖卡扎菲的统治在 2011 年 8 月 23 日被推翻，2011 年 10 月 20 日，卡扎菲被俘身亡）、三位总统黯然下台甚或流亡海外（2011 年 1 月 14 日晚，突尼斯前总统本·阿里流亡沙特；18 天后的埃及示威浪潮导致穆巴拉克在 2011 年 2 月 11 日宣布正式下台，权力移交军方；2012 年 2 月 27 日，也门政治协议正式生效，总统萨利赫退位）。国际舆论称之为"阿拉伯之春"，或"茉莉花革命"。直到 2013 年 3 月，革命和动荡仍远未停歇：叙利亚内战正酣，约旦、黎巴嫩岌岌可危，中东北非发生政权更迭后的各国经济低迷、政权不稳，阿拉伯半岛、非洲萨赫勒地区受此影响的国家也在酝酿着新的动荡与变革。"阿拉伯之春"对地区战略格局造成了广泛而深远的重大影响，以色列等国媒体惊呼这是中东三十年未有之大变局。

在此次中东北非大动荡中，法国异常高调地冲在世界舞台的前端，在所有参与或干涉这场变革的西方国家中，一路争先地成为西方集团惹人注目的代表和出兵放马的急先锋。先是在利比亚，在利比亚反对派开始反政府示威并爆发军事冲突仅一个月不到的时候，法国萨科齐当局即于 2011 年 3 月 10 日正式承认利比亚反对派成立的"全国委员会"为代表利比亚民众利益的合法政府，并表态计划同这个新成立的机构互换大使。3 月 17 日，法国等积极推动联合国安理会通过第 1973 号决议，在利比亚设立禁飞区。3 月 19 日，法国率先空袭利比亚，出人出兵出钱，不遗余力地为利比亚反对派夺取军事胜利、推翻卡扎菲政权立下汗马功劳。

然而值得讽刺的是，恰恰是法国的萨科齐，与卡扎菲有着不解之缘，曾经称兄道弟。2007 年 12 月，法国总统萨科齐对访问巴黎的卡扎菲满口溢美之词，并对一家法国报纸坚称："卡扎菲没有被视为阿拉伯世界的独裁者。"萨科齐解释说："他是这个地区执政时间最长的国家元首。在阿拉伯世界，这很重要。"卡扎菲作为回报从法国购买价值 100 亿欧元喷气式战机和空客，此举为法国创造了 3 万个就业岗位。之后卡扎菲更成了萨科齐的座上之宾，在访法期间，卡扎菲不住任何巴黎的高级酒店，而是获准在爱丽舍宫附近的国宾馆花园内搭建贝都因帐篷！这恐怕空前绝后，是法国给予的最高礼遇。事实上，早在 2005 年，卡扎菲在利比亚首都的黎波里就接见了时任内政部长的萨科齐，利比亚还曾为萨科齐的总统竞选活动提供了政治献金。[①] 此次"兄弟反目"，背后自有玄机。

这首先是一场申明自身大国地位的权力战争。萨科齐当局透过阿拉伯

① http://mili. cn. yahoo. com/newspic/mili/2840/2/.

世界的"革命"看到了法国扩大世界影响、重领大国风骚、占据战略制高点的千载难逢的机遇。多年来，阿拉伯民众受到威权政治、强人政治的长期压抑，渴望自由，渴望表达民主诉求，卡扎菲本人在国际上名声一直不好。法国此时以维护人民的民主、自由权力之名，主动出手，能主动彰显"自由平等博爱"口号之故乡的道德高地，扩大世界影响。而由于利比亚长期遭到武器禁运，没有可以击落飞机的武器，"这将是一场想输都难的战争"。另一方面，萨科齐还欲借助利比亚行动以铲除建立"地中海联盟"的绊脚石。几年来，萨科齐一直继续他的前任们的"南进"事业，企图推动"地中海联盟"建设，想借此提升法国的国际地位，但卡扎菲这个政治奇人、强人是该联盟不折不扣的反对者，不仅拒绝出席 2008 年在巴黎召开的首届地中海国家峰会，而且称该联盟"是可怕而危险的"。此外更重要的是，从地理位置上来说，位于地中海南岸、北非中间部位的利比亚是法国非常重要的"后院"。作为马格里布三国之一，利比亚不仅与 4 个极具战略意义的法语国家，即突尼斯、阿尔及利亚、乍得和尼日尔接壤，还紧扼地中海航路中部，控制着中东海上战略通道的要津。

这当然还是一场事关石油黑金的财富战争。冷战后法国一直在眼热而无奈地眼看着美国通过海湾战争、南联盟战争、阿富汗战争、伊拉克战争要风得风、要雨得雨，一个个战略要冲和重大能源基地被美抢先纳入怀中。这次面对着重要产油国和海上战略通道所在地利比亚内院起火，法国难免忍不住趁火打劫，期冀能通过对利比亚军事行动的主导，为日后瓜分利益打下基础。要知道，利比亚的石油储量居非洲第一位，世界第 9 位，占世界总量的 3.4%，长期以来被称为"欧洲的油库"！战争爆发前的 2011 年 1 月，其日产油气的 85% 输往欧洲，而其探明储量则高达 410 亿桶。从地图上看，从利比亚最大的两座港口——的黎波里和班加西到欧洲南部港口似乎只需轻轻一跃，比北京到上海的距离还近。利比亚坐拥非洲最大、开采条件最好、油质最好的石油资源，这令全球石油巨头垂涎三尺。

如果从战略文化角度分析，就十分容易理解法国的政治战略目的。为继续巩固和加强大国地位，法国政府清楚地知道战争、军事干涉、影响一国政权这些东西所能起到的重要作用。就在战争刚刚过去的 2011 年 9 月 1 日，名为"利比亚之友"的国际会议在巴黎召开，来自六十余个国家的元首和外长商讨利比亚战后重建。这一天是利比亚"九·一"革命节，42 年前的这天，卡扎菲政变上台。就在这一天，法国《解放报》披露，2011 年 4 月 3 日，利比亚全国过渡委员会（NTC）曾与法国达成"秘密协定"，承诺"只要彻底并永久支持 NTC，法国将会获得利比亚原油的 35% 作为报酬"。密约各方旋即对此矢口否认。不过，法国外长阿兰·朱佩在接受 RTL 电台采访时称："NTC 已经非常正式地表示在重建中会倾向那些帮助过他们的国家，这是公平的，也是合乎逻辑的。"① 战争红利，来得那么快速而直接。此次法国率领北约空军空袭利比亚、推翻卡扎菲政权，真可谓"司马昭之心、路人皆知"。

被称作阿拉伯之春"可能的最后一块多米诺骨牌"的叙利亚，自 2011 年 3 月起便开始了"革命"浪潮，并随之爆发内战。虽然叙政府军与武装反对派争夺愈演愈烈、各国恐怖分子也趁势潜入叙境内大搞"圣战"，但巴沙尔政权垂而不死、顽强坚持，叙利亚成为此番中东动荡各国中冲突事件最长、拉锯战最为惨烈的国家。直到今天（2013 年 3 月），叙利亚境内群雄逐鹿，仍不知鹿死谁手。在西方各国面对叙利亚形势动荡时，尽管总统宝座上的人物已经从萨科齐换成奥朗德，法国依然一马当先。2012 年 5 月 29 日，奥朗德刚刚上台十几天后，便亲自宣布驱逐叙利亚驻法大使，并对叙利亚发出武力干涉威胁。② 2012 年 11 月 11 日，叙利亚反对派组织在卡塔尔首都多哈达成协议同意组成推翻叙利亚总统巴沙尔的联盟，两天过后，11 月 13 日，法国总统奥朗德公开承认：叙利亚反对派联盟是叙利亚人民"唯一合法代表"。法国成为第一个承认叙利亚反对派联盟的西方国家，且在这一问题上法国朝野左翼、右翼空前一致。法国最大的在野党人民运动联盟积极鼓吹法国应对叙"有所作为"，前总统萨科齐还高调与叙利亚反对派组织接触，并暗示应依循利比亚模式对叙利亚局势进行干预。③

法国为何在叙利亚问题上显得那么急切？

第一，与历史有关。曾任法国总理办公室国防及安全事务总秘书处情

---

① http：//www.infzm.com/content/62985.
② http：//news.163.com/12/0530/19/82PAUQRG00014JB5.html.
③ http：//www.chinanews.com/gj/2012/08－12/4101333.shtml.

报分析员、于 2000 年组建法国情报研究中心的埃里克·德内瑟不小心一语道破天机："各种'革命'的结局取决于其特殊条件，往往与各国去殖民化后的历史有关，但同时也具有相似的共性。我认为后者更为重要。这些国家都长期面对贫困，民众抗议活动频仍，专制政权的治理能力低下。一些外部势力首当其冲充分利用这种局面，在这些国家更换政府……"①

一战后，叙利亚是法国"委任统治地"，两国间的恩怨情仇"斩不断理还乱"。叙利亚和法国之间的最大矛盾同叙利亚的一个邻国黎巴嫩有关。公元 7 世纪，叙利亚和黎巴嫩都被阿拉伯帝国统治着。16 世纪初，又一同并入奥斯曼帝国的版图。在第一次世界大战后，叙利亚和黎巴嫩曾被法国委任统治。20 世纪 40 年代，叙、黎先后宣布独立，但双方没有建立外交关系，原因是叙利亚不承认黎巴嫩的独立，认为黎巴嫩是叙利亚的属地，是法国错误地把黎巴嫩从叙利亚的版图中划了出去。1976 年 5 月，叙利亚军队约 3.5 万人以"阿拉伯威慑部队"的名义进驻黎巴嫩。2005 年 4 月，叙利亚被迫从黎巴嫩撤军。直到 2008 年 10 月双方才正式建立了外交关系。然而，法国和叙利亚争夺对黎影响力的争斗从未止息过。有两件事情，法国一直难以释怀。1981 年 9 月 4 日，法国驻黎巴嫩大使路易·德拉马尔被人暗杀。法国认为，参与谋杀行动的恐怖分子得到了叙利亚政府的资助。此外，人们也怀疑叙利亚参与了 1983 年 10 月 23 日发生的炸弹袭击法国驻贝鲁特军营案（导致 58 名法国士兵身亡）。

第二，与地缘政治密切关联。叙利亚紧邻地中海，② 是法国所极力倡导的地中海联盟成员。欧洲观察家们曾说，"法国对地中海周边国家，包

①　http://news.21cn.com/today/topic/2012/12/20/14094294.shtml.

②　地中海地区地理位置十分重要。地中海东西长 4000 公里、南北最宽处 1800 公里，海域面积 250 多万平方公里。地中海北面是欧洲大陆、南边是非洲大陆，东面是亚洲的中东地区。地中海西部经直布罗陀海峡与大西洋相通，东北面经土耳其海峡与黑海相连接，1869 年苏伊士运河开凿通航后，地中海的东南经过这条运河与红海相通，经红海出印度洋。从西欧到印度洋，通过直布罗陀海峡、地中海、苏伊士运河、红海这条航线成为世界上运输最繁忙的海路。据统计，每天在地中海航行的各类船只达到 2000 多艘，西欧输入石油总量的 85% 是通过这条航道运送的。地中海在经济、政治和军事上都具有极为重要的战略地位。长期以来，地中海成为列强必争之地。从第二次世界大战起，美国第六舰队一直以地中海为基地，西方其他国家的舰队也在这个海域游弋，从舰艇数量看，今天的地中海已经成为西方军事大国军舰集聚密度最大的海域。

括中东地区国家的局势向来非常关注，从来不会坐视不管。"萨科齐在竞选总统时就曾提出地中海联盟的设想，曾表示法国既是欧洲国家，也是地中海国家，法国要像当年建设欧洲联盟那样推进地中海联盟的建设。2007年5月就任总统后，萨政府极力推动，加快了地中海联盟建设的步伐。2008年7月13日，欧盟27个成员国和16个地中海沿岸非欧盟成员国的领导人在巴黎举行地中海首脑会议，地中海联盟正式成立。新华社世界问题研究中心资深研究员沈孝泉认为，萨科齐推动地中海联盟的建设绝非偶然。从地缘政治看，地中海是法国安全战略的优先关注地区，通过地中海东进是中东和海湾，南下是北非和法语黑非洲，这些地区都是法国传统势力范围。萨科齐多次强调，法国的目标是重新成为实力雄厚的地中海大国。此外，地中海南岸国家具有很大的产品、投资的市场潜力，法国还特别希望开拓阿拉伯国家的核工业市场。北非和中东国家以及邻近这一地区的苏丹和几内亚湾地区都是石油天然气等能源产地以及各种原料产地，如果地中海地区建成一个地域广泛的自由贸易区，这将是确保和开拓新的能源和原料供应来源的重要手段。另外很重要的是，近年来美国等同法国在非洲的争夺十分激烈，美国大举"进攻"，争夺法国的传统市场和原料供应地，法国在非洲特别是黑非洲的影响正在削弱。而地中海联盟将使得法国能够加强在北非地区的影响，进而扩大到西部黑非洲地区，从而维护自己在非洲前法国殖民地的传统地位。① 法国政府从一开始便期待着赋予地中海联盟远大的政治使命，正如负责筹备地中海联盟计划的法国高级官员勒卢瓦所说："地中海联盟的目标是政治，但推动力量是经济。我们不能等冲突解决之后再来提出计划。地中海联盟将启动一个程序，我们希望这个程序能帮助解决种种政治冲突。"② 而让巴黎十分头疼的是，以巴沙尔

---

① http：//news. xinhuanet. com/world/2008 – 07/14/content_ 8541330. htm.

② 按萨科齐的最初设想，地中海联盟仅由地中海沿岸的国家组成，欧洲大陆只有法国、西班牙和意大利等南欧国家参加，南岸国家则由与法国关系密切的埃及打头，法国与埃及在计划中的地中海联盟中担任首轮联合主席国。显然，法国希望在这个联盟中占据主导地位，甚至有同德国在欧盟中争夺地区优势的企图。当然，法国的欧洲盟友们也不能同意这个重要联盟是法国一家说了算。因此，这一设想立即遭到德国以及其他一些欧盟成员国的反对。于是法国在欧盟内部进行磋商，最终相互做出让步，欧盟今年春季的首脑会议正式通过了地中海联盟的计划。http：//news. xinhuanet. com/world/2008 – 07/14/content_ 8541330. htm。

总统为代表的叙利亚阿拉维教派政权与什叶派伊朗政权关系十分密切，在西方眼中，伊朗与叙利亚不啻为盟国关系。如果能在西方盟国中带头铲除与伊朗关系密切的巴沙尔政权，甚而建立起亲法政权，一向认为叙利亚、黎巴嫩地区是自己传统势力范围的法国当然能更加方便地对叙利亚政府施加影响，进而在地中海联盟中拥有更大的实际控制权，以服务于法国的全球战略。

第三，上述历史和地缘背景，最后还是要服务于法国对大国地位的一贯追求，法兰西战略文化在其中发挥的重大影响作用十分明显。法国《费加罗报》11 月 15 日发表社论说，叙利亚是法国在利比亚冲突之后投下"赌注"又一个新选择。社论说，在别的国家之前正式承认叙利亚反对派的新领导人以及准备提供武器方面，奥朗德展现了法国外交的某种稳定的"连续性"。① 奥朗德早在竞选时就曾多次表示，法国将尽力维持在国际上的影响力，在叙利亚等问题上延续既有方针。

相比于在利比亚以北约的名义出现和在叙利亚的稍显扭捏，法国萨科齐、奥朗德政府近两年在科特迪瓦和马里毫不犹豫滞涩的军事行动则更显得有"自扫门前雪"的"主人翁"意识，且动作干脆利落。美国及其西方盟国对法国在非洲的这些行动则无一例外地表示了支持。

2011 年 4 月 4 日，法军战机在利比亚的军事行动（3 月 19 日）刚开始不久，法国主导的另一场战斗就在非洲腹地打响。"独角兽"部队在一天内完成了对科特迪瓦前总统巴博的拘捕行动，迅速控制住阿比让城内局势，平息了动乱。此事可谓法国关注已久、一剑封喉。2010 年 11 月 28日科特迪瓦大选投票结束，科独立选举委员会宣布，共和人士联盟党主席瓦塔拉以 54.1% 的得票率获胜。随后，科特迪瓦宪法委员会主席保罗·亚奥·恩德尔发表声明，称宪法委员会废除北方部分地区计票结果，并宣布前总统巴博以 51.45% 的得票率获胜。12 月 4 日，巴博和瓦塔拉分别宣誓就任总统。旋即，两派爆发大规模武装冲突。瓦塔拉宣誓就职的同一天，萨科齐便发表声明祝贺其当选总统，称"法国支持科特迪瓦的民主及人民的意愿"。当日，在法国推动下，欧盟理事会同意，对包括前总统

---

① 　http：//news. enorth. com. cn/system/2012/11/19/010289519. shtml.

巴博在内的、拒绝接受选举结果并扰乱科国内和平的"反对派"领导人实行欧盟签证管制。23 日，法国政府发表声明，支持联合国人权委员会特别会议采取措施中止科特迪瓦国内冲突。自 1999 年科特迪瓦政变，法国十年来紧密跟踪科国内局势。此次应对选举危机带来的冲突，法国处处掌握主动，将"大义"牢牢把握在自己一方，未给巴博一派留下丝毫喘息之机，俨然已将科特迪瓦问题当作内政一般处置。接下来的 5 个月，法国不断进行外交斡旋，积极同科特迪瓦两派领导人展开对话，所扮演的"和平使者形象"与它在同一时间鼓动暴力推翻卡扎菲政权的角色形成了强烈反差。2011 年 3 月 31 日，联合国安理会通过 1975 号决议，敦促科特迪瓦各方立即停止对平民的暴力行为，并要求法国驻科特迪瓦部队协助参与科特迪瓦维和行动。4 天后，法国"独角兽"部队解除了巴博一方的重型武器装备，拘捕行动顺利完成。

2013 年 1 月 11 日，奥朗德总统宣布出兵马里，"向马里政府军提供支持"。这是奥朗德上台后的第一次具有相当规模的军事行动，公开被法国总统府和国防部先后宣布的战争的目的，是"阻止 9 个月来从马里北部起兵的伊斯兰圣战组织叛军进攻马里中部、威胁首都、推翻马里现政府的企图"。号称"非洲宪兵"的法国介入马里的军事行动之神速，让外界感到吃惊。据路透社的报道称，当美国表示只愿提供后勤和情报支援、拒绝出动地面部队，当西非国家经济共同体的援军还停留在纸面上时，法军就已参与到打击马里极端势力武装的行动中。战争同样进展非常顺利，法军利用绝对的空中优势对马里恐怖和极端组织的重要目标进行连续空袭，并且出动地面部队与马里军队向马里北方推进，在短期内即顺利夺回廷巴克图、加澳等北部重镇。当月底奥朗德就微笑着说："我们正在取得这场战役的胜利。现在，当地人可以接管了。"① 法国出兵如此神速和果断，充分展现法国作为一个老牌发达国家娴熟运用军事机器维护国家和外交利益的手腕，显示法国决心维护并确保其在非洲的存在。

上述两个非洲国家都曾长期沦为法国殖民地。无论是科特迪瓦的"维护民主选举结果"，还是马里的"打击恐怖分子"，从战略文化视角分

---

① http://www.yicai.com/news/2013/01/2460219.html.

析，法国的最终目标都是为了维护其在非洲的传统利益范围，并通过战争机器巩固其在世界上的大国地位。自中东局势动荡以来，非洲地区也出现了动荡迹象。马里并非唯一一个出现伊斯兰运动的国家，苏丹、尼日尔、尼日利亚、乍得等国都不同程度地卷入其中。法国媒体坦承，尽管法国是打着道义的旗号干预马里，但实际利益的考量远远超过道义，否则就无法解释为什么法国并没有干涉本地区的其他一些法语国家的内乱。事实上，非洲地区已经成为世界大国争夺能源的一个重要棋子，法国若任由其盟友马里从法国势力范围内划走的话，将立即成为一个大输家。相反，法国的干预将震慑本地区的所有国家。因此，奥朗德出兵马里既得到了道义上的美名，又捍卫了法国的实际国家利益。① 法国非洲问题专家昂杜瓦·格拉瑟则认为，"法国在当今世界经济和国际舞台上的影响趋于减弱，出兵马里可以维持自己的大国地位。更何况在该地区法国还有着传统的利益所在，这个地区的铀矿是法国需要的重要资源。另外，奥朗德在马里军事上的成功使得其国内不断下滑的支持率出现了回升"。② 同样的，法国在阿比让高效的军事行动，赢得了国际社会阵阵好评。不过，法国所收获的可不仅仅是国际声望。事实上，就在法军行动结束后不久，包括波洛利集团（Bolloré）、布依格集团（Bouygues）和道达尔等在内的多家法国大型企业公布了2011年第一季度的业绩。其中 Bolloré 营业额上涨了16%，道达尔、BNP 等集团对未来在非洲业务的发展也持乐观态度。而早在2009年法国多家媒体就曾披露，道达尔计划将法国西北部多家炼油厂转移至北非及西非沿岸。显然，随着经济复苏，法国势必要重新在非洲加大投入，而法国近期在非洲的军事活动，可为其日后的经济活动提供一个稳定的环境。此外，考虑到阿比让和班加西分别是西非和北非的重要港口，一旦利比亚和科特迪瓦恢复稳定，法国将确保其在这些地区海上交通线的安全。③

　　本章所要讨论的重点，除了法国最近在中东、非洲采取上述政治军事干预行动的原因和目的之外，更要探究的是法国的行动缘何在国际社会显得如此"自由"？尤其是在非洲行动时，包括安理会授权在内的国际社会

---

① http：//world. people. com. cn/n/2013/0115/c157278 − 20207607. html.

② http：//world. people. com. cn/n/2013/0201/c14549 − 20400639. html.

③ http：//news. ifeng. com/world/detail_ 2011_ 06/10/6927957_ 1. shtml.

对法国军事干涉行为的许可，在中东行动时，包括美国在内的北约盟国的支持，是不是说明法国在经历了冷战后二十年"紧赶慢追"后，再次走到了世界舞台的中央并发挥着其独特的重要作用？

让我们把目光放回五年前的巴黎。

2008 年 1 月 18 日，萨科齐在法国总统府爱丽舍宫为外国使节举行的元旦例行团拜会上发表讲话时，提出了"相对大国时代"的新观念，引起广泛关注，媒体称之为萨科齐的"相对大国"论。萨科齐在招待会上说："我们已经脱离了 1945～1990 年的两极世界，这个世界是稳定的，但并不公正"；"我们现在也不再是 1991～2001 年的单极世界，像'超级大国'这样的词几年前叫得很响但如今已不再流行"。"在未来三四十年，我们将进入相对大国时代。"萨科齐在谈到未来大国关系时提出，"敌人"和"对手"等概念已经过时，必须用"负责任的伙伴"的意识来替代"竞争"和"角逐"的意识。"关键的问题是我们能否构建 21 世纪的新秩序，使之适应我们这个全球化的世界。"①

这一论调首先无疑是对美国"一超"独霸地位提出的质疑，同时也反映了法国同样以"相对大国"自居的心理，再次体现了法兰西战略文化的稳定、长期、重大的影响力。萨科齐认为，自 1991 年冷战结束后开始的单极世界，美国作为唯一超级大国在全球占据霸权地位，但是"目前'唯一超级大国'的说法已经不再流行"（Des mots qui sonnaient juste il y a quelques années seulement, tel que celui《d'hyper‑puissance》, n'ont plus cours aujourd'hui），美国的霸权地位正在削弱，这是当今世界发生巨大变化的一个重要方面。因此，萨科齐认为，未来三四十年世界将进入"相对大国时代"。萨科齐的观点以及萨科齐颇带有挑战意味的表达方式，显然是传承了法国的一贯立场和口吻。半个世纪之前，第五共和国首任总统戴高乐将军为了维护法国的利益对美国敢于说"不"。萨科齐上任后虽然频频表示了改善法美关系的意愿，甚至被视为"亲美派"，但在重大问题上无疑还是坚持法兰西的一贯立场。

萨科齐的对美政策是理性的：与其同美国"吵架"抗衡而得不到任

---

① 译自法国总统府官网，http://www.elysee.fr/president/。

何实际的好处——如同伊拉克战争后失去战后重建的蛋糕份额，还不如以合作的方式通过影响美国政策来达成法国自己的目标——如同伊朗问题斡旋中在世界面前的得分。萨科齐在法国重返北约一体化前后多次强调说，北约是"我们"创立的北约，北约是"我们的北约"，"如果法国在北约内全面负起责任，那么欧洲就增加了在北约的分量。然后，北约就不再是一个唯美国是从的组织"。[1] "法国只有重返军事一体化机构，才能全面参与北约决策，提升法国在北约内部的影响力，同时带动欧洲在北约内部争取更大的决策权和影响力。"[2] 从萨科齐上台执政后在全球气候问题谈判、世界经济复苏计划和全球经济规制调整等一系列重大问题上对美国和对世界的强硬态度看，如同第五共和国的所有前任们一样，在涉及国家根本利益问题上，法国政府不会对美国或者是任何国家作出无原则的让步和妥协。如同萨科齐所说："法国要明确、坦率地将自己定位在西方大家庭内。在当前标准丧失、混乱不堪、新秩序正在建立的过渡期内，法国必须明确表明自己的定位和价值观。但这种重新定位并不等于法国放弃自己的独立性、言论和行动自由。对美国而言，法国是一个'站立的朋友、独立的盟友、自由的伙伴'。"这番话，同戴高乐当年与艾森豪威尔的谈话何其相似。[3] 法兰西战略文化的精髓：以独立自主的姿态坚持大国理想、坚持对大国地位的追求，已经深深内化进法国人的思维。

当代法国领导人在面对中国等新兴国家时的态度与戴高乐同样非常"神似"。冷战后，法国政府在强化其欧洲政策和对美、对非政策调整的同时，重视并积极发展同中国、日本、俄罗斯、中东、地中海地区、拉美和亚洲国家的合作，奉行平等对话、求同存异、加强合作、减少摩擦的政策，以期推动多极均势。尤其是谋求同中、俄、日等大国建立友好合作伙伴关系，视它们为法国发挥大国作用的借重力量。从对华政策角度看，希

① http：//www. elysee. fr/president/les－dossiers/defense/defense－et－securite－nationale. 7934. html.

② http：//www. elysee. fr/president/les－dossiers/defense/defense－et－securite－nationale. 7934. html.

③ 参见本书第二章、第四章所引戴高乐言论。

拉克对中国的尊重、对中国文化的热爱是全世界知名的。在他任内，中法两国建立了"全面伙伴关系"，政治经济军事文化等领域全方位开展了战略性的合作，在人权对话、解除对华军事禁售等领域法国都发挥了积极的作用。而萨科齐在解释世界即将进入"相对大国时代"时强调，"中国、印度、巴西等国在政治、经济领域日益崛起，俄罗斯逐渐恢复元气，为形成一个新的大国合唱的多极世界创造了条件"。中国和其他一批发展中国家近些年经济迅猛发展是个不争的事实，但是西方国家普遍不愿正视这一现实。欧美国家感到传统的优越地位受到了挑战，想当然地认为自身的经济利益受到了损害，并把自身不适应经济全球化的责任推给了新兴国家。应当看到，萨科齐把中国等列入未来世界中"相对大国"的行列，这实际上是对这些国家"崛起"现实的认可，同时也表明他准备以积极的态度，而不是以蔑视或者拒绝的态度来对待这一现实，在对待"中国崛起"问题上，萨氏表现出了一名政治家的智慧和理智。2008 年以来，在奥运火炬巴黎传递、达赖访法等一些问题上，萨科齐表现出了对华政策的"摇摆"，也说过一些过头的话，每每导致我国国内舆论一片哗然。其实，从法兰西战略文化的角度看，焉知不是萨科齐和法国人在内心深处已经把中国看作一个大国，从而以法国特有的"挑战大国"的个性来显示法国本身的大国地位呢？这有些像现在的"双头广告"，法国为了推销、显示自己，"挑衅"也同时宣传了中国。我们的国民，尤其是知识界和政界精英应该用更多的大国意识和大国眼光来看待法国领导人的言行。事实上，如果萨科齐及其政府真的表现出如戴高乐、希拉克那样的政治智慧，以法兰西战略文化中的均势外交传统积极发展对华关系，联手中国共同推动世界多极化的发展，法国、中国共同跻身"相对大国"的行列，则萨氏所谓"相对大国时代"有可能会更快来临。

冷战已经结束 20 年。法国在冷战后初期曾经一度表现出无所适从和慌乱，今天已经显得自信而从容。虽然已经不能再在美苏间充当纵横捭阖的中间平衡角色，但法国凭借着在欧盟的"领跑者"和"发言人"地位，借助欧盟的经济实力和重返北约后在北大西洋联盟中更有战略分量的发言权，依然以其独立自主的一贯面貌成为国际舞台上的主要大国之一。从密特朗时代起，到希拉克执政的十二年，法国果断调整适应形势的变化，积极从政治、经济、文化、安全等领域全方位推动世界多极化进程，倡导多极世界。萨科齐提出的"相对大国时代"（ère de puissance relative），从法文原文的表述看，"相对大国"（puissance relative）是对"新时代"（ère）的修饰，而不是特指以哪一个国家为代表的时代，因此可以理解为，未来时代的特征是没有绝对大国而只有相对大国的存在，也就是"群雄并立"的时代、多极的时代。萨科齐的这种提法显然是针对单边主义和干涉主义的。他说，"'相对大国时代'的明显特征是外部干涉行为的合理性受到越来越强烈的反对"。长期以来，美国在国际事务中奉行单边主义、干涉主义和霸权主义，在处理国际争端中动辄使用武力或以武力相威胁，甚至在处理同盟国之间贸易摩擦等问题上也采取制裁行动逼对方就范。因此，法国用多极化来回应美国的单边主义，主张共同协商的多边主义。萨科齐提出"相对大国时代"，同戴高乐、希拉克的思想一脉相承，与法国长期以来奉行的外交方针是一致的，是在应对不断变化的国际形势和大国关系中的一个有针对性的新提法。而且很显然，既然是群雄并立的"相对大国"组成的多极世界，法国人当然自己要在其中有一席之地。即便是欧盟作为整体占据一极，由于法国在欧盟中的显赫地位，则理所当然的也是"相对大国"之一。

冷战结束以来，法国对外政策调整的最重要方面就是强调构建一个强大的欧洲，欧洲一体化建设始终是冷战后历届法国政府优先关注的领域。萨科齐上台以后曾多次明确指出，加速推进欧洲建设是法国新政府的重中之重，在他的"相对大国"论述中特别提到，"只要欧盟愿意，可以在多极世界中成为最具活力的一极"。这与戴高乐的欧洲政策高度吻合，正如戴高乐曾说过的那样："我们要使西欧变成一个整体，……一支强大的力量，一个发挥明智影响的伟大中心，这是只有欧洲才能充当的。"[1] 萨科齐与其历届前任一样，把法国的命运同整个欧洲的命运联系在一起，但并不是要从此丧失"法国认同"，也不是要在领导并参与欧洲一体化的过程中失去法国独立自主的重要原则，而是试图通过一个强大欧洲在多极世界中扮演重要角色，使法国在未来世界上占据应有的地位、发挥自己的大国

---

[1]　国际关系研究所编译《戴高乐言论集》，世界知识出版社，1964，第352页。

影响和作用。

事实也确实如此。从当年《巴黎条约》签订后"欧洲煤钢共同体"的诞生，经历 50 多年的发展，今天的欧盟西起大西洋、东到黑海之滨——距离戴高乐期待的"从大西洋到乌拉尔的欧洲"仅一步之遥，是一个包括 27 个成员国、① 人口 4.997 亿（2009 年）、面积 433 万平方公里的巨大经济政治联盟。其 GDP 总量达 18.5 万亿美元（IMF 数据，2009 年按当前价格和汇率计算），已经超过了美国（14.3 万亿美元，数据来源同上）而成为全球第一大经济体。欧盟经济与货币联盟发展了成熟的经济运行协调机制，欧元成为世界主要储备货币之一。在包括法国在内的各国推动下，欧盟近年来政治一体化速度明显加快，成立了欧洲军备局，组建了军事及民事行动计划小组、欧洲战斗群。2008 年 12 月，欧盟舰队开始在索马里海域执行护航和打击海盗的任务。加强司法与内政合作，建立欧洲警察署，设立反恐协调员，并决定加快建立统一司法区。《里斯本条约》的签订使得欧盟在共同外交和安全政策方面有了突破性的进展，主要包括：欧盟具备法律人格，有权在共同外交与安全政策领域缔结国际条约；将原欧盟共同外交和安全政策高级代表和欧委会对外关系委员两职位合二为一，设立新的欧盟外交和安全政策高级代表，并兼任欧委会副主席；创建由欧盟机构和成员国外交官组成的总计约 7000 人的欧盟对外行动署（European External Action Service），作为欧盟外交机构，协助高级代表开展工作；把欧盟外交机构权限从传统外交政策领域扩展到发展政策、人权、军事安全、民事危机处理等领域，并使其拥有独立预算和人事任免权。2009 年 11 月，欧盟选举产生首任欧洲理事会主席范龙佩和欧盟外交和安全政策高级代表兼欧委会副主席阿什顿；2010 年 3 月，提交欧盟对外行动署组建方案，行动署组织构架、人员组成、与其他欧盟机构的权责关系等已初步明确。

近年来，随着综合实力的增强，欧盟在国际事务中的影响日益增大。欧盟强调维护联合国的地位和作用，主张有效多边主义，引领国际能源及

---

① 奥地利、比利时、保加利亚、塞浦路斯、捷克、丹麦、爱沙尼亚、芬兰、法国、德国、希腊、匈牙利、爱尔兰、意大利、拉脱维亚、罗马尼亚、立陶宛、卢森堡、马耳他、荷兰、波兰、葡萄牙、斯洛伐克、斯洛文尼亚、西班牙、瑞典、英国。

气候变化合作；重视对美关系，加强与美在国际反恐、防扩散、中东、伊朗核问题协调与合作，提出建立"新型跨大西洋经济伙伴关系"；奉行务实的对俄政策；进一步加强与中国、日本、加拿大、印度等大国的关系，积极谋求建立欧亚全面伙伴关系和欧非、欧巴（西）战略伙伴关系。2008 年 7 月，欧盟与地中海沿岸 16 国成立地中海联盟。12 月，欧盟首脑会议通过了"东部伙伴关系"计划，2009 年 5 月"东部伙伴关系"计划正式启动。作为一个越来越强大的整体，欧盟不断在国际舞台上发出自己的重要声音。

今天的法国作为联合国安理会五常之一，欧盟及八国集团、二十国集团的重要成员国，在世界上继续发挥着重要的作用。世界各国政府均认可并尊重法国的大国地位——这里仅从中、美两国对法国的官方评价来透视法国的大国地位和在世界一些重大问题上的独特作用。

代表中国政府官方立场的中国外交部网站对法国的官方评价是：

> 法国是最发达的工业国家之一，在核电、航空、航天和铁路方面居世界领先地位。2009 年受国际金融危机影响，国内生产总值 26797.6 亿美元，同比下降 2.2%，排名世界第五；进出口总额 10086.9 亿美元，贸易逆差 771.8 亿美元，保持世界第五大出口国地位。在外交领域，法正式重返北约，利用二十国集团峰会等多边舞台，积极参与全球治理、国际金融体系改革和气候变化等国际热点问题的解决，加快调整与各大国关系，维护法的大国地位。法国外交网络继美国之后居世界第二位。倡导多边主义，反对单边主义；致力于欧盟一体化建设，尤其是政治和防务建设，继续发挥法在其中的核心作用；重视大国关系，注意加强同新兴国家的政治、经济、文化联系；努力保持并发展与非洲国家的传统关系，推动发达国家增加对非援助；广泛参与国际事务和热点问题的解决；帮助法国企业开拓海外市场；保持和提高法国文化的国际影响力。[1]

---

① 中国外交部官网，http://www.fmprc.gov.cn/chn/pds/gjhdq/gj/oz/1206_14/。

代表美国政府官方立场的美国国务院网站对法国的官方评价是：

> 法国是世界第五大经济体。她有丰富的可持续农业资源，庞大的工业基础，高技能的产业劳动力和充满活力的服务业。法国作为联合国安理会常任理事国，G-8、G-20、欧盟、欧安组织、WTO、法语地区国家组织（la Francophonie）和众多国际多边机构的成员，发挥着富于影响力的全球作用。在北约成员国中，法国海外驻军数量仅次于美国。法国在欧盟中发挥着重要作用。2009年，萨科齐总统因推动摧毁避税天堂、限制银行家分红等政策而在国际舞台上继续展现强有力的领导地位。在12月讨论气候变化的哥本哈根会议上，法国因在碳排放、碳关税等问题上的建议而发挥了领导作用。法国因其面积、位置、经济规模、在欧洲各种地区组织的成员地位、强大的军力和积极的外交政策而成为西欧的领导之一。法国积极推动加强欧盟在全球的经济和政治影响，同时也积极加强其对欧洲共同防务的主导作用。法国视法德合作、与其他欧盟成员发展欧洲安全和防务政策为强化欧洲安全努力的基石。法国在"9·11"事件后坚定支持美国，在全球反恐战争中发挥了中心作用。法国在伊朗等中东问题上发挥着积极作用，于2009年5月在阿联酋设立了在海湾地区的第一个常设军事基地。法国通过援助计划、商业活动、军事协议和文化影响继续在非洲，尤其是前殖民地发挥重要影响。[1]

西方人总是从领导人互访的接待规格上评价一个国家的大国地位和威望，正如摩根索所总结的外交官通过宴会、礼遇、规格等"用来检验他的国家在海外拥有的威望"。[2] 2010年3月29日萨科齐夫妇访问美国，尽管他在访问的第一站纽约前往哥伦比亚大学发表了一通批评美国试图"独霸世界、搅乱全球经济规则"的演讲，但奥巴马还是于30日晚在白

---

[1] 美国国务院官网，http://www.state.gov/r/pa/ei/bgn/3842.htm。

[2] 汉斯·摩根索：《国家间政治》，徐昕等译，王缉思校，北京大学出版社，2006，第566页。

宫特别为萨科齐夫妇举行豪华盛大的"私人晚宴"以款待法国第一家庭。法国爱丽舍宫一名高级官员对媒体表示："私人晚宴是非常高级别的款待，只有请朋友时才会到家中，……这表明奥巴马总统非常重视法美两国的关系。"①

在世界经济舞台上，法国的总体经济规模仅次于美、日、中、德而居世界第五，高于英国。作为世界贸易组织、国际货币基金组织等的重要成员，法国在国际贸易均衡、知识经济相关技术标准、低碳时代经济和关税标准等全球经济重大问题上的立场和主张，对推动新的世界经济秩序和新贸易规则的建立发挥了独特的重要作用。法国还雄心勃勃地认为，由美国金融衍生产品引发的世界金融危机标志着盎格鲁－撒克逊式自由市场经济的失败，未来世界的新经济规制应该建立在法国式市场经济的基础上，即国家负责任地对社会经济实行保护，并通过国家调控再分配的原则实现公平与效率。

法国积极参与维和等海外军事行动，以展现法国的大国影响力。截至 2008 年 9 月，法国派往海外的共计约有 12500 名驻军（其中包括 430 名宪兵）。"法国声称有能力快速向境外投放 3 万人的部队、70 架战斗机，组成一个海空集群和两个航海集群"，"法国海外军事行动的费用从 2007 年的 6.64 亿欧元（9.05 亿美元）上升到 2008 年的 8.33 亿欧元（13 亿美元），上升幅度达25%"。② 在联合国、北约、欧盟等的框架下，法国军事和民事维和人员在世界各地维和行动中发挥着重要作用。截至 2010 年 4 月，在联合国维和行动中，法国是联合国安理会常任理事国中第二大贡献国（仅次于中国），也是欧盟第二大参与国（仅次于意大利）。法国共计派出 1706 人参与了联合国共 15 项维和行动中的 9 项行动（其中 244 名维和警察，21 位军事观察员，1441 名军人）。尤其是联合国驻黎巴嫩临时部队（United Nations Interim Force in Lebanon，UNIFIL），法国派遣了超过 1400 名军事人员，是该部队第二大出兵国。在海地（MINUSTAH—Haiti），法国也派出了 209 人，其中 207 人为维和警察或

①　http：//www.chinadaily.com.cn/dfpd/tianjin/2010－03－31/.
②　据《简氏防务安全评论》。网址同前引文。

宪兵。① 除了上述在联合国框架内的直接维和行动外，法国还在欧盟、北约等国际组织框架下在世界各地派遣了 7800 人参与维和行动。在欧盟框架下，在欧盟安全和防务政策军事行动计划中（military ESDP missions），法国积极参与了 2008 ~ 2009 年 3 月欧盟部队（EUFOR）在乍得、中非共和国的维和行动，在总计有 3000 名武装人员的上述部队中，法国士兵占了一半。法国积极参与索马里海岸的代号为"Atalanta"的行动。在科索沃，法国将军伊夫·德·克尔玛本（Yves de Kermabon）任欧盟科索沃执法团长官。在欧盟安全与防务政策民事行动计划中（civilian ESDP missions），法国在刚果、波黑民事维和行动中表现活跃。在北约框架下，截至 2009 年 11 月，法国派出了 3700 人参加阿富汗国际安全协助部队（International Security Assistance Force，ISAF），派出 1332 名士兵参加北约科索沃维持和平部队（KFOR），法国总人数位列第三。虽然法国于 1966 年退出北约军事一体化，但它一直还是北约的最大"贡献者"之一，它承担的费用位列北约各国第四，派出的人员位列第五。2009 财年，法国承担北约军事预算中的 1.15 亿欧元。② 此外，法国在科特迪瓦、苏丹等参与了维和行动。通过参与"加强非洲维和能力计划"（Reinforcement of African Peacekeeping Capabilities，RECAMP），积极支持非洲自身维和行动。③ 法国对上述这些海外军事行动象征意义的重视恐怕远大于维和行动本身。在法国人看来，这是法国世界性影响的表现所在。

法国的对外援助计划是法国彰显其大国形象和地位、利用经济杠杆向受援国（主要是非洲国家）施加政治影响的重要工具。2009 年，法国在经合组织（l'OCDE）协助与发展委员会（Le Comité d'assistance et de développement，CAD）框架下以"公共发展援助"（Aide publique au développement，APD）名义提供的双边和多边对外援助总额达 89.2 亿欧元，居经合组织各成员国第二位，仅次于美国。其对外援助占到了法国国

---

① 据联合国维和行动官网，http：//www. un. org/en/peacekeeping/contributors/2010/apr10_ 2. pdf。

② 《简氏防务安全评论》，网址同前引。

③ 据法国常驻联合国代表团网站，http：//franceonu. org/spip. php？article3645#Useful – links。

民总收入（Revenu National Brut，RNB）的 0.46%，远高于经合组织 0.31% 的平均数。事实上，为加强法国在世界上的影响力，进入新千年以来法国对外援助占其国民总收入的比重逐年增加，2000 年占 0.30%，2004 年占 0.41%，2005 年、2006 年占 0.47%，2008 年受金融危机等影响降为 0.39%，2009 年回升至 0.46%。2001～2006 年，法国减免外债的力度也不断加大，从 2001 年共减免穷国所欠外债 3.66 亿欧元到 2006 年共减免了 27 亿欧元，减免增幅达 7 倍（见表 6-1、图 6-1）。[①]

表 6-1　2004～2008 年法国对外援助情况

单位：百万欧元

	2004 年	2005 年	2006 年	2007 年	2008 年
双边援助	4481	5825	6310	4571	4475
多边援助	2339	2298	2136	2648	3087
公共发展援助（APD）总额	6820	8123	8446	7219	7562

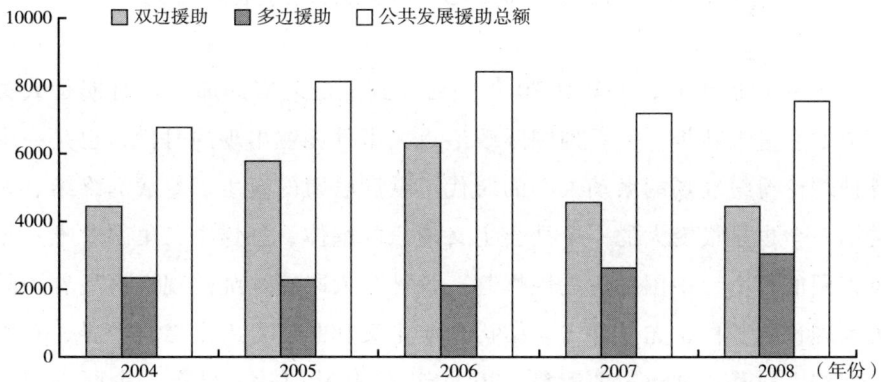

资料来源：经合组织发展援助委员会 Comité d'Aide au Développement（CAD）、法国外交部 Ministère des Affaires étrangères et européennes、法国开发署 L'Agence Française de Développement 官网。

---

① 均据法国外交部官网，http://www.diplomatie.gouv.fr/fr/actions-france_830/aide-au-developpement_1060/aide-publique-au-developpement-apd_19762/index.html#sommaire_3。

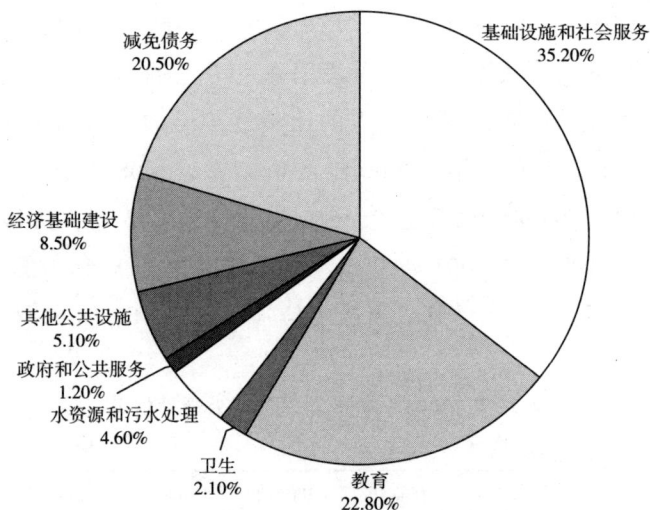

图 6 - 1　2008 年法国对外援助按领域分配图

资料来源：法国外交部对外援助官网 www. diplomatie. gouv. fr/
fr/actions - france_ 830/aide - au - developpemen。

第二节　文化、战略文化与国家利益和行为

20 世纪后半叶，尤其是 70 年代后直到世纪之交的那一段时期是人类历史发生重大转折、一系列国际政治重大事件相继出现的时代，也是一个各种理论纷纷登场的激动人心的时代。欧洲联盟的诞生、冷战的终结、人类第一个也是最庞大的一个社会主义国家的解体、恐怖主义集团对唯一超级大国的打击、中国的历史性崛起，各种令人眼花缭乱的现实挑战着国际关系理论的苍白，尤其冲击着结构现实主义和制度自由主义对世界、对国际结构、对秩序和政策的解释。20 世纪 70 年代以后，已有不少西方国际政治学者意识到，计量分析和科学主义的研究方法无法解释由人组成的社会面临的复杂矛盾；冷战结束后，尤其因为理性主义国际关系理论都未能提前预告，也不能完整解释冷战的终结，使得这种认识得到深化，文化分析和认同研究逐渐增多，亨廷顿的"文明冲突论"和福山、布热津斯基等人的"大分裂说"不过是其中较有影响的部分理论。约瑟夫·拉彼德和弗里德里希·克拉托赫维尔认为，与其说是文化和认同范畴新近才出

现，不如说是他们返回到国际关系学的港湾，而这种回归是学术和历史的必然。面对后威斯特伐利亚时代国家和民族主义面临的挑战，"像全球化这种加速呈现的历史趋势，还有像'9·11'这种动人心魄的恐怖主义事件都愈加显示出文化和认同的理论意义及其实用性"。①

温特的建构主义理论具体系统分析了国际体系无政府状态的三种文化，认为"每一种都是由关于自我和他者关系的不同社会共有观念结构建构而成的，每一种都有自己的逻辑"。一是霍布斯文化，在这种无政府文化中，国家的相互定位是"敌人"角色，敌人是没有生存和自由权利的，结果就是以纯粹现实主义的态度对待国际关系。二是洛克文化，在这种无政府文化中，国家的相互定位是"竞争对手"的角色，竞争对手是有生存和自由权利的，但是不具有免于暴力的权利，结果就出现军事竞争，有时也会爆发战争。但战争会被控制在有限范围之内。三是康德文化，在这种无政府文化中，国家的相互定位是"朋友"角色，朋友之间相互承担义务：不使用暴力解决争端，在出现侵略的情况下相互帮助。结果就是多元安全共同体和集体安全。总之，无政府状态不像现实主义所描述的那样，它本身根本没有什么逻辑可言；一切都要取决于国家之间共有的观念结构。无政府状态是国家造就的。②

理解建构主义关于体系、结构文化的理论，是理解其以文化和认同观念阐释国家战略选择与行为的前提和同步要素。建构主义学者在讨论和批评国际行为体和体系文化是怎样被对外政策实践活动所支承时，使用符号互动论的观点建立了一个建构主义的社会进程模式，尤其注意到身份和利益的进化问题，认为"文化选择"是一种进化机制，指"通过社会习得、模仿或其他类似的过程，将决定行为的因素从个体到个体，因之也就从一代人到另一代人实现传播"。"在一种文化中，成功的标准可能是行为体无法控制的客观社会事实，但是这并不意味着这样的事实就是天生的"。③

---

① 转引自王逸舟《西方国际政治学：历史与理论》（第二版），上海人民出版社，2006 年版，第 412 页。

② 亚历山大·温特：《国际政治的社会理论》，秦亚青译，上海人民出版社，2000，中文版前言，第 41 页。

③ 亚历山大·温特：《国际政治的社会理论》，秦亚青译，上海人民出版社，2000，第 410～411 页。

从建构主义角度看，"一个完全内化文化的标志是行为体与这个文化的认同并把这个文化以及一般化的他者作为对自我悟知的一部分。这种认同、这种作为一个群体或'群我'的一部分的意识，就是社会身份或集体身份，它使行为体具有护持自身文化的利益。行为体仍然是理性的，但是他们衡量效用和理性行动的单位基础是群体"。①

本书的第一章、第二章用理论和历史建立了分析框架。笔者认同温特对文化和观念作用的见解，也赞同江忆恩的这一观点："不同的战略文化决定了不同国家对于战争与和平、冲突与合作等国际关系主题的认识，塑造了不同国家的身份认同和战略偏好，进而决定了国家之间不同的战略选择，也就是国家的战略行为。"② 同时也从所谓"第一代"战略文化学者和中国战略文化研究者那里汲取了这样的认识，即战略文化是在一定的历史、地理条件和民族早期文化记忆及逐渐形成传统的基础上所形成的战略思想和战略理论，这一战略思想和文化为解释该国战略行为的背景和原因提供了一个分析框架。从上述认识论和方法论出发，本书从国家层面对战略文化的主体进行界定，认为战略文化的形成受到一个国家的地缘位置、人文历史、决策者偏好和战略行为及其后果等因素的综合影响，将战略文化的概念界定为"一个国家基于其独特的地缘战略位置和人文历史传统，经过漫长历史过程形成并延续下来的、为国家决策者所认同和采纳的战略观念和理论，包含对国家地位和目标的认知，以及为实现其战略目标而组织使用国家权力的习惯性战略偏好"。笔者通过对法兰西战略文化的形成背景和过程的分析，提炼了法兰西战略文化的三大要素："追求大国地位""坚持独立自主"和"善用均势手段"。以此为基础，作者界定了法兰西战略文化的目标指向，也提出了本书的中心假设。

随后，本书通过案例研究和文本分析，以战略文化视角和方法对法国冷战后一系列重大对外战略、政策和行为进行了详细深入考察，包括冷战

---

① 亚历山大·温特：《国际政治的社会理论》，秦亚青译，上海人民出版社，2000，第423页。

② Alastair Iain Johnston, *Cultural Realism: Strategic Culture and Grand Strategy in Chinese History*, Princeton: Princeton University Press, 1995; Alastair Iain Johnston, "Thinking about Strategic Culture" International Security, Vol. 19, No. 4, Spring 1995.

后法国的欧洲一体化政策，冷战后法国对美外交政策以及法国重返北约军事一体化，法国对非政策在冷战后的新发展，法国的文化外交传统及其在冷战后的发展演变，以及法国核战略在冷战后的调整。经过本书的分析论证，得出的结论是：法兰西战略文化在冷战后历届法国政府决策者中乃至全社会得到了高度认同和内化，对法国当政者制定和执行政策产生了重大影响。并且，正是因为法兰西战略文化三大要素的综合作用，在冷战后政治上失去两极体系"平衡手"地位、经济衰退等众多不利因素的负面影响下，法国依然以二流大国的物质实力在国际舞台上扮演着重要大国的角色，对推动世界多极化发挥了积极而关键的作用。数百年来，法国的大国雄心一直没有改变，然而自冷战结束后的二十余年来，法国之所以继续在世界上扮演重要角色，显然不仅仅是因其幅员、人口、核武库、常备军和经济实力等物质性因素。影响、塑造法国对外政策的法兰西战略文化，是法国实现其大国理想的最重要依托和支撑。本书开始时做出的假设得到了证实。

第三节　全球化世界的明天

一　当代法国决策者对国际形势的认识

在 2008 年版《法国防务和国家安全白皮书》里我们可以看到，经过冷战后 20 年国际、地区局势的发展变化以及法国自身政策的调整，法国对形势的看法比以往有了新的认识和发展，对在欧洲和世界上扮演大国角色依然雄心勃勃。

法国对总体形势的看法充满忧患意识，白皮书认为当今世界在战略上有众多不确定性：

> 自 1994 年出版国家防务白皮书以来，在全球化的作用下，世界发生了深刻的变化。令人惊骇的信息传播加速、财富的快速交换、如同人员的快速流动一样，既从正面，也从负面改变了我们的经济、社会环境以及国家和国际安全系数。强国序列已经发生了变化，将来还

会再变。尽管世界不是必然变得更危险，但是已经变得更不确定、更不可预测。一些危机相互牵连有存在的可能，尤其是以中东地区和巴基斯坦更为显现。法国与欧盟处在最直接最脆弱的局面：是恐怖主义明确瞄准的目标；到2025年，法国与欧盟的领土将处于由新兴强国发展起来的弹道导弹的射程之内；一些新的危机已经显露，如信息攻击，和由生态环境的恶化而增加的卫生危机、生态危机。

关于全球局势，白皮书认为有四个方面的趋势令人忧虑，即全球化的负面效果显现；暴力形式发生变化，恐怖主义发展迅速；世界军费开支增加；国际重大危机仍未解决，巴尔干地区战火已熄，但形势仍很脆弱。出现了从地中海东岸到印度的一个冲突地带。法国面临的新的战略局面和不稳定包括以下五个方面：一是全球战略重心向亚洲倾斜；二是西方大国相对衰落；三是集体安全体系仍很脆弱，法国认为冷战的结束并未导致权力逻辑的萎缩，经济全球化未能导致一个民主的、和平的世界新秩序出现，面临恐怖主义威胁的国家都在试图冲破限制使用武力的多边框架或国际法的法律准则，而各国之间的力量对比、利益分歧、经济和金融上的相互依赖也都在冲击着国际关系结构，俄罗斯正试图通过对某些欧洲国家特别是俄邻国的冒犯言辞来巩固自己重返世界舞台后的主要大国地位。四是脆弱国家和非法治地区依然存在，如何预防这些国家的危机和战争是国际安全体系的巨大挑战之一。五是战略变数仍然很多，一些反抗西方影响的国家试图抵御这些国家的科技优势和军事实力，挑战其经济力量。为此，西方必须预见到会有战略变数出现，导致世界上某个地区包括欧洲出现意想不到的大倒退。最严重的可能是对欧洲的重大恐怖袭击，导致在欧洲战略利益区域内出现战争局面，为此必须将中东和亚洲的主要冲突以及"核禁忌"被打破等其他形式都考虑进去。

在法国和欧洲的安全挑战方面，法国重点关注四个关键地区。一是从大西洋到印度洋的"危机弧"地区，即从毛里塔尼亚到巴基斯坦的弧形区域。法国认为该地区激进伊斯兰主义发展、种族冲突或国家政权的脆弱性都会构成爆炸性因素，恐怖主义的存在已成为常数，伊朗核计划会导致中东及其以外地区出现不平衡，该地区的燃料能源已成为欧洲大陆能源储备的核心。而最新的危险是，各种冲突因素可能会集中爆发。该地区距欧洲最近，其主要变化将严重影响到法国和欧洲的安全。二是南撒哈拉非洲的安全。该地区对欧洲构成威胁的问题包括非法移民、宗教激进化、恐怖主义组织扎根、毒品与武器走私、武器扩散、洗黑钱以及传染病扩散，以及从大西洋到索马里地区的战争等。三是欧洲大陆本身。俄罗斯的变化、其邻国政策以及与欧洲和北约的关系对欧洲大陆的安全和世界和平异常重要。此外，巴尔干地区的稳定应加倍关注，在整个欧洲内部和跨大西洋范畴内完成和解与一体化。四是亚洲主要冲突的影响。这些冲突包括从 20 世纪下半叶遗留的冲突根源尚未消除，该地区有三个核大国且其国土相连，此外该地区没有预防和解决冲突的多边机制，上合组织、东盟的发展尚不足以满足解决安全问题的需要。

根据上述形势，白皮书认为法国面临以下安全威胁：首先是恐怖主义威胁。其次是导弹威胁。再次是对信息系统的攻击。最后是间谍威胁和渗透战略。法国认为，国内安全与外部安全密不可分、出现战略突变的可能性大增、影响军事行动的因素随之发生改变。

二　今后法国对外战略走向

与百年前各项经济指标均居世界最前列相比，甚至与 50 年前相比，法国的相对物质实力衰落是明显的。然而法国依然野心勃勃，无论是在《国防与国家安全白皮书》《外交与欧洲政策白皮书》对法国未来的描画中，还是法国领导人在世界各个场合的讲话里，法国都依然以全球性大国自居，法国以独立自主姿态追求大国地位的既定战略不会改变。

可以预见，未来的法国将试图通过以下六个方面的努力来达成自己的大国战略目标，实现自己的大国影响。一是继续扮演欧洲联合"发动机"和"领头羊"角色，依托欧盟巩固大国地位。同时继续推动欧盟建设和欧洲独立防务建设，希望欧盟在加强自身安全、国际安全的同时扮演更自主、更有效的角色，加强欧盟在国际治理中的作用。防务白皮书称，欧盟 2003 年的安全战略提出要实行"有效的多边主义"，并不将诉诸武力作为优先的手段。欧盟安全中一部分应建立在多边主义的成功之上，表明欧盟有能力参与谈判进程并能取得一些成果。法国支持欧盟在多边主义体制内发挥自己的作用，在决策和行动过程中促进树立规则和采取集体方式。外交白皮书则表示要建设一个更为强大、民主和高效的欧盟，加强欧洲政治一体化认同，使欧洲在国际政治和安全领域更为活跃、更为自主，包括使欧洲经济可持续发展模式成为全球楷模、发挥欧洲在全球经济发展中的领导地位。二是通过重返北约军事一体化，加强并提高法国的大国行动能力和世界威望。法国认为，应对北约的使命重新解读，对威胁的变化做出重新评估。北约的首要使命是集体安全，不仅要考虑到新威胁的出现，还应认识到北约的共同战略利益向敏感危机地区特别是中东和亚洲地区转移的趋势，应与俄罗斯、中亚国家、日本、韩国和澳大利亚建立更积极的伙伴关系。北约应在冲突地区执行危机管理、稳定局势的使命。与此同时，法国一如以往那样要求欧美之间更好地分担责任。防务白皮书声称法国支持对北约进行改革，一方面改善军事计划程序，另一方面促进北约指挥结构更加合理化，其目标直指法国在北约的军事指挥权。三是推动多边主义，借助联合国安理会常任理事国地位加强大国角色。法国提出建立 21 世纪的集体安全新秩序，坚持认为多边主义应成为国际社会处理和平与冲突问题的基本原则。防务白皮书不指名地批评美国说："试图替代集体行动的手段难以服人。单边主义无论在合法性还是有效性方面的负面效果已经显现，军事干预的合法性比以往任何时候都更依赖于法制，且军事力量难以回应危机的需要；临时国家联盟尽管非常灵活，但因未取得国际授权，给人留下的印象是要绕过国际安全组织而非依靠之，且其也难以应对稳定与重建任务的挑战。"可见萨科齐时代的法国对自己在中东，尤其是伊拉克的石油利益仍然耿耿于怀、念念不忘。法国为国际冲突的解决和全球秩序的建立开出了自己的药方："全球化在国际范围内引发新的安全问题，只有通过对所有国际角色的总动员才能解决和预防。因此多边主义渠道不仅是合法的，而且是最有前途的。法国将优先支持加强多边主义。"作为安理会常任理事国，法国认为自己对世界负有重大特殊责任，称：安理会五个常任理事国在集体安全体制的运行中负有特殊责任，有义务解决当前的国际体制危机；21 世纪初出现了蔑视联合国及采取单边主义的做法，若要恢复对联合国的信任，必须加强对多边主义进程的投入，否则联合国宪章将受到阻挠，"保护的责任"也无从实施。外交白皮书认为，法国应为世界和平、安全和人权而有所作为。"法国要为建立一个更能保障全球可持续发展和生态平衡的全球化体系而做出更大贡献。"四是法国依然以世界人权卫士自居,试图通过人权外交施加大国影响。防务白皮书宣称法国将进一步捍卫人权。白皮书称,人权与国家的利益并不对立,与捍卫法国的利益也不对立。国家主权首先要保护民众,不干涉国家内政、主权的原则不能用来维护屠杀及大规模违背国际人道主义法的暴行。法国支持国际刑事法庭并努力加强在维护人权的普遍性、加强行动的手段。法认为还应当不断重申构成联合国宪章基础的价值观,捍卫之并将之纳入国家安全战略之中。五是突出文化的作用,展现法国文化大国形象。在外交白皮书中,法国提出要推广法国理念、价值观、语言和文化,保护世界文化的多样性。具体手段包括:更新施加法国文化影响的战略,推动法国文化和理念的进步,提高和改进对外干预和支援的方法,增加对讲法语国家的投入、依靠讲法语国家增加法国影响等。六是加强军备和国防体系建设,继续实施核威慑战略,确保法国核大国地位。

法国对自己在 21 世纪的文化和软实力外交制定了雄心勃勃的战略。2013 年,法国外交部长法比乌斯和文化与新闻部长菲利佩蒂在《费加罗报》上撰文称:

在法国,没有文化无以成就伟大,外交和对外行动也不例外。法国因自己的价值观、遗产和创造力而强大并受到尊重。文化是我们的主要王牌之一,是我们对过去的继承,也是我们未来的一部分。

因此,我们必须坚守文化这一阵地,在与美国进行贸易谈判时尤其需要如此。这是在保护文化多样性,并确保我们的文明之光能够传向远方。我们希望与其他国家实现文化之间的对话与共鸣,将对外推广我国文化与欢迎别国文化来法交流相结合,因为一种文化将因其能从外来文化中汲取养分而变得更加强大。

文化应该渗透到一切公共活动中,并为其他领域的政策提供支持。文化影响力不仅是经济外交的决定性优势,也可以在民主转型和社会进步方面为我们的发展政策提供支持,因为文化能够弘扬我们的遗产和处世之道,促进创造和革新活动。我们的文化政策是法国吸引和影响力的支柱之一。因此，我们要再次推进文化外交。

推广法语是我们的第一要务。如今，全球共有 2.2 亿人在说这门美丽的语言。随着非洲的发展，全球讲法语的人将达到 7 亿。这将成为法国发挥影响力的特殊基础。为实现这一目的，我们将发展海外的法语教学网络——目前在海外学习法语的人共计 30 万，其中 2/3 是外国人。我们尤其想在未来很有发展希望的地区推动法语学习的强劲势头，特别是在新兴国家和新新兴国家。形成法语圈既是个重要的文化问题，对经济而言同样举足轻重——使用同一种语言会促进经济往来。

文化可以为法国创造就业和财富，所以对文化产业和创意产业的扶持具有决定性作用。如今我们的文化产业和创意产业已经占到出口总额的 5%，我们还可以做得更好。我们必须扩大法国的内容产业和创意产业在全球市场的份额。我们在这方面是有优势的，尤其是我们的第一文化产业——图书，还有音乐、电影和电视，以及诸如电子游戏、建筑、设计、当代视觉艺术等其他领域。我们已经要求我们的海外文化交流网络加深与重要法国出口企业之间的密切合作，以便其能够借鉴这些企业的专业经验。

在音视频领域尤应如此。法国电影联盟和法国电视国际推广公司能够为我国音视频产业的国际推广提供长久的支持。我们尤其要在"经济外交"的背景下，更好地协调我们的外交网络。我们对外部署的框架在危机过后得以稳固。由法国国际广播电台、"法国 24 小时电台"和蒙特卡罗电台组成的法国国际传媒公司和法国第五频道全球台与法新社一起，发挥并将继续发挥推广法语、法国形象以及法国音视频产品的作用。

长久以来，法国认识到在本土培养大量留学生并吸引外国研究人员的重要性，因为他们在重返祖国之后就会成为我们的文化和经济使者，并传递我们的价值观。我们要恢复这项传统。上届政府错用一道留学生限制令损害了我国的形象，所以新政府上台后初步采取的一系列措施中就包括废除这项法令。法国向所有来从事专业学习和工作的外国学生敞开大门。法国各驻外使馆将把这个信息传递给各个国家，尤其将通过发展校友网络与曾经来法留学的人士建立持久联系。

我们的文化和遗产同样是发展旅游业的王牌。我们希望让法国的博物馆走向海外，展出大量藏品，让外国人对此有更多的了解。我们也要弘扬非物质文化遗产，因为它是构筑法国吸引力的一部分，塑造了正面形象。我们的美食、生活之道、处世哲学和商业品牌——尤其是在奢侈品领域——能充分代表我们的国家。它们能打动一个具有多样性的受众群体，使其认为法国是建立在卓越的基础之上的。

我们同样要大力发展数字领域。这个极具渗透力的产业可以让我们接触新的受众。我们要通过发展网络音视频兴办法语教学和主题节目频道。

总之，我们不能也不愿与这座光芒四射而且能带来经济增长的文化矿藏失之交臂。在一些迅速发展的亚洲、非洲和拉丁美洲国家，中产阶层对文化产品有需求，我们应该利用好机会。面对激烈的竞争——特别是像中国这样的新兴国家正在为加强文化影响力而进行大规模投资——我们学到的就是，必须采取攻势。

不久之后，我们将在里尔这座具有文化魅力的样板城市召开一次会议，介绍法国海外文化教育合作网络的行动路线图。这个网络体系是我们能够在五大洲长期存在并发挥影响力的主要保障。我们赋予其明确的使命并相信其能够完成任务。这也是我们对未来的投资。[1]

在 1960 年的法国国庆纪念日，戴高乐对全国发表演讲时解释了法国的大国战略，他自问道："法国为什么要采取这样的战略？"他接着回答："意义重大。因为这将使我们的国家从旧的思维模式中解脱出来，顺应时代的发展。这关系到国家的繁荣、强大和荣耀，这将关系到我们国家的远大前程。"

21 世纪，戴高乐所发出的信息对法国而言依旧没有过时，面对一个走向多极化和全球化的世界，法国通过自身和欧盟依然拥有着广阔的外交

---

[1]　http：//www.culturalink.gov.cn/portal/pubinfo/001002/20130815/f1608e2eddcb4c2e9b54917fad0b3553.html.

资源。当然，面对时代的变化，戴高乐主义需要适当调整，这种调整本身就是法兰西战略文化的固有内在机制。战略文化不是一成不变的，在观念和文化传承的过程中，必然会有自身的创新和发展，这也是一个国家、一个民族的战略文化能够薪火相传、不断延续、在每个时代都能持续发挥作用的深刻原因。① 调整的过程中需要以两点为参考，首先，法国依旧是一个大国，这是戴高乐主义为法国外交定下的基调，也是法国独立自主外交政策的基石；其次，避免过分强调法国的大国地位，因为当代法国的战略目标是建立多极化国际新秩序，多极化需要寻求国际社会的支持与合作。在全球化的今天，法国已经难以通过因循守旧、故步自封的方式捍卫国家利益和文化认同，这是一个主动出击并且提倡包容的时代。法国面临的挑战不仅仅是政治和经济上的，也是文化和观念上的。而法兰西战略文化的丰富遗产，尤其是极为丰富、多样性的人文文化传承，使得法国应该能够比较自如地进行调整。

三　法兰西战略文化对中国复兴之路的启示

历史积淀的文化、历史走向的惯性使得法国很难放下"全球领导性大国"的雄心与抱负。对法国来说，它曾经试图成为世界领导大国。17至18世纪的路易十四、19世纪的拿破仑，都曾经离世界性大国只有一步之遥。但是"它的努力总是由于其他强国组成的联盟反对而无法实现"。② 目前的法国从军事、经济实力和政治、文化影响力看确实是区域性大国，或者也可以说是世界大国之一，但法国总是期冀发挥世界领导大国的作用。萨科齐提出"相对大国"概念，其目标直指与美国平起平坐的大国地位。事实上，法国要想发挥世界性大国的作用，真正成为全球领导性大国，受到内外诸多方面的制约。

对大国概念的界定有很多种方法，一般认为可以分为两大类：

一类指向普通大国或区域性大国（Grande puissance，Great power），《管子》说，"地大国富，人众兵强，此霸王之本也"。日本学者山本吉宣

---

① 列格罗（Jeffrey W. Legro）就认为，战略文化根植于最近的经验，而不是历史，因此它是固定不变的。

② 保罗·肯尼迪：《大国的兴衰》，陈景彪等译，国际文化出版公司，2006，第37页。

说："大国从其意义上来说，是只考虑本国目的（比如经济发展、就业、物价稳定等），为了实现这些目的，而采用某些财政、金融政策的国家。大国为了实现自己的目标，不接受来自他国的影响（政策效应），相反其本身的行动、政策反而给予他国以极大影响。"

另一类则是世界性大国或曰领导大国（Super-puissance，Super power）。德国历史学家兰克在1833年发表的《列强论》（又译《诸大国》）一文中，提出"大国"的定义是：一个大国"必须能够与其他所有联合起来的大国相抗衡"。根据英国学者怀特的定义，"统治大国"是"拥有超过全部竞争对手之和的力量的国家，无论遇到对手怎样组合发起进攻，都能从容不迫地策划战争的国家"。乔治·莫德尔斯基则认为，"世界大国是世界的主导经济国，是世界经济和世界政治的最重要连接点。世界大国主导经济不仅规模大，或富裕程度高，而且意味着在技术创新的条件下主导性产业部分生产旺盛，并能积极参加世界经济，有足够的支持其履行作用的巨额财力。在制定国际贸易、投资、金融等方面的规则上起决定作用"。美国学者米尔斯海默则认为，"大国主要由其相对军事实力来衡量，一国要具备大国资格，它必须拥有充足的军事资源，以承受与世界上最强大的国家打一场全面的常规战。在核时代，大国必须具有能承受它国核打击的核威慑力和令人生畏的常规力量"。[1] 米氏认为，由于辽阔的海域阻隔，不可能出现一个统治体系中所有其他国家的"全球霸权"，因此世界性大国所能得到的最好结果是成为地区霸主，并可能控制在陆地上与之毗邻或易于到达的另一地区。[2] 随着全球化的发展，当代意义上的大国，则还意味着制定国际经济、政治"游戏规则"，提供广泛的全球公共服务，有强大的软权力，等等。

从法国本身实力看，法国的人口、面积只是中等国家的规模，分别居世界第21、42位（据美国中央情报局《各国手册》factbook数据[3]），缺乏

---

① 约翰·米尔斯海默：《大国政治的悲剧》，王义桅、唐小松译，上海人民出版社，2003，第5页。

② 约翰·米尔斯海默：《大国政治的悲剧》，王义桅、唐小松译，上海人民出版社，2003，第54页。

③ https：//www.cia.gov/library/publications/the-world-factbook/geos/fr.html.

众所公认的成为世界性大国的先天优势。① 冷战结束以来，特别是前几年受全球金融危机的影响，法国经济持续不振，GDP 总量已被中国、德国超跃居世界第 5 位，人均 GDP 居世界第 16 位。法国的经济总量、人口规模等潜在权力指标②以及常备军规模、可服役或动员人数等均无法与美国、中国、俄罗斯相比（见表 6 - 2、表 6 - 3、表 6 - 4、表 6 - 5、表 6 - 6、表 6 - 7）。

表 6 - 2 1990～2010 年法国主要经济发展指标变化

单位：%

数据＼年份	单位	1990	1995	2000	2005	2009	2010
GDP（不变价）	十亿欧元	1186.26	1256.28	1443.01	1563.92	1607.21	1631.67
GDP（现价）	十亿美元	1248.56	1572.37	1333.38	2147.76	2675.92	2668.79
GDP 缩减指数		87.146	95.173	100	110.24	119.54	119.913
人均 GDP（不变价）	欧元	20918.41	21718.39	24432.03	25561.97	25674.80	25931.70
人均 GDP（现价）	欧元	18229.56	20670.09	24432.03	28179.49	30691.63	31095.53
人均 GDP（现价）	美元	22016.98	27182.89	22575.73	35104.75	42747.22	42414.48

资料来源：国际货币基金组织网站：http://www.imf.org/external/pubs/。

表 6 - 3 1991～2009 年法国与有关国家 GDP 增长率对比

单位：%

国家＼年份	1991～1995	1996～2000	2000	2001	2002	2003	2004	2005	2006	2007	2009
欧元区							2.1	1.5	2.8	2.6	0.72
法国	1.1	2.7	4.0	1.8	1.1	1.1	2.0	1.2	2.2	2.2	0.32
德国							1.2	0.8	3	2.5	1.25
英国	1.6	3.2	3.8	2.4	2.1	2.7	3.3	1.9	2.8	3	0.74
意大利							1.1	0.1	1.8	1.5	- 1.04
西班牙							3.1	3.6	3.9	3.7	0.86
美国	2.4	4.1	3.7	0.8	1.6	2.5	3.9	3.2	2.8	2	0.44
日本							2.3	1.9	2.4	2.1	- 0.71
中国	12.3	8.6	8.4	8.3	9.1	10.0	10.1	10.4	11.6	11.9	9.01
印度	5.1	6.0	5.3	4.1	4.3	7.3	7.8	9.2	9.8	9.3	7.35

资料来源：*Les chiffres de l'économie* n°74 *Alternatives économiques* hors série；*Overview of the world economic projection*，FMI。

---

① 米尔斯海默等人认为，除非像英国那样能够发挥离岸平衡手作用的岛国，否则，在工业化时代世界领导必须是拥有庞大陆上面积和海上霸权的国家，在大陆国家中，只有像苏联那样横跨欧亚两大洲的巨无霸国家可以作为一个例外。

② 约翰·米尔斯海默：《大国政治的悲剧》，王义桅、唐小松译，上海人民出版社，2003，第 84、351 页。

表 6 - 4　1990 年美中法三国经济与人口指标对比

指标	美国	中国	法国
GDP 总量(单位:十亿美元)	5800	390	1248
人均 GDP(单位:美元)	23197	341	22016
总人口(单位:百万)	250	1144	56.7

资料来源：国际货币基金组织网站：http：//www.imf.org/external/pubs/。

表 6 - 5　2009 年美中法三国经济与人口指标对比

指标	美国	中国	法国
GDP 总量(单位:十亿美元)	14256 (世界第一)	4908 (世界第三)	2675 (世界第五)
人均 GDP(单位:美元)	46380 (世界第九)	3677 (世界第九十八)	42747 (世界第十五)
总人口(单位:百万)	307.4 (世界第三)	1335 (世界第一)	62.6 (世界第二十一)

资料来源：国际货币基金组织网站：http：//www.imf.org/external/pubs/。

表 6 - 6　1990～2010 年世界十大经济体排名变化

	1990 年	1995 年	2000 年	2005 年	2010 年
第一	美 国	美 国	美 国	美 国	美 国
第二	日 本	日 本	日 本	日 本	中 国
第三	德 国	德 国	德 国	德 国	日 本
第四	法 国	法 国	英 国	英 国	德 国
第五	意大利	英 国	法 国	中 国	法 国
第六	英 国	意大利	中 国	法 国	英 国
第七	苏 联	巴 西	意大利	意大利	巴 西
第八	加拿大	中 国	加拿大	加拿大	意大利
第九	西班牙	西班牙	巴 西	西班牙	印 度
第十	巴 西	加拿大	墨西哥	巴 西	加拿大

资料来源：United Nations，UN Statistics Division，National Accounts Estimates of Main Aggregates。

表 6 - 7　1969～2012 年美中法三国经济占全球经济总量百分比的变化

单位：%

	1969 年	2009 年	2012 年
法 国	5.64	4.19	4.44
中 国	0.66	8.41	7.10
美 国	28.54	25.37	26.04

资料来源：Real Historical Gross Domestic Product（GDP）Shares and Growth Rates of GDP Shares，USDA，2012。

从国际战略环境角度看，法国从经济、文化、政治各个领域推动世界向多极化发展的努力确实取得了很大成效，法国文化软实力也在世界上有着深远的影响，但法国推动多极化的努力与美国维持霸权的努力形成了尖锐矛盾。法国不甘于当美国的小伙伴，美国也不会甘于成为"相对大国"。在北约内部，美国依然拥有绝对的主导权，法国争取加强北约欧洲支柱的路途还很漫长。在欧洲防务主导权、全球经济复苏和经济规则制定、气候变化和碳排放、中东问题、非洲问题等各个重要领域，法美都有着不同主张，两国关系的前景不会一帆风顺。法国希望以盟友和合作者姿态与美国合作，在全球事务中增强其发言权，但一方面美国不会容忍别的任何国家挑战其霸权地位，另一方面法国战略文化给其带来的传统惯性必将使法国不断说出一些"逆耳之言"，甚至是挑战性语言。法美矛盾从某种意义上说是不可避免的。这一对"欢喜冤家"如何"和平共处"，要看双方的忍耐和度量，更要看面对实际利益时的现实考量和临场博弈。冷战结束以后，法国在欧盟内部的主导地位一直岌岌可危。德国经济的规模和发展态势都优于法国，在默克尔政府 2006 年推出的《德国国家安全战略》中明确表示要在跨大西洋联盟和欧盟中发挥更重要的作用，在全球事务中承担更多责任；英国向来以美国特殊伙伴自居，出于英国传统的欧洲大陆均势考虑，不希望在欧洲出现任何一个"领导性大国"，尤其是反对法国成为这样的欧洲大国；欧盟扩大后中东欧国家的自主性不断提高且相对亲美；法国独立自主的核威慑战略与欧盟防务一体化形成了自我矛盾……这些都影响到法国对欧盟事务的主导发言权。此外，如何与中国、俄罗斯、印度等新兴国家打交道，如何处理与阿拉伯国家在意识形态等领域的分歧，都是法国需要正视的问题。尤其如何与正在快速崛起的中国打交道，是法国执政者和智囊精英集团要面对的非常急迫的新课题。中国与美国不同，近代以来曾经承受过的被殖民、被侵略的历史（包括被法国侵略的历史）使得中国人——既包括执政当局和学界精英，更包括普通百姓——的民族自尊心非常强烈，民族情感也比较脆弱。法国一贯喜欢标新立异、以挑战甚至挑衅世界强国为"赏心乐事"，如果法国一再出现类似奥运火炬传递、萨科齐接见达赖喇嘛之类的事件，中法间的冲突——至少是贸易冲突将不可避免。萨科齐政府的人权外交色彩浓厚，同其前任希拉克相比，在与中国打交道的过程中如果一味高调宣讲西方人权观念，必然会在中国人面前大大失分。最后，在法国传统的势力影响范围——法语非洲，美国的影响日渐强大，中国后来居上的势头日趋明显，非洲国家自强自尊、独立自主的意识日益浓厚，法国借非洲法语国家的支持以强化自身影响力的作用日渐减弱。如何面对并驾驭新的形势，法国任重而道远。

从某种意义上说，法国的大国雄心与自强之路，法国的独立自主，尤其是法国的文化外交和软实力运用等，为中等强国跻身一流大国俱乐部提供了很好的参照。每个国家的历史和实际国情、国力不同，每个国家的文化不一，各国的利益和由此产生的行为当然也不一样。任何一个国家的经验都不能照搬。但是，作为在中华复兴的道路上正在和平崛起中的大国，我们还是可以从法兰西战略文化的诸要素中得到一些经验和启迪，从而使我们的大国之路走得更为稳健宽广。可喜的是，中国政界、学界很多人都已经看到了这一点。仅从文化外交领域，中国的文化部长蔡武这样说：

> 在全球化日益深入的今天，文化交流已经成为各国展示自己独特的文化价值理念及发展道路、制度体制、经济社会模式及其成果的有效外交方式。在增强自身在国际社会的影响力，占据国际道义的制高点，增强战略优势等方面，文化外交至关重要。前不久，法国外交部长法比乌斯和文化与新闻部长菲利佩蒂在《费加罗报》发表了题为"我们对于21世纪文化外交的雄心"的联合署名文章，称"唯有文化才能成就法国的伟大"，强调在欧美贸易谈判中要坚持"文化例外"的原则，还在外交领域不遗余力地推进文化外交，致力于在世界范围内保护和推广法国文化。两位法国部长的文章，再次印证了上述国际趋势。
>
> 法兰西民族拥有辉煌的历史文化，对人类文明和社会进步作出过杰出的贡献。今天的法国是西方发达国家中的文化大国，拥有十分丰富的文学、艺术和科学遗产。法国也历来重视文化外交，是文化外交的践行者，始终致力于在世界上保持文化大国的形象。自20世纪80年代起，法国就发起了"文化保卫战"，不只强调文化多样性，提升文化外交更成为法国的外交重点。通过法语教学、文化产业、社会交流和媒体等渠道，打造法国作为文化大国的国际形象，不遗余力地提

升法国文化的影响力。随着全球化的发展，文化外交在法国外交中的地位与日俱增。

事实上，作为新一轮文化软实力竞争的积极推动者，美国、英国、法国、意大利、日本等发达国家和韩国、印度等新兴国家中的文化大国都在调整对外文化方针政策，一方面制订国家文化发展战略，加强文化建设，一方面加大资金和人力投入，大力开展人文交流和文化外交，以期不断增强文化软实力。

文化是一个民族保持生机与活力的源泉，更是一国软实力的重要组成部分。尤其是在全球化时代，文化越来越成为世界各国共享的精神财富，推动世界文化广泛深入交流，越来越成为促进人类进步与世界和平发展的重要动力。法国和世界各国重视开发和利用文化资源，反映着当今世界发展的一个重要走向。习近平主席曾语重心长地指出，正是不同文化的彼此交流，才让不同国度的人们知道了中国的孔子、德国的歌德、英国的莎士比亚。通过加强世界各国各民族的文化交流，推动建设和谐世界，已经成为中国新时期总体外交的重要任务之一。

中国是一个有着五千年历史的文明古国，拥有极其丰富的人文资源，在开展人文交流和文化外交方面无疑具有巨大的潜力和优势。新中国成立之初，文化外交唱响国际舞台，为中国打开对外交往的大门、争取国际社会的理解和支持发挥了独特的作用。改革开放30多年来，中国对外文化交流日益活跃和深化，文化外交已成为继政治外交、经济外交之后的三大支柱外交之一。

因此，开发和利用自身文化资源，其核心不仅仅在于助力国家外交，更在于充分焕发文化资源在外交中的优势，致力于提升一国人文体系的世界影响力，拓展一国外交的人文空间。尤其是面对全球化浪潮带来的世界多种思想文化交流交融交锋相互激荡的冲击，既要捍卫民族文化之根基，保障国家的文化安全，又要推进世界文化多样性，使一国文化资源转化为世界各国共同的文化财富，成为国家外交义不容辞的责任与使命。任何国家只有在维护和平和促进发展的同时，牢牢确立文明对话的战略，大力开展人文交流，才能在未来日益激烈的国际竞争中赢得优势，占领制高点，赢得话语权，扩大影响力。

开发和利用文化外交资源，为我国外交提供强有力支撑，已成为新时期中国对外文化工作的重要任务。要坚持以创新求发展，解放思想，与时俱进，不断丰富工作方法，不断扩大工作领域。要注重学习国外的先进经验，增强中国文化产品在国际市场的适应性和针对性。要注重创新工作方式和传播手段，更多地运用高新科技，提高文化生产力与创造力，增强对外文化传播的实效。要坚持"走出去"与"请进来"并重、政府与民间并举、公益性文化交流与经营性文化贸易并行，不断增强中华文化的核心竞争力。

实现中华民族伟大复兴的"中国梦"，对外文化工作责任在肩，文化外交更是任重道远。如何锐意进取，开拓创新，以高度的文化自觉、文化自信和文化自强，续写新时期对外文化工作的华美篇章，让文化外交继续唱响国际舞台，为塑造全球化时代中国大国外交地位提供强有力支持，这是我们的文化责任，也是我们思考和努力的方向。①

冷战结束前夜的 1987 年，保罗·肯尼迪在《大国的兴衰》这本书里总结了公元 1500 年以来大国兴衰的历史，并对"今后世界政治格局"作出了预言。他认为在最近的将来，没有任何国家可加入当时由美国、苏联、中国、日本和欧共体组成的"五头政治"中去，也就是说，这些国家将是"最后的大国"。20 年过去弹指一挥间，苏联已经解体，日本持续衰退，而中国的发展和崛起成为举世公认的事实。我们既不能妄自尊大，也不可妄自菲薄。大国崛起是一个漫长而又艰难的过程，今天中国的领导人早就知道，大国的指标绝不仅仅是 GDP、核武库，它还意味着履行国际责任、向世界提供公共服务，更意味着以持久的创新能力引领世界科技、经济发展的趋势，意味着以独特的文化感召力和普遍被认可的价值观吸引全世界的认同。在当今世界，企图依靠武力和征服、走霸权方式的崛起之路是行不通的，而 17～18 世纪的法国和 19～20 世纪的德国、日本也早已给我们留下了"重商主义—挑战现有大国—夺霸战争—争霸失败"的血淋淋教训。法兰西战略文化中特别值得我们注意的，笔者以为是对大

①　蔡武：《文化外交唱响国际舞台》，http://news.163.com/13/0815/16/96B6VI9700014JB5.html。

国目标的坚定自信和不屈努力，是以平等的合作者（Co-operator）姿态参与并影响国际政治经济新规制的建立，尤为重要的是灵活的软、硬实力的综合运用方法。中国和法国、美国有着不同的战略文化。我们的大国理想，一直是以王道制霸道，是从"和而不同"最后走到"天下大同"。"王道"既不是不敢储备和使用武力的软弱，也不是轻易炫耀武力的浅薄，是"人不犯我、我不犯人；人若犯我、我必犯人"的宽容、自信。"大同"之路不是强求一致，是崇尚和谐、咸与维新，大道天行、润物无声。果如是，则未来的中国，一定能做到孔子所说的："近者说（悦），远者来"（《论语·子路》）。

参考文献

中文著作及译著

保罗·肯尼迪：《大国的兴衰》，王保存、陈景彪等译，求实出版社，1988。

陈乐民：《战后西欧国际关系 1945～1984》，中国社会科学出版社，1987。

德尼兹·加亚尔等：《欧洲史》，蔡洪滨等译，海南出版社，2003。

蒂埃里·德·蒙布里亚尔：《行动与世界体系》，庄晨燕译，北京大学出版社，2007。

费尔南·布罗岱尔：《法兰西的特征：空间和历史》，张泽乾译，商务印书馆，1994。

伏尔泰：《路易十四时代》，商务印书馆，1982。

格林斯坦、波尔比斯编《政治学手册精选》，竺乾威等译，商务印书馆，1996。

郭树勇主编《战略演讲录》，北京大学出版社，2006。

顾俊礼主编《欧洲政党执政经验研究》，经济管理出版社，2005。

汉密尔顿、杰伊、麦迪逊：《联邦党人文集》，程逢如等译，商务印书馆，1995。

汉斯·摩根索：《国家间政治：权力斗争与和平》（第七版），徐昕等译，北京大学出版社，2006。

霍布斯：《利维坦》，黎思复等译，商务印书馆，1995。

杰克·斯奈德：《帝国的迷思：国内政治与对外扩张》，于铁军译，北京大学出版社，2007。

杰里尔·A. 罗赛蒂：《美国对外政策的政治学》，周启朋等译，世界知识出版社，1997。

基辛格：《大外交》，顾淑馨、林添贵译，海南出版社，1998。

肯尼思·沃尔兹：《人、国家与战争：一种理论分析》，倪世雄等译，上海译文出版社，1991。

肯尼斯·沃尔兹：《国际政治理论》，胡少华等译，中国人民公安大学出版社，1992。

楼均信主编《法兰西第三共和国兴衰史》，人民出版社，1996。

罗伯特·基欧汉、约瑟夫·奈：《权力与相互依赖》，门洪华译，北京大学出版社，2002。

罗伯特·基欧汉：《霸权之后：世界政治经济中的合作与纷争》，苏长河等译，上海人民出版社，2001。

罗伯特·吉尔平：《国际关系政治经济学》，杨宇光等译，经济科学出版社，1989。

罗伯特·吉尔平：《全球资本主义的挑战：21 世纪的世界经济》，杨宇光等译，上海人民出版社，2001。

罗杰·希尔斯曼等：《防务与外交决策中的政治》，曹大鹏译，商务印书馆，2000。

罗建国主编《欧洲联盟政治概论》，四川大学出版社，2001。

罗贝尔·克洛兹：《欧洲有没有防务》，施谋仁等译，商务印书馆，1979。

马克思、恩格斯：《共产党宣言》，《马克思恩格斯选集》（第一卷），人民出版社，1972。

默里等：《缔造战略：统治者、国家与战争》，时殷弘等译，世界知识出版社，2004。

倪世雄、刘永涛主编《美国问题研究》（第一辑），时事出版社，2001。

皮埃尔·法维埃，米歇尔·罗朗：《密特朗执政十年》，孙海潮等译，世界知识出版社，1995。

皮埃尔·米盖尔：《法国史》，蔡鸿滨等译，商务印书馆，1985。

秦亚青：《权力、制度、文化》，北京大学出版社，2005。

秦亚青：《观念、制度与政策——欧盟软权力研究》，世界知识出版社，2008。

托马斯·戴伊：《自上而下的政策指定》，鞠方安等译，中国人民大学出版社，2002。

托克维尔：《旧制度与大革命》，商务印书馆，1997。

特奥多－蒙森：《罗马史》，商务印书馆，2005。

吴国庆：《战后法国政治史，1945～2002》，社会科学文献出版社，2004。

伍贻康、戴炳然编《理想现实与前景——欧洲经济共同体三十年》，复旦大学出版社，1988。

王缉思：《国际政治的理性思考》，北京大学出版社，2005。

王逸舟：《当代国际政治析论》，上海人民出版社，2001。

王逸舟：《探寻全球主义国际关系》，北京大学出版社，2005。

王正毅：《世界体系与国家兴衰》，北京大学出版社，2005。

夏尔·戴高乐：《希望回忆录》，中国人民大学出版社，2005。

夏尔·戴高乐：《战争回忆录》，中国人民大学出版社，2005。

西奥多·泽尔丁：《法国人》，严撷芸等译，上海译文出版社，1998。

阎学通：《国际政治与中国》，北京大学出版社，2005。

杨伟国：《欧元生成理论》，社会科学文献出版社，2002。

约瑟夫·奈：《理解国际冲突：理论与历史》，张小明译，上海人民出版社，2002。

约瑟夫·奈：《美国定能领导世界吗》，何小东等译，北京军事译文出版社，1992。

亚历山大·温特，《国际政治的社会理论》，秦亚青译，上海译文出版社，2000。

于海：《西方社会思想史》，复旦大学出版社，1993。

赵宝煦主编《跨世纪的中美关系》，东方出版社，1999。

张锡昌、周剑卿：《战后法国外交史：1944～1992》，世界知识出版社，1993。

周荣耀：《戴高乐评传》，东方出版社，1994。

兹比格纽·布热津斯基：《大棋局》，中国国际问题研究所译，上海人民出版社，1998。

詹姆斯·多尔蒂、小罗伯特·普法尔兹格拉夫：《争论中的国际关系理论》，阎学通、陈寒溪等译，世界知识出版社，2003。

张芝联主编《法国通史》，北京大学出版社，1988。

朱锋、罗伯特·罗斯主编《中国崛起：理论与政策的视角》，上海人民出版社，2008。

朱锋：《国际关系理论与东亚安全》，中国人民大学出版社，2007。

朱锋：《弹道导弹防御计划与国家安全》，上海人民出版社，2001。

中文论文

安少康：《法国特殊主义析因》，《法国研究》1999 年第 2 期。

蔡方柏：《试析法国对外政策走向》，《法国研究》2006 年第 1 期。

陈莉：《戴高乐与第五共和国体制》，《法国研究》2001 年第 2 期。

方长平：《西方战略文化研究：从文化主义到建构主义》，《国际论坛》2004 年第 3 期。

冯仲平：《欧洲统一货币的进展及前景》，《现代国际关系》1997 年第 4 期。

冯仲平：《欧洲一体化与世界多极化》，《现代国际关系》2000 年第 1 期。

郭灵凤：《欧盟对外关系中的文化维度》，《欧洲研究》2009 年第 4 期。

勾永东：《法国的军事战略与国防发展目标》，《外国军事学术》1988 年第 3 期。

高原：《黎塞留新政与法国资本主义因素的迅速发展》，《史学月刊》

1986 年第 4 期。

宫玉振：《试论战略文化传统及其对战略行为的影响》，《中国军事科学》2001 年第 6 期。

鸿升：《法国新版国防白皮书初探》，《外国军事学术》1994 年第 10 期。

江忆恩：《中国参与国际机制的若干思考》，《世界经济与政治》1999 年第 7 期。

江新凤：《日本战略思维探究》，《中国军事科学》2004 年第 4 期。

李周：《法国共产党的'新共产主义'理论与实践》，《法国研究》2001 年第 1 期。

李际均：《论战略文化》，《中国军事科学》1997 年第 1 期。

李佩纹：《当代法国文化渗透力浅谈》，《法国研究》2003 年第 1 期。

李永成：《奥巴马无核世界倡议的战略文化解释》，《当代世界》2009 年第 5 期。

刘昌明：《论希拉克上台后法国的欧洲战略调整》，《山东师范大学学报》1999 年第 5 期。

马胜利：《大国的光荣与梦想——法国外交的文化传统》，《国际论坛》2004 年 3 月第六卷第 2 期。

潘文彬：《伊拉克战争凸现欧美矛盾》，《和平与发展》2003 年第 3 期。

秦亚青：《国家身份、战略文化和安全利益：关于中国与国际社会关系的三个假设》，《权力、制度、文化》，秦亚青著，北京大学出版社，2005。

曲星：《中法关系的缘起及历史演变》，《法国研究》1999 年 2 月。

宋德星：《从战略文化视角看印度的大国地位追求》，《现代国际关系》2008 年第 6 期。

申皓、闵杰：《法国与欧洲一体化》，《法国研究》2004 年第 1 期。

田德文：《欧洲文明和全球化》，《世界经济与政治》1995 年第 6 期。

唐永胜、郭新宁：《大国雄心困扰下的法国对外战略》，《欧洲》1996 年第 4 期。

汪伟民：《希拉克主义－法国的对外政策调整评述》，《欧洲》1996年第5期。

汪波：《冷战后法国外交政策的调整》，《法国研究》2002年第1期。

汪波：《论法国在南斯拉夫危机中的外交政策》，《法国研究》2003年第1期。

王毅：《中法关系中战略三要素》，《国际问题研究》2004年第1期。

王幸生：《中华民族的战略文化传统及其特色》，《中国军事科学》1998年第3期。

王燕阁：《法国的新外交政策》，《现代国际关系》1994年第7期。

武小凯：《与信仰同行：法国式自由考》，《法国研究》2009年第3期。

夏立平：《论中国实现和平崛起的国际战略新理念》，《国际问题研究》2003年第6期。

杨京德：《法国独立外交的胜利》，《瞭望》1998年第11期。

原颖译：《法国军事战略（2003年版)》，《世界军事参考》2003年第96期。

于铁军：《大国过度扩张的国内政治机理》，《帝国的迷思》，北京大学出版社，2007。

于铁军：《国际政治中的同盟理论：进展与争论》，《欧洲》1999年第5期。

曾瑞龙、郑秀强：《20世纪90年代的战略文化理论：一个拓展中的学术领域》，《暨南学报》（哲学社会科学）2002年第二十四卷第4期。

张露、王迎晖：《论当代中国大战略选择的和平性——一种基于战略文化的考量》，《太平洋学报》2005年第6期。

张晓军、许嘉：《中美战略文化传统特征之比较》，《中国军事科学》2004年第2期。

张良能：《新形势下的法国安全战略》，《现代国际关系》1994年第8期。

章节根：《论印度核战略的战略文化根源》，《外交评论》2008年4月总第102期。

赵景芳：《战略文化的再思考》，《世界经济与政治》2008 年第 1 期。

周荣耀：《戴高乐主义论》，《世界历史》2003 年第 6 期。

周丕启：《西方的'战略文化'研究》，《国际政治研究》2002 年第 4 期。

周丕启：《略论战略文化》，《现代国际关系》2001 年第 10 期。

法国政府文件

Livre blanc sur la défense et sécurité nationale, 1994.

Livre blanc sur la défense et sécurité nationale, 2008.

Livre blanc sur la politique étrangère et européenne de la France 2008 – 2020, 2008.

法国总统府网站：法国总统文件、演说汇编。

法国外交部网站：法国对外政策文件汇编、法国国际关系年鉴。

法文著作

A. Prevost-Paradol, *La France nouvelle*, Reed Garnier, 1981.

Ch. de Gaulle, *Memoire de guerre*, Paris Plon, 1970.

Ch. de Gaulle, *Mémoires d'espoir*, Le renouveau Librairie, Paris, 1994.

Jean-Christophe Romer, *La guerre nucléaire de Staline à Khrouchtchev. Essai sur la constitution d'une culture stratégique en URSS (1945 – 1965)*, publications de la Sorbonne, paris, 1991.

Michel Liégeois, *Stratégies de maintien de la paix de l'OTAN*, Rapport final établi dans le cadre du programme de bourse de recherche individuelle de l'OTAN. Juin 1997.

Richlieu, *Testamen politique*.

Serge Berstein, *Les Cultures politiques en France*, Paris, édition du Seuil, 1999.

法文论文

Anne-Marie Duranton-Crabol, L'anti-américanisme français face à La guerre du Golfe, *Vingtième Siècle. Revue d'histoire*, No. 59 Jul. – Sep. , 1998.

A. Prevost-Paradol, La France nouvelle, *Reed Garnier*, 1981.

Françoise de La SERRE, *La France et l'Elargissement à l'Est de l'Union Eueopenne*.

Georges Ayache, *Puissance et influence dans le cadre des relations internationales post-guerre froide*, le cas de la France.

Louis de Guiringaud, Le bourbier africain, *Le Point*, May 25, 1996.

Laurent Lombart, La politique exterieure du president Jaques Chirac dans un monde Americano-centre. Ministre Des Affairs Etrangères, *La Politique Etrangère de la France*: *Textes et Documents*, May 1991.

Maurice Vaïsse, Le choix atomique de la France (1945 – 1958), *Vingtième Siècle. Revue d'histoire*, No. 36 Oct. – Dec. , 1992.

Michel Foucher, La fin de la géopolitique ? Réflexions géographiques sur la grammaire des puissances, *Politique étrangère*, Volume 62, Numéro 1, 1997.

Patrice Buffotot, *L'inflexion de la doctrine française de dissuasion à l'aube du XXIe siècle*.

Robert Frank, la France et son rapport au monde au XX siecle, *Politique étrangère* 3 – 4/2000.

Stanley Hoffmann, La France dans le monde. 1979 – 2000, *Politique étrangère*, Année 2000, Volume 65, Numéro 2.

Valérie Niquet, Culture stratégique et politique de défense en Chine, *document de travail présenté au 3ème Congrès du Réseau Asie* les 26 – 27 – 28 septembre 2007 à la Maison de la Chimie, Paris.

英文著作

Alastair Iain Johnston，*Cultural Realism：Strategic Culture and Grand Strategy in Chinese History*，Princeton：Princeton University Press，1995.

Andreas D. Prufert（eds），*Military Sociology* Nomos Verlagsgesellschaft，Baden-Baden.

Colin S. Gray，*Modern Strategy*，London：Oxford University Press，1999.

Colin S. Gray，*Nuclear Strategy and National Style*，Hamilton Press，1986.

Christoph Meyer，*The Quest for a European Strategic Culture：A Comparative Study of Strategic Norms and Ideas in the European Union*，Palgrave Macmillan，2006.

Elizabeth Kier，*Imaging War：French and British Military Doctrine Between The Wars*，Princeton University Press，1997.

Francis Fukuyama，*The End of History and the Last Man*，New York Avon Books，1993.

French Govenment，*The French White Paper on defence and national security*.

Jack Snyder，*The Soviet Strategic Culture：Implications for Limited Nuclear Operations*，Santa Monica：RAND，1977.

John Chapman，*French Power in Africa*，Blackwell press，1989.

Ken Booth，*Strategy and Ethnocentrism*，New York：Holmes & Meier，1979.

Mark Burles and Abram N. Shulsky，*Patterns in China's use of force：evidence from history and doctrinal writings*，The RAND Corporation，2000.

Peter Katzenstein，*Cultural Norms and National Security：Police and Military in Post War Japan*，Cornell University Press，1998.

Peter Katzenstein，（ed），*The Culture of National security*，Columbia University Press，1996.

Reginald C. Stuart，*War and American Thought：From the Revolution to the Monroe Doctrine*，The Kent State University Press，1982.

Robert O. Koean, *After Hegemony: Cooperation and Discord in the World Political Economy*, Princeton University Press, 1984.

英文论文

Alastair Iain Johnston, "Think about Strategic Culture", *International Security*, Vol. 19, No. 4, Spring 1995.

Checkel, T. Jeffrey, "Social constructivisms in global and European politics: a review essay", *Review of International Studies*, Vol. 30, 2004.

Colin S. Gray, "Geography and Grand Strategy", *Comparative Strategy*, Vol. 10, No4, 1991.

Colin S. Gray, "Strategic culture as context: the first generation of theory strikes back," *Review of International Studies*, Vol. 25, 1999.

Colin Gray, "National Style in Strategy: The American Example", *International Security*, Vol. 6, No. 2, 1981.

Fritz Gaensler, "Culture and Decision Making in China, Japan, Russia and the United States", *World Politics* 39: 1, 1986.

John Keiger: "France and international relations in the post-war era: some lessons of the past", *Modern and Contemporary France*, Autumn 1995.

Wallerstein Immanuel, "*France: The end of Gaullism?*", Fernand Braudel Center, Binghamton University, *Commentary* http://www. iht. com/articles/2007/05/15/opinion/edwaller. php.

Wallerstein Immanuel, "*France is the Key*", Fernand Braudel Center, Binghamton University, *Commentary* No. 106, Feb 1, 2003. http://fbc. binghamton. edu/106en. htm.

网络资源

法国国际关系研究院官网 http://www. ifri. org

法国驻华使馆官网 http://www. ambafrance – cn. org/cn

Persee 期刊电子数据库 http：//www. persee. fr

法国总统府官网 http：//www. elysee. fr

法国政府官网 http：//www. gouvernement. fr/

欧洲联盟官网 http：//europa. eu/index_en. htm

法国外交部官网 http：//www. diplomatie. gouv. fr/fr/

法国国防部官网 http：//www. defense. gouv. fr/defense

法国文化部官网 http：//www. culture. gouv. fr

后　记

在这本关于法兰西战略文化的书里，我致力于论证这样一个观点，即法国独特的战略文化决定了法国对现当代国际关系主题的认识，塑造了法国对自身大国地位的身份认同和在此基础上追求独立自主、追求大国荣耀的战略偏好，从而对其在冷战后面对一系列国际重大事件和变局时的战略选择、外交安全政策构成了重大影响。笔者试图追随国际关系理论界前辈学者和国内外学术同行们的脚步，对战略文化研究和国际关系理论研究付出绵薄之力。

一流的大师们总是要求用清晰简洁明了的用词和行文，阐述论著所要表达的理论和观点，我希望我在这本书里实现了这个要求。当然，囿于笔者的学术水平，我这样去做也是避开我在某些理论方面的短板，作为自己当年读书时懒惰行为的开脱之词。这本书脱胎于我的博士论文，我的母校北京大学对博士论文在学术上有很高的要求，我离母校的要求还有遥远的距离，对此我心里充满愧疚。

深深感谢北大和我的老师们。每次想到北大，我的心里充满温暖。一塔湖图在此刻如此遥远而又如此清晰。从西门进校，一路走过古色古香的办公楼和华表前的石板大道，走过化学楼和夏天开满荷花的池塘之间逶迤的小径，走过校史馆和塞万提斯像，前面勺海东南侧就是国关学院的大楼，这里提供了世界一流的学术研究环境。在这里读博的四年半间，我的导师朱锋教授用他的学识、智慧和宽容成就了我的梦想。感谢北大王新生教授、于铁军教授、张清敏教授、王正毅教授、王缉思教授、袁明教授、潘国华教授和许振州教授等老师们对我的帮助和提点，也感谢中国现代国际关系研究院副院长冯仲平研究员对本书给予的指导。

本书在构思、创作过程中，师小芹博士给予了我很大的启发和鼓励，我要衷心感谢她给我提出的不少重要而精彩的建议。我还要感谢其他很多学友们在文献资料选择方面给予我的重要支持。特别感谢社会科学文献出版社的赵怀英博士，你的严谨细致和热情促成了这本书的面世。感谢出版社的编辑们，你们的鉴赏力和认真态度是我发自内心敬佩的！

当然，我要首先感谢的还是我的父亲母亲：冯文奎先生和张寅枝女士。父亲母亲都是新中国在 20 世纪 50 年代培养的高级知识分子，他们对科研和教学的认真、严谨，对祖国的忠诚与热爱，都深深影响了我。我永远都不会忘记儿时我半夜醒来他们在各自简陋的书桌前台灯下或读书，或批改学生作业时严肃认真的表情。他们在学术上的追求显然为本书创作提供了最初的源泉和动力。

我最应该感谢我的单位的领导。在这里恕我不能列出他们的名字，他们宽容地给予我机会、时间和空间，最重要的是指教我如何用战略性的眼光观察这个充满变化与挑战的世界，以及这个世界上的有趣的各色人等。我们在一起为国家、为民族的利益而工作、奋斗，不事浮华，简居清雅，我为我有这样一个友爱、上进、有格调、有品位的工作环境而自豪。

说到法国，人们——如我——首先想起的当然是巴黎。巴黎的天气是忧郁的。在我很多次徜徉塞纳河畔的时候，天空的云很多又压得很低，仿佛山雨欲来但又忽而放晴。夜晚，月亮从云缝里探出头，倏忽又缩回去，在厚厚的云层里把清辉散射出来，照耀香榭丽舍、西岱岛或是灯火闪烁或是昏黄幽暗的街头。亲眼看过这些景致，就更能理解为什么无论是以风景还是以人物为主题的法国油画里总是有那么低那么多的云。也就有人很"文艺"地说，忧郁或孤独更能表达"浪漫"。就如同我的故乡，虽然在最美的春日里晴天不是很多，但留给诗人们更多遐想和怀念的一组意象，恰恰是"杏花春雨江南"。

人生总是会有很多不经意的遗憾，也总会有不少峰回路转的重逢。当我在北大校园著名的一塔湖图边写作本书的前身——我的博士论文时，充满了对生活中无处不在的奇迹的惊叹。今年我正好四十岁，不求闻达天下，我愿这本关于法兰西战略文化的小册子成为我人生的一种纪念。这纪念里有对逝去青春的感慨，有对当前工作和奋斗的印刻，也似乎寄托我对未来的一些期许。我对北大，对国关，对我的工作，对我曾经的负笈留学，对我在欧、亚、非洲各地的盘桓，对我所经历的一切过往充满热爱。我愿这本书包含着这样的爱，并且期待这爱能从书里那些稍嫌枯燥的理论与学术词汇中散发出来。

知识、学术的积累与生活的轰轰烈烈或浪漫缠绵不同，她是严肃的，是需要一步一个脚印刻苦奋斗的；与现实工作的冰冷也并不相似，她是包容的，是热情的，会在每一层积聚的台阶上向你微笑。我说过，边工作边读博是一种苦行，这次修改书稿，苦行在延续。我也说过，苦行的同时有满目壮丽风光，这次增补书稿，入眼的风光更趋佳境。是啊，人生什么时候都有苦行，可什么时候也都会有苦后甘甜让你去回味绵长。

在我五年前开始这本书的最初构思时，一个偶然的机会，我认识了一个学音乐的女孩儿，她正在读硕士。时而跳跃时而舒缓的美丽音符，同研究人类战争与和平、合作与冲突的国际关系学理论"跨界"相逢。现在这个女孩儿——周密女士——不仅是我的妻子，还是我女儿的母亲。人生很奇妙，即便柳暗花明，也还会有一山放过一山拦的困难时刻，我们不会忘记是什么样的原因促使本书"正式进入"写作阶段而不再停留于思考和提纲。后来，这本书的初稿写完了；后来，我们有了女儿；再后来，现在，这本书即将出版。书稿断断续续孕育的过程，也伴随了另一个美妙生命的孕育过程。感谢我的妻子，谢谢你的支持和爱！

我的女儿瞻瞻今年刚刚两岁，眉目之间极像童年时的我。女儿很可爱，她笑时会露出还没有长全的牙，她学着我说话时稚嫩的发音经常会说错而逗得大人捧腹大笑，她学着走路时一摇一摆像个小陀螺在满地打转，她一会儿笑一会儿哭的脸部表情极为生动而多变。她身上有香喷喷的味道，我在梦中也会因为闻到这种味道而开心……女儿也很聪明，她会故意不去重复那些大人们认为很可笑的发音，即使你去反复逗她；她学任何东西都极快，但很多东西你教过她、她也学会后，她就是不愿在别人面前展示、不愿去以此满足大人的虚荣心；她出生后第一次看到我时大眼睛一丝不眨地盯着我；她"抓周"时居然抓住不放的是我的毛笔！

　　从一个孩子的孕育到出生，到成长，是人类最伟大、最了不起的奇迹。

　　瞻瞻，爸爸把这本书献给你，也献给伟大的生命！

冯　亮

2013 年 10 月 19 日

北京五棵松寓所

图书在版编目（CIP）数据

法兰西战略文化/冯亮著 . －－北京：社会科学文献出版社，
2014. 11（2021.6 重印）
国家社科基金后期资助项目
ISBN 978 － 7 － 5097 － 5451 － 1

Ⅰ. ①法⋯　Ⅱ. ①冯⋯　Ⅲ. ①外交战略－研究－法国－现代
Ⅳ. ①D856. 50

中国版本图书馆 CIP 数据核字（2013）第 303353 号

· 国家社科基金后期资助项目 ·

法兰西战略文化

著　者 / 冯　亮

出 版 人 / 王利民
项目统筹 / 赵怀英
责任编辑 / 赵怀英　仇　扬

出　　版 / 社会科学文献出版社 · 联合出版中心（010）59366446
　　　　　地址：北京市北三环中路甲 29 号院华龙大厦　邮编：100029
　　　　　网址：www. ssap. com. cn
发　　行 / 市场营销中心（010）59367081　59367083
印　　装 / 北京玺诚印务有限公司

规　　格 / 开　本：787mm × 1092mm　1/16
　　　　　印　张：17　字　数：268 千字
版　　次 / 2014 年 11 月第 1 版　2021 年 6 月第 2 次印刷
书　　号 / ISBN 978 － 7 － 5097 － 5451 － 1
定　　价 / 79.00 元